COLLECTION POUR LES JEUNES FILLES

Couronnée par l'Académie française

CHOIX DE MÉMOIRES ET ÉCRITS DES FEMMES FRANÇAISES

Aux XVIIe, XVIIIe et XIXo siècles

AVEC LEURS BIOGRAPHIES

Par Mme CARETTE, née BOUVET

MADAME ROLAND

DEUXIÈME ÉDITION

PARIS

PAUL OLLENDORFF, ÉDITEUR

28 *bis*, rue de Richelieu, 28 *bis*

1894

MADAME ROLAND

DU MÊME AUTEUR

COLLECTION POUR LES JEUNES FILLES

4612. — L.-Impr. r., B, rue Mignon, 2. — MAY, MOTTEROZ, dir.

CHOIX DE MÉMOIRES ET ÉCRITS DES FEMMES FRANÇAISES

Aux XVIIe, XVIIIe et XIXe siècles

AVEC LEURS BIOGRAPHIES

Par Mme CARETTE, née BOUVET

MADAME ROLAND

DEUXIÈME ÉDITION

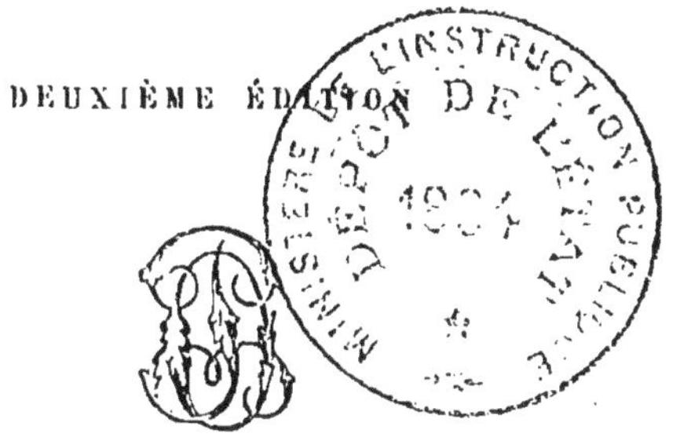

PARIS

PAUL OLLENDORFF, ÉDITEUR

28 *bis*, rue de Richelieu, 28 *bis*

1894

NOTICE BIOGRAPHIQUE

C'est une singulière fortune que celle de madame Roland, née dans une condition modeste, élevée pour la médiocrité, dont la vie jusqu'à l'âge de trente-six ans s'écoule au milieu des paisibles occupations d'un ménage bourgeois, et qui, par le fait des bouleversements politiques, en suivant le cours naturel de sa destinée, se trouve tout à coup portée au sommet de l'État. Tout à coup, grâce à sa haute culture intellectuelle, grâce à la rare fermeté de son caractère, à l'ascendant extraordinaire qu'elle exerce sur les hommes de son entourage, cette petite bourgeoise ignorée devient l'arbitre de la Révolution dans ses rapports avec la Royauté. Le ministère Roland marque en effet la transition de l'ancien régime et l'on peut dire qu'il mit le sceau fatal sur la monarchie du droit divin. La grande figure de madame Roland surgit aux jours les plus troublés de notre histoire. Trop de sang a coulé, trop de larmes ont été versées pour que l'héroïne de la Révolution française ne nous apparaisse pas à travers le voile sanglant de la Terreur; sa mémoire en est obscurcie. Bien des jugements contradictoires ont été portés sur le compte de cette femme remarquable. Outre une volumineuse correspondance et de nombreux écrits, elle nous a laissé d'elle-même des notes empreintes d'un accent de vérité qui s'impose et où elle se livre en toute simplicité à la critique passionnée ou à l'admiration de la postérité. Ce manuscrit, écrit en vingt-deux jours, pendant sa détention à l'Abbaye, à la veille de son procès, est d'une écriture rapide, nette et serrée. On devine la main du prisonnier qui se hâte et qui presse ses lignes afin d'épargner quelques feuilles du grossier papier fourni par la complaisance d'un geôlier. Cette lecture est pleine d'un intérêt palpitant. En dépit d'une grande liberté d'esprit, on sent à chaque ligne que la main du bourreau va se poser sur celle qui écrit. Le manuscrit, dérobé

à la destruction par les soins d'un ami, contient à
peine quelques ratures. C'est le simple récit d'une
âme forte qui s'épanche et qui entend se jus-
tifier devant la mort. Le style est du XVIIIe siècle,
de cette grande époque où l'art de bien dire
avait de si illustres interprètes. Le ton déclama-
toire, que nous dédaignons aujourd'hui, est tempéré par une finesse spirituelle et enjouée. L'auteur n'en retient que ce qui doit communiquer à
l'expression de ses pensées cette forme virile dont
elle s'était fait un charme tout personnel et qui
tenait autant à la force d'un grand cœur qu'à la
culture supérieure à laquelle son esprit s'était
appliqué dès la plus tendre jeunesse. Madame Roland écrit comme elle devait parler.
C'est l'éloquence même. La phrase est ample,
limpide, toujours égale sans être pareille, avec
un choix d'expressions énergiques et abondantes.
Tel devait être le ton de sa conversation lorsqu'elle s'entretenait dans son petit salon du
ministère de l'intérieur avec ses amis les Girondins.

Marie-Jeanne Phlipon naquit à Paris le 18 mars
1754. Dans la sécheresse d'un document admi-
nistratif son acte de baptême nous révèle ses ori-
gines.

Paris, Sainte-Croix en la Cité. — 1754.

« L'an 1754, le 18ᵉ jour de mars, par nous soussigné, Jacques-Noël Roger, prêtre de ce diocèse, et du consentement de M. le vicaire de cette paroisse, a été baptisée Marie-Jeanne, née hier, fille de maître Gatien Phlipon, maître graveur, et de Marie-Marguerite Bimont, son épouse, demeurant rue de la Lanterne, en cette paroisse.

« Le parrain Jean-Baptiste Bernard, bourgeois de Paris, demeurant rue Plâtrière, paroisse Saint-Eustache. La marraine Marie-Geneviève Rotisset, grand'mère paternelle, veuve de Gatien Phlipon, marchand de vin, demeurant rue Saint-Louis au Marais, paroisse Saint-Eustache, lesquels ont signé avec nous le présent acte, ainsi que le père.

Signé :

« P. G. Phlipon, J. B. Bernard, M. G. Rotisset, veuve Phlipon, J. M. Roger, prêtre; J. Barré, vicaire. »

Le récit de sa première enfance dans cet humble intérieur de maître-ouvrier graveur est

empreint d'un charme naïf et pénétrant. C'est
de cette façon monotone que devait vivre alors
toute la petite bourgeoisie parisienne, qui n'était
pas cependant étrangère à une culture intellectuelle. Douée d'une mémoire extraordinaire, elle
avait dès sa première enfance la passion de s'instruire. Tout était pâture pour cette intelligence
ouverte que l'étude captivait par dessus tout. A
l'âge où les enfants ne s'occupent que de jeux et
de pensées frivoles, son esprit était déjà orné
d'un grand nombre de connaissances. En revan-
che on sent germer le dégoût des occupations
manuelles auxquelles la destinait sa modeste
origine. Le contact des petites gens lui déplaît,
et son âme, plus ardente encore qu'ambitieuse,
aspire à toutes les grandeurs. Son idéal était
Athènes.

« Je me promenais en esprit dans la Grèce,
dit-elle en parlant de son enfance; j'assistais
aux Jeux Olympiques et je me dépitais d'être
Française. »

D'un caractère réfléchi, observant tout, déjà
glorieuse, les premiers froissements d'amour-
propre devaient faire une impression profonde
sur Marie-Jeanne Phlipon, Manon, ainsi que la
nommait familièrement sa mère. Tout un monde
secondaire vivait alors de la fortune des grands.

Lors d'une visite que, toute petite, elle fait en compagnie de son parrain, M. Bernard, chez Haudry, le fermier général, elle est fort étonnée d'être invitée à dîner à « l'office », en commun avec la domesticité, dans ce château de Fontenay dont son parrain a été durant de longues années le majordome. Plus tard sa grand'mère paternelle, la conduit à l'hôtel de Boismorel, afin de la présenter à la marquise. « Eh ! bonjour mademoiselle Rotisset, s'écrie madame de Boismorel en allant au devant des visiteuses, et les accablant de compliments protecteurs. —Mademoiselle ! Quoi, ma bonne maman Phlipon est ici mademoiselle Rotisset! » Et elle quitte madame de Boismorel, outrée, se promettant bien de ne plus reparaître dans une maison où les maîtres la traitent sans condescendance, et où les valets la saluent avec un empressement familier. — Le public était admis à Versailles aux grands couverts. Les Bernard y ont une amie dans le service de la reine, ils engagent madame Phlipon à y conduire sa fille, afin de lui montrer le monde de la cour ! Marie-Jeanne défile avec le public pendant le repas royal. Tout la choque, l'irrite, la blesse, jusqu'aux regards des courtisans qui remarquent sa fraîcheur, et en quittant le palais, son humble demeure lui paraît plus étroite encore. Ces souvenirs aigris ne furent peut-être pas étrangers à l'enthousiasme avec lequel madame Roland embrassa les idées de rénovation sociale. L'amère envie a-t-elle souillé cette grande âme? Était-ce le ver rongeur qui se trouve dans les plus beaux fruits? Née dans une condition modeste avec de rares facultés, elle en souffrit. Si la naissance de madame Roland l'avait placée au rang de l'aristocratie, eût-elle mis autant d'ardeur à réprouver l'inégalité des castes et des privilèges? On a le droit de se le demander.

Néanmoins, malgré des luttes intimes qu'elle dérobe soigneusement à la sollicitude maternelle, la vive tendresse qu'elle éprouve pour sa mère la rattache à cette existence étroite.

Dans l'élan de son amour filial, elle se reprocherait de ne point aimer, de ne point respecter tout ce qu'aimait cette excellente mère, qu'elle a la douleur de perdre vers l'âge de dix-huit ans. Cet événement bouleverse sa vie. Mademoiselle Phlipon voit son père livré à ses goûts de plaisir, négliger son état et dissiper rapidement le petit patrimoine qui assurait son indépendance et sa fierté.

Voici dans des lignes charmantes le tableau qu'elle trace de cette période de sa vie. La lettre est adressée à mademoiselle Sophie Cannet, son amie de couvent, qui était retournée à Amiens.

Du 25 décembre 1776, à une heure du matin.

« Ne trouves-tu pas singulier que je t'écrive toujours à la première heure des vingt-quatre ? Un petit détail de ma vie journalière t'instruira de la disposition de mes instants. Je ne me lève jamais dans cette saison qu'à près de neuf heures. La matinée s'emploie aux affaires de maison et de ménage. L'après-midi je travaille à l'aiguille en rêvant à force, et en fabriquant tout ce qui me plaît, vers, raisonnements, projets, etc.

« Le soir, ordinairement, je lis jusqu'au souper, dont l'heure est incertaine, parce qu'elle dépend de l'heure du retour du maître, qui, toujours sorti durant la journée, sans égard pour ses affaires, me laisse trop souvent répondre aux survenants désireux de traiter avec lui. Il rentre la plupart du temps à neuf heures et demie, quelquefois à dix et au delà. Le souper est bientôt fait, car lorsque les mets ne sont pas nombreux, lorsqu'on ne dit mot et qu'on mange vite, les repas ne peuvent être de longue durée. Alors je prends les cartes pour

amuser mon père, et nous jouons au piquet.
Dans les intervalles je tâche de former une
conversation. Des réponses laconiques la bri-
sent sur-le-champ. Je suis toujours à remuer
l'écheveau pour attraper un bout de fil. Je sue,
mais en vain. Le temps s'écoule; onze heures
sont sonnées : mon père se jette au lit, et moi
j'entre dans ma chambre, où j'écris jusqu'à
deux ou trois heures. »

Les désordres paternels aggravent la situation,
et mademoiselle Phlipon se voit forcée d'abandonner le toit familial. Elle se réfugie au couvent, où elle est admise comme dame pensionnaire. D'une âme virile, elle accepte gaiement le
nouvelle existence où elle s'est confinée par
pauvreté et par dignité. Elle vit en véritable cé-
nobite, très retirée, au milieu de ses amis les
grands esprits, les grands poètes des temps passés. C'est de cette époque que semblent dater
ses premières aspirations vers les idées huma-
nitaires, fruit de ses fortes études.

Elle écrit à son amie :

« Ma passion ou ma chimère actuelle a pour
objet l'utilité publique. A mes yeux la première
et la plus belle vertu réside dans l'amour du

bien public, dans celui des malheureux, dans l'ardeur à les secourir. »

En ce moment, mademoiselle Phlipon était loin de voir luire aux horizons de sa vie sa grande destinée. Elle était fort occupée de l'attrait qu'un jeune homme sans fortune et sans naissance, M. de la Blancherie, exerçait sur son imagination.

Cette sympathie paraît avoir occupé une place essentielle dans sa jeunesse.

On en trouve la trace dans les épanchements intimes de sa correspondance avec sa bonne amie. L'entraînement passionné est tempéré toutefois par celui-là même qui en est l'objet, car la flamme semble diminuer chaque fois que M. de la Blancherie se rapproche. Lorsqu'enfin, au milieu d'un babillage de jeunes filles, mademoiselle Phlipon découvre que le héros de son cœur n'est qu'un vulgaire coureur de dot, le voile se déchire, et de bonne grâce, avec un jugement ferme, une grande droiture, elle exprime à sa confidente habituelle l'évolution qui se fait dans son âme ; ses yeux sont dessillés.

« C'est une plaisante chose, dit-elle, de se trouver en face d'un homme auquel on a donné le droit de dire qu'il vous estime au point de regretter de ne pouvoir former avec vous le pacte le plus sacré...

« Le masque ou plutôt mon voile est tombé; je touche du doigt les défauts. L'admiration se tait. L'illusion est détruite. L'amour enfin n'existe plus. »

Après plusieurs années de cette existence étroite, mais pleine au fond d'une vie intellectuelle intense, Marie-Jeanne Phlipon se décide à accorder sa main à M. Roland de la Platière, un homme de bien, comme on disait alors, écrivain connu, savant économiste, que ses occupations et ses travaux avaient mis en relation avec la plupart des hommes éminents de la société encyclopédique,

D'une part, attachement paternel, de l'autre, lassitude et inquiétude de l'avenir, tels sont les sentiments qui semblent avoir présidé à cette union! La jeune femme, dans tout l'épanouissement de sa fraîche jeunesse avait 26 ans, Roland en avait 46. Cette différence s'accentuait encore par la mauvaise santé et l'humeur souvent morose de l'époux! — L'année suivante, la naissance de sa fille Eudora, combla le cœur de madame Roland de tendresse. Les occupations de Roland l'entraînaient à de fréquents voyages. Sa femme l'accompagna en Angleterre et en

Suisse. Elle a laissé des relations de ces deux pays où l'on sent que déjà, s'associant aux travaux de son époux, toutes ses pensées se tournent vers les grands problèmes sociaux. Dédaignant le côté pittoresque des pays qu'elle traverse, elle en étudie surtout la constitution et les mœurs. Elle est beaucoup plus frappée d'un beau discours prononcé à la Chambre des lords que de la magnificence des rives de la Tamise et de la fraîcheur des parcs royaux. — Nommé inspecteur des manufactures à Lyon, Roland se trouve rapproché de son lieu de naissance, du clos de la Platière, situé à Villefranche, dans cette riante vallée de la Saône qui semble dessinée pour la joie des yeux. Madame Roland, livrée à sa fantaisie bucolique, prend goût à sa nouvelle vie. Elle rêve de créer une petite république où, attirant quelques-uns de ses amis parisiens, elle exercera ses hautes facultés au profit du relèvement moral des artisans et des paysans qui l'entourent. Mais elle ne tarde pas à avoir la nostalgie de Paris, et ce n'est pas sans surprise que nous apprenons qu'elle y vient en solliciteuse, afin d'obtenir que le clos de la Platière soit érigé en seigneurie, en récompense des services rendus par Roland dans sa carrière administrative.

Au milieu de ses graves travaux, madame Roland ne perdait pas le sentiment très vif des grâces mondaines, et l'accès dans la noblesse n'était pas en désaccord avec ses goûts délicats.

« J'ai emporté de la capitale, écrit-elle au retour de ce voyage, où elle ne semble pas avoir atteint son but, bonne partie de ce qu'il y avait de bon. Ne savez-vous pas que j'ai aussi sur ma toilette des journaux et des plumes et même des vers à Iris; que je puis parler de ma campagne et de mes gens, de l'ennui de la ville dans cette saison; que je puis porter mon jugement sur les nouveautés, me passionner pour un ouvrage sur la foi des auteurs de la feuille de Paris; faire des visites, dire des riens ou en écouter, etc. ? N'est-ce pas là le triomphe de l'esprit et de l'art des élégantes parmi votre beau monde. »

Cette légère boutade de madame Roland ne semble-t-elle pas échappée à la plume de madame Emile de Girardin, avec laquelle on pourrait faire plus d'un rapprochement; et ne pourrait-on pas signer ces lignes du nom du vicomte de Launay sous lequel madame Emile de Girardin écrivit ses exquises chroniques?

Mais les événements se précipitent. Madame

Roland suit passionnément les péripéties de la grande lutte révolutionnaire. Elle arrive à Paris en 1791, pour y rejoindre ses amis, se mêlant avec ardeur aux discussions parlementaires. Elle assiste aux séances de l'Assemblée constituante, à celles des jacobins où l'on faisait serment *« avec un transport inexprimable, genou en terre, l'épée nue à la main, de vivre libre ou de mourir. »*

Robespierre, Pétion, Buzot, Danton, Brissot, tous les chefs du parti révolutionnaire sont en rapports journaliers avec Roland et sa femme. Madame Roland a trouvé sa voie. Elle entre résolument dans la vie politique, collaborant par ses inspirations à la rédaction des principaux journaux du temps, enflammant par son éloquence et son charme, gourmandant ces hommes déjà si avancés dans la lutte, mais trop timides à son gré pour assurer le succès des grandes transformations sociales dans lesquelles elle croit entrevoir le règne de la justice, de la fraternité et du bonheur universel. Elle s'y jette avec toute la fougue de son grand esprit; c'est à peine si les premiers excès de la Révolution lui arrachent quelques réflexions philosophiques.

« C'est un phénomène sans exemple, écrit-elle après le 10 août et le massacre des Cent-

Suisses, que la régénération d'un empire faite paisiblement. En nous faisant naître à l'époque de la liberté naissante le sort nous a placés comme les enfants perdus de l'armée qui doit combattre pour elle et la faire triompher. C'est à nous de bien faire notre tâche et de préparer ainsi le bonheur des générations suivantes. »

La fuite du roi à Varennes l'exaspère, l'indigne, lui fait dépasser toute mesure. Si on eût dit alors à madame Roland qu'en abaissant la personne du roi et le dépouillant de tout prestige on l'envoyait à l'échafaud, elle eût assurément repoussé avec indignation un tel dessein, car elle a horreur du sang répandu. Mais son enthousiasme l'aveugle et toute la pitié qu'elle éprouve, elle la réserve aux faibles et aux petits, pensant qu'en renversant l'ordre social on allait assurer à chacun une part légitime dans les biens de la vie.

Au lendemain de la fuite du roi à Varennes, Paris présentait un spectacle d'une animation extraordinaire. Les nouvelles mœurs parlementaires avaient mis les discussions publiques à la mode ; la population parisienne, toujours avide de conversation et d'imprévu, se pressait dans les clubs, dans les lieux publics, pour échanger des commentaires passionnés sur un événement qui déjouait tous les plans des adversaires de la royauté. Leur inquiétude se trahissait bruyamment. Robespierre, dont on connaît la pusillanimité, l'ambition et les haines, dans la pensée de se ménager les sympathies populaires au cas où le retour de la cour aurait fortifié dans les mains du roi le pouvoir déjà si ébranlé; Robespierre, tremblant au fond de l'âme, témoignait bruyamment son amour pour la chose publique, se dévouant à l'avance à toutes les persécutions, disait-il. Le roi en partant avait laissé une sorte de proclamation destinée à être lue à l'Assemblée législative.

Dans ce message, le roi annonçait qu'il avait quitté sa capitale pour joindre l'armée du prince de Condé, qui se tenait au delà de la frontière, afin de traiter librement avec son peuple loin de la pression et des violences qui avaient pris un caractère sanglant, ce qui constituait une atteinte portée à la dignité royale, bravée et outragée par le massacre de ses plus dévoués serviteurs. Le roi, en même temps, parlant comme un père à ses enfants, offrait le pardon à tous les rebelles, et remettait sa cause aux mains de l'Assemblée.

Après la lecture, à l'Assemblée, du message royal, qui avait été écouté avec respect, la séance avait été suspendue; plusieurs députés se réunirent chez Pétion, le président de l'Assemblée législative, dans son petit appartement du faubourg Saint-Honoré. Là Robespierre se livra sans contrainte à son rêve de terreur. Le retour du roi marquerait une nouvelle Saint-Barthélemy de tous les patriotes, s'écriait-il. Lafayette était complice de la cour; il avait favorisé le départ du roi, au mépris de tous ses engagements; il trahirait encore. L'Assemblée faiblirait;... il n'avait plus que vingt-quatre heures à vivre...

Nerveux, sec, pâle d'ordinaire, Robespierre était livide ce jour-là, et, se rongeant les ongles, il répondait en ricanant à une déclamation de Brissot qui préparait un article pour son journal le *Patriote :* « Qu'est-ce que la République? »

A ce moment une femme parut, vive, alerte, riante, portant fièrement sa tête un peu forte sous la masse abattue de ses beaux cheveux châtains; l'épanouissement de la maturité naissante avait laissé à son teint, à ses yeux, à son sourire la fraîcheur, la grâce et l'éclat de la première jeunesse. C'était madame Roland, au bras de son mari. Elle apportait à ses amis sa foi vive et forte, la sérénité d'une âme ardente, toutes les illusions d'un esprit nourri de la moelle des anciens. Elle regarde avec dédain ces hommes que la terreur égare. Elle cherche à relever leur courage, à leur communiquer par sa puissante éloquence cette confiance virile dont elle est animée pour le triomphe de leurs idées communes. Sa parole les apaise. Ils rougissent de leur défaillance et recouvrent leur sang-froid en l'écoutant.

Cependant si Paris avait accueilli avec transport les idées nouvelles, si, depuis la proclamation des droits de l'homme, ces idées avaient jeté des racines profondes dans l'esprit de la nation, la France n'en était pas moins restée profondément monarchique et attachée à la vieille famille de ses rois. L'acte du roi avait été lu dans la journée du 22 juin. Le roi adjurait tous les vrais patriotes de l'aider à faire respecter les prérogatives que la constitution nouvelle assurait à la royauté, et que les factieux de l'Assemblée sapaient dès l'origine. Il offrait à tous l'oubli des violences passées. Les partisans de la monarchie crurent que tout était sauvé. On savait que dans la France entière la monarchie avait de puissants appuis. « Tous ceux qui voudront être compris dans l'amnistie, écrivait un journal royaliste, pourront se faire enregistrer dans notre bureau ; au mois d'août nous aurons 1,500 registres. » Les partisans les plus enflammés de la Révolution affectaient au contraire de publier que le retour du roi et de la reine serait marqué par de terribles représailles ! Le plus grand reproche qu'ils adressaient au roi était dès lors de ne pas accepter passivement l'abaissement de l'autorité royale.

Au retour de Varennes, madame Roland combat la pensée d'une régence, mise en avant par Danton. « Pétion, écrit-elle le 20 juin 1791 à un député de ses amis, a été envoyé au-devant du roi. Buzot sort de maladie et peut à peine se faire entendre ; heureusement que Robespierre est là : il empêchera l'Assemblée de prendre une résolution fatale à la nation et à la liberté.

« Quant à nous, voici ce que nous pensons et ce que nous disions à Buzot après minuit : Remettre le roi sur le trône est une ineptie, une absurdité, si ce n'est une horreur. Le déclarer en démence, c'est obliger à nommer un régent, etc. Faire le procès à Louis XVI serait sans contredit la plus grande, la plus juste des mesures, mais vous êtes incapable de la prendre. Eh bien, mettez-le non en « interdit » proprement dit, mais en « suspens ». Cette idée, comme on sait, soutenue par les amis de madame Roland, prévalut dans l'Assemblée.

Quelques mois plus tard, le 24 mars 1792, Roland est appelé au ministère. A partir de cette époque c'est autour de madame Roland que vont se précipiter les événements jusqu'à la mort du roi et à la Terreur. Dans les plus petites choses on juge les tendances des hommes. Roland arrive aux Tuileries pour être admis au conseil, et, contrairement à l'étiquette, il se présente dans la tenue d'un petit bourgeois de l'époque.

Le maître des cérémonies examine avec stupéfaction son habit de gros drap, ses bas drapés, ses souliers à cordons. Une exclamation de surprise lui échappe, et désignant les souliers : « Eh ! quoi, monsieur, sans boucles ? — Oui, monsieur, sans boucles. » Et Roland, fier de ce petit coup d'État contre l'étiquette, entre chez le roi en habit négligé.

Néanmoins madame Roland s'applique à attirer autour d'elle tous les députés, tous les hommes d'action dont l'influence peut être utile à la politique de son mari. Les dîners du ministère de l'intérieur, dîners de peu d'apparat et où l'on cause, acquièrent une certaine célébrité. On vante les grâces et l'esprit de la maîtresse de la maison. Tout en jouant habilement ce rôle, elle continue à donner sa collaboration aux travaux de son mari, mêlant avec une action extraordinaire les plus grandes choses de l'État aux plus petits soins de sa vie intime. Rien n'est plus attachant que les appréciations de cette femme vibrante d'illusions généreuses et qui conserve néanmoins sa sagacité pour porter un jugement sur ces hommes si faibles à son gré dans le grand rôle de réformateurs qu'ils s'attribuent. Elle les a connus, suivis, encouragés, elle a été le lien de leurs volontés éparses.

Elle est devenue pour l'histoire le juge le plus sévère de ses amis les Girondins, honneur de l'Assemblée, dont elle ne peut méconnaître l'impuissance et le stérile talent.

« J'aurais quelquefois souffleté d'impatience ces sages que j'apprenais chaque jour à estimer pour l'honnêteté de leur âme, la pureté de leurs intentions : excellents raisonneurs tous, philosophes, savants politiques en discussion, mais n'entendant rien à mener les hommes et par conséquent à influer sur une assemblée. Ils faisaient ordinairement en pure perte de la science et de l'esprit. »

C'est lorsque tout est consommé, lorsqu'elle reconnaît la vanité de leurs efforts, de leur courage, lorsqu'elle sent que le torrent déchaîné va entraîner tout l'édifice, que madame Roland, trop tard, hélas ! se révèle dans toute sa véritable grandeur. Dédaigneuse du danger, s'élevant avec une sérénité sublime au-dessus de ses propres malheurs, elle laisse éclater l'indignation d'une conscience honnête. Elle apprend avec horreur les saturnales de septembre et le massacre des prisons ; elle éclate du fond de sa prison contre les scélérats qui n'ont pas craint de se souiller de tous les crimes et de déshonorer leur pays pour assouvir les plus viles passions. Elle les connaît. Ils ont été ses hôtes. Elle sait comment elle peut les flétrir, elle n'y faillira pas. Elle a vu naître leurs convoitises. Elle sait ce que valent sur ces lèvres avides les grands mots de fraternité, de patrie et d'honneur. Elle donne leur véritable nom à leurs vices, à leur bassesse et d'une main indignée elle arrache le masque dont les plus célèbres et les plus redoutés cachent leur ignominie.

Et, attirant leur vengeance sur sa tête : « Vils bourreaux ! » s'écrie-t-elle, en parlant de Robespierre, de Danton. Et c'est d'une âme tranquille qu'elle s'apprête à franchir les degrés de l'échafaud.

Le 1er juin 1793, madame Roland avait été arrêtée sous l'accusation « d'être auteur et complice d'une conspiration contre l'unité de la République et contre la liberté et la sûreté du peuple français ». Dès longtemps sa droiture, sa sagacité, son énergie étaient suspectes à ceux qu'elle nomme des scélérats et qui entendaient, sans contrainte, accomplir leurs desseins.

Roland était en fuite, tous ses amis dispersés, persécutés, menacés ; leur tête était mise à prix. Elle tremble pour leur vie. Elle tremble pour le sort de sa fille, à peine âgée de 12 ans et dont elle vient d'être violemment séparée. Durant cette période de quatre mois qui précède son jugement et sa mort, madame Roland se montre admirable de dignité, de fermeté, de sensibilité, de grâce. C'est là qu'apparaît sa véritable grandeur. Elle semble s'être dépouillée de toutes les passions humaines. Elle ne conserve plus que le souvenir attendri de ceux qu'elle aimait. Bienveillante et douce à tout ce qui l'entoure, elle communique un peu de sa force d'âme aux compagnons de sa captivité, comme elle dévoués à la mort, et semble oublier ses peines pour adoucir les leurs. Elle enveloppe de poésie ses dernières journées. Elle a réussi à mettre un peu de décor dans la geôle ignoble où on l'a reléguée. Elle a des fleurs dans sa prison, et luttant avec une magnifique éloquence contre ses bourreaux, elle ne néglige ni le soin de sa parure, ni les humbles travaux qui peuvent apporter quelque adoucissement à sa misérable condition.

Elle succédait dans sa prison à une jeune femme de 24 ans, qui, par une singulière coïncidence, se nommait madame Roland de la Fauchaie et qui venait de quitter son étroite couchette et sa cellule pour monter sur l'échafaud avec un grand courage. Madame Roland fait part de cette circonstance à Buzot, le meilleur de ses amis, qui s'est réfugié en Normandie, pour échapper à la haine des montagnards, le parti le plus avancé de l'assemblée, dirigé par Danton.

« Son défenseur est hors de lui-même, écrit madame Roland en parlant de cette jeune femme. Il jure de l'innocence de cette victime, dont la figure douce et heureuse annonçait une belle âme.

« Je mène ici la vie que je menais chez moi à l'hôtel et ailleurs, ajoute-t-elle. Il n'y a pas grande différence. J'habite une pièce de dix pieds carrés environ. Là, derrière la grille et les verrous, je jouis de l'indépendance de ma pensée. J'appelle les objets qui me sont chers ; et je suis plus paisible avec ma conscience que mes oppresseurs ne le sont avec leur domination. »

La crainte de la mort n'altère pas un moment

la sérénité de cette femme si bien faite pour goûter les joies de la vie. Peut-être en avait-elle épuisé toutes les délices ! Peut-être, au déclin de la jeunesse ayant perdu ses plus chères illusions, voyait-elle se fermer sans regrets les belles pages du livre de vie. Ses dernières lettres à sa fille, à son époux, à ses amis, respirent un sentiment de tendresse et de mélancolie profonde et passionnée.

Quoi qu'il en soit, tous ceux qui l'approchèrent dans ces derniers moments étaient frappés de tant d'abnégation, de dignité, de grandeur. Le témoignage des contemporains a une force que rien n'égale. Le comte Beugnot se rencontra avec madame Roland à la Conciergerie. Voici les pages qu'il lui consacre dans ses *Mémoires* :

« Madame Roland était âgée de 35 à 40 ans. Elle avait la figure non pas régulièrement belle, mais très agréable, de beaux cheveux blonds, les yeux bleus et bien ouverts. Sa taille se dessinait avec grâce, et elle avait la main parfaitement faite. Son regard était expressif, et, même dans le repos, sa figure avait quelque chose de noble et d'insinuant. Elle n'avait pas besoin de parler pour qu'on lui soupçonnât de l'esprit. Mais aucune femme que j'aie entendue ne parlait avec plus de pureté et d'élégance. Elle avait dû à l'habitude de la langue italienne le talent de donner à la langue française un rythme, une cadence véritablement neuve. Elle relevait encore l'harmonie de sa voix par l'expression de ses yeux, qui s'animaient avec le discours, et j'éprouvais chaque jour un nouveau charme à l'entendre, moins par ce qu'elle disait que par la magie de son débit. Elle réunissait à ces dons déjà si rares beaucoup d'esprit naturel, des connaissances étendues en littérature et en économie politique. C'est ainsi que j'ai vu madame Roland, et j'avouerai que je la voyais avec une prévention défavorable.

« ... Cette femme à conceptions vives, entraînée par sa tête plus loin qu'elle ne serait allée avec son cœur, attachait à ses opinions la violence d'une passion. Elle aimait tous ceux qui les partageaient, et détestait tous ceux qui ne les partageaient pas. Sous ce rapport, elle était souverainement injuste. Elle n'avouait le talent, la probité, la vertu, les lumières que dans Roland et ses admirateurs. Partout ailleurs, elle ne voyait que bassesse, ignorance, ou trahison. Plus d'une fois j'en ai fait des reproches à madame Roland, et cette matière élevait entre nous des discussions assez vives...

« Séparez madame Roland de la Révolution, elle

ne paraît plus la même. Personne ne définissait mieux qu'elle les devoirs d'épouse et de mère, et ne prouvait plus éloquemment qu'une femme ne rencontre le bonheur que dans l'accomplissement de ces devoirs sacrés. Le tableau des jouissances domestiques prenait dans sa bouche une teinte ravissante et douce ; les larmes s'échappaient de ses yeux lorsqu'elle parlait de sa fille ou de son mari : la femme de parti avait disparu ; on retrouvait une femme sensible et douce qui célébrait la vertu dans le style de Fénelon. Elle me disait, en parlant de l'union des cœurs vertueux, en vantant l'énergie qu'elle inspire : « La froideur m'étonne. Si j'avais été libre et qu'on eût conduit mon mari au supplice, je me serais poignardée au bas de l'échafaud ; et je suis assurée que quand Roland apprendra ma mort, il se percera le cœur. » Elle ne se trompait pas.

« Il faut que j'ajoute, à son avantage, qu'elle s'était créé un empire bien honorable jusque dans le fond des cachots. On y jetait indifféremment, sur la même paille et sous les mêmes verrous, la duchesse de Grammont et une voleuse de mouchoirs, madame Roland et une misérable des rues, une bonne religieuse et une habituée de la Salpêtrière. Nous étions réveillés toutes les nuits par les cris de ces femmes qui se déchiraient entre elles. La chambre de madame Roland était devenue l'asile de la paix au sein de cet enfer. Si elle descendait dans la cour, sa présence seule y inspirait le bon ordre, et ces malheureuses, sur lesquelles aucune puissance connue n'avait plus de prise, étaient retenues par la crainte de lui déplaire. Elle distribuait des secours pécuniaires aux plus nécessiteuses, et à toutes des conseils, des consolations et des espérances. Elle marchait environnée de femmes qui se pressaient autour d'elle comme autour d'une divinité tutélaire...

« Le jour où madame Roland devait paraître au tribunal, Clavières me chargea d'une commission pour elle. Je m'en défendais : Clavières insista, en m'observant qu'une entrevue entre elle et lui, à pareil jour, pourrait nuire à tous deux. Je me rendis : j'épiai le moment où elle sortirait de sa chambre, et j'allai la joindre au passage. Elle attendait à la grille qu'on vînt l'appeler. Elle était vêtue avec une sorte de recherche. Elle avait une anglaise de mousseline blanche, garnie de blonde et rattachée par une ceinture de velours noir. Sa coiffure était soignée : elle portait un bonnet-chapeau d'une élégante simplicité, et ses beaux cheveux flottaient

sur ses épaules. Sa figure me parut plus animée
qu'à l'ordinaire. Ses couleurs étaient ravis-
santes, et elle avait le sourire sur les lèvres.
D'une main, elle soutenait la queue de sa robe,
et elle avait abandonné l'autre à une foule de
femmes qui se pressaient pour la baiser. Celles
qui étaient mieux instruites du sort qui l'attendait sanglotaient autour d'elle en la recomman-
dant en tout cas à la Providence. Rien ne peut
rendre ce tableau. Il faut l'avoir vu. Madame
Roland répondait à toutes avec une affectueuse
bonté ; elle ne leur promettait pas son retour ;
elle ne leur disait pas qu'elle allait à la mort ;
mais les dernières paroles qu'elle leur adressait
étaient des recommandations touchantes. Elle
les invitait à la paix, au courage, à l'espérance,
à l'exercice des vertus qui conviennent au
malheur. Un vieux geôlier nommé Fontenay,
dont le bon cœur avait résisté à trente ans
d'exercice de son cruel métier, vint lui ouvrir la
grille en pleurant. Je m'acquittai au passage de
la commission de Clavières. Elle me répondit en
peu de mots, et d'un ton ferme. Elle commençait
une phrase, lorsque deux guichetiers de l'intérieur l'appelèrent pour le tribunal. A ce cri,
terrible pour tout autre que pour elle, elle s'arrêta et me dit en me serrant la main : « Adieu,

« monsieur, faisons la paix, il est temps. » Levant ses yeux sur moi, elle s'aperçut que je repoussais mes larmes et que j'étais violemment ému. Elle y parut sensible, mais n'ajouta que ces deux mots : « Du courage ! »

Madame Roland avait été transférée à la Conciergerie. Le 1er novembre 1793 elle est appelée à comparaître devant le tribunal révolutionnaire et subit un premier interrogatoire. Les témoins à charge sont mademoiselle Mignot, l'institutrice de sa fille Eudora, une cuisinière et un laquais. Ces gens affirment que Roland et sa femme se réjouissaient « aux approches d'une guerre civile qu'ils semblaient désirer », et que la « prise de Lille les comble de joie ». Enfin on l'accusait d'être complice des députés suspects de menées contre-révolutionnaires et anti-patriotiques en appelant l'étranger sur le sol de la République. On ne permit pas à l'accusée de présenter la défense qu'elle avait préparée dans un mémoire éloquent. — Le 8 novembre madame Roland paraissait de nouveau devant ses juges. Chauveau-Lagarde s'était offert à la défendre. Voici en quels termes M. Barrière rend compte de leur dernière entrevue :

« M. Chauveau-Lagarde ambitionna l'honneur dangereux de parler pour madame Roland. Il la vit plusieurs fois à la Conciergerie. Le 9 novembre[1], il revint pour lui remettre la liste des témoins et pour se concerter avec elle. Il la prévenait des pièges qu'on pouvait lui tendre, lui communiquait le plan de son discours, lui donnait des espérances qu'il n'avait pas. Madame Roland l'écoutait d'un air tranquille, et discutait de sang-froid les moyens préparés pour sa défense. L'entretien se prolongeait; il était onze heures du soir; on vint avertir M. Chauveau-Lagarde que les portes de la prison se fermaient. Il allait se retirer : madame Roland, un moment émue, se lève, tire de son doigt un anneau, et le lui présente sans prononcer une parole.

« *Madame*, s'écrie vivement l'avocat, qui devine d'un coup d'œil son intention et ses pressentiments, *Madame, nous nous reverrons demain, après le jugement. — Demain*, dit-elle, *je n'existerai plus! Je sais le sort qui m'attend... Vos conseils me sont chers; ils pourraient vous devenir funestes : ce serait vous perdre sans me sauver. Que je n'aie point la douleur d'avoir causé la mort d'un homme de bien!... Ne venez pas au tribunal, je vous désavouerais; mais ac-*

---

1. Il y a là erreur évidente. Le jugement est daté du 18 brumaire (8 novembre).

ceptez ce seul gage que ma reconnaissance puisse vous offrir... Demain, je n'existerai plus !...

« Ce fut dans cette nuit qui précéda son dernier jour que, rassemblant ses forces et recueillant ses esprits, elle écrivit seule son morceau de défense[1]. »

Le lendemain, 10 novembre, à quatre heures et demie du soir, madame Roland montait dans la charrette fatale. Elle était en compagnie d'un nommé Lamarche. Une foule immense entourait les victimes, les accablant d'outrages! Nous reproduirons ici le récit d'un contemporain.

« Une circonstance indépendante de ma volonté fit passer sous mes yeux cette femme extraordinaire près du pont Neuf, sur le chemin de l'échafaud. Debout et calme dans la charrette, elle était vêtue d'une étoffe blanche parsemée de bouquets couleur de rose. Aucune altération apparente en elle. Ses yeux lançaient de vifs éclairs; son teint brillait de fraîcheur et d'éclat, un sourire plein de charme errait sur ses lèvres; cependant elle était sérieuse et ne jouait point avec la mort. Près d'elle on voyait le malheureux Lamarche si abattu par la terreur que sa tête

---

1. Tissot, *Histoire de la Révolution.*

semblait tomber à chaque cahot de la voiture. L'héroïne relevait, par son courage, la faiblesse de cet infortuné qui n'était plus un homme. Quelquefois elle poussait son pouvoir sur elle-même jusqu'à trouver des mots empreints d'une gaieté spirituelle et douce qui arrachaient un sourire à son trop faible compagnon. Je ne sais ce qui me fit illusion à ce moment; mais le cortège, le bourreau et ses valets disparurent à mes regards; toute mon attention se concentra sur la victime et à la voir je ne pouvais comprendre qu'elle allât à la mort. »

Lorsque la charrette passa à l'angle du quai des Orfèvres, d'un dernier regard madame Roland put saluer le logis familial. Là s'étaient écoulées les paisibles années de son enfance, auprès de sa mère prévoyante et tendre qui n'avait d'autre souci que le bonheur de cette unique enfant pour laquelle elle rêvait une destinée unie et modeste. Sa destinée la précipitait tout à coup du plus haut sommet pour la livrer au supplice.

« Je n'ai jamais quitté une voiture sans sauter comme un oiseau », nous dit madame Roland dans ses *Mémoires*. C'est ainsi qu'elle s'élança lorsque la charrette s'arrêta devant la courte échelle qui conduisait à la plateforme de la guillotine.

autre femme, la reine de France Marie-Antoinette, montait sur le même échafaud. On s'étonne de ne trouver dans aucun des écrits de madame Roland un mot de compassion ou de pitié pour cette auguste reine, cette fille de rois, comme elle belle, jeune encore, mère comme elle, et qui avait vu s'achever sa lente agonie entre les murs d'une prison. Comment en apprenant la mort de la reine, cette âme toute imprégnée de mansuétude et de tendresse, qui se prodiguait aux plus viles, aux plus misérables créatures, n'a-t-elle pas laissé échapper un de ces cris douloureux auxquels elle prêtait de si nobles accents?

Devant un crime qui déshonorait la nation, comment madame Roland n'eut-elle pas un mouvement d'horreur, de remords peut-être? Cet élan d'une pitié suprême était digne de l'âme de madame Roland, il eût relevé son grand caractère.

A la nouvelle de la mort de sa femme, Roland n'eut plus la force de vivre. Il s'éloigna de la maison hospitalière qui l'avait abrité dans sa fuite, et on le retrouva sur le grand chemin le cœur percé de son épée. Du reste la plupart des amis de madame Roland, ceux qui avaient soutenu de leurs talents, de leur éloquence, la Révolution à ses débuts, ceux que dans l'Assemblée on nommait les Girondins, périrent misérablement. Les uns n'échappèrent au bourreau que pour se donner volontairement la mort; d'autres, comme Pétion, dont on trouva le corps à demi dévoré par les loups, périrent de misère. Bien peu survécurent. Débordés par les violences qu'ils avaient déchaînées, ils ne purent mettre, malgré leur courage, une digue au torrent qui les emporta. La figure de madame Roland les domine tous par une inflexible droiture et l'éclat d'un grand courage.

CARETTE, née BOUVET.

MÉMOIRES

DE

MADAME ROLAND

PREMIÈRE PARTIE

VIE PRIVÉE DE JEANNE-MARIE ROLAND

Aux prisons de Sainte-Pélagie, le 9 août 1793.

Fille d'artiste, femme d'un savant devenu ministre et demeuré homme de bien, aujourd'hui prisonnière, destinée peut-être à une mort violente et inopinée, j'ai connu le bonheur et l'adversité, j'ai vu de près la gloire et subi l'adversité.

Née dans un état obscur, j'ai passé ma jeunesse au sein des beaux-arts, nourrie des charmes de l'étude, sans connaître de supériorité que celle du mérite, ni de grandeur que celle de la vertu.

A l'âge où l'on prend un état, j'ai perdu les espérances de fortune qui pouvaient m'en procurer un conforme à l'éducation que j'avais reçue. L'alliance d'un homme respectable a paru réparer ces revers; elle m'en préparait de nouveaux.

Un caractère doux, une âme forte, un esprit solide, un cœur très affectueux, un extérieur qui annonçait tout cela, m'ont rendue chère à tous ceux qui me connaissent. La situation dans laquelle je me suis trouvée m'a fait des ennemis; ma personne n'en a point : ceux qui disent le plus de mal de moi ne m'ont jamais vue.

Il est si vrai que les choses sont rarement ce qu'elles paraissent, que les époques de ma vie où j'ai goûté le plus de douceurs, ou le plus éprouvé de chagrins, sont souvent toutes contraires à ce que d'autres pourraient en juger. C'est que le bonheur tient aux affections plus qu'aux événements.

Je me propose d'employer les loisirs de ma captivité à retracer ce qui m'est personnel depuis ma tendre enfance jusqu'à ce moment; c'est vivre une seconde fois que de revenir ainsi sur tous les pas de sa carrière; et qu'a-t-on de mieux à faire en prison que de transporter ailleurs son existence par une heureuse fiction, ou par des souvenirs intéressants?

Si l'expérience s'acquiert, moins à force d'agir qu'à force de réfléchir sur ce qu'on voit et sur ce qu'on a fait, la mienne peut s'augmenter beaucoup par l'entreprise que je commence.

La chose publique, mes sentiments particuliers, me fournissaient assez, depuis deux mois de détention, de quoi penser et décrire, sans me rejeter sur des temps fort éloignés ; aussi les cinq premières semaines avaient-elles été consacrées à des *Notices historiques* dont le recueil n'était peut-être pas sans intérêt. Elles viennent d'être anéanties : j'ai senti toute l'amertume de cette perte que je ne réparerai point; mais je m'indignerais contre moi-même de me laisser abattre par quoi que ce soit. Dans toutes les peines que j'ai essuyées, la plus vive impression de douleur est presque aussitôt accompagnée de l'ambition d'opposer mes forces au mal dont je suis l'objet, et de le surmonter, ou par le bien que je fais à d'autres, ou par l'augmentation de mon propre courage. Ainsi, le malheur peut me poursuivre et non m'accabler; les tyrans peuvent me persécuter : mais m'avilir? jamais! Mes *Notices* sont perdues: je vais faire des Mémoires, et, m'accommodant avec prudence à ma propre faiblesse, dans un moment où je suis péniblement affectée, je vais m'entretenir de moi pour mieux m'en distraire. Je ferai mes honneurs en bien ou en mal, avec une égale liberté : celui qui n'ose se rendre bon témoignage à soi-même, est presque toujours un lâche qui sait et craint le mal qu'on pourrait dire de sa personne ; et celui qui hésite à avouer ses torts n'a pas la force de les soutenir ni de moyens de les racheter. Avec cette franchise pour mon propre compte, je ne me gênerai pas sur celui d'autrui; père, mère, amis, mari, je les peindrai tels qu'ils sont, ou que je les ai vus.

Tant que je suis demeurée dans un état paisible et concentré, ma sensibilité naturelle enveloppait tellement mes autres qualités qu'elle se montrait seule, ou les dominait toutes. Mon premier besoin était de plaire et de faire du bien; j'étais un peu comme ce bon monsieur de Gourville, dont madame de Sévigné dit que la charité du prochain lui coupait les paroles par la moitié; et je méritais que Sainte-Lette dît de moi qu'avec l'esprit d'aiguiser de fines épigrammes, je n'en laissais jamais échapper aucune.

Depuis que les circonstances, les orages politiques et autres ont développé l'énergie de mon caractère, je suis franche avant tout, sans regarder de si près aux petites égratignures qui peuvent se faire en passant. Je ne fais pas plus d'épigrammes; car elles supposent le plaisir de piquer par une critique, et je ne sais point m'amuser à tuer des mouches; mais j'aime à faire justice à force de vérités, et j'énonce les plus terribles en face des intéressés, sans m'étonner, m'émouvoir, ni me fâcher, quel qu'en soit l'effet sur eux.

Gratien Phlipon, mon père, était graveur de profession; il cultivait aussi la peinture, et voulut s'adonner à celle en émail, bien moins par goût que par spéculation; mais l'incompatibilité de sa vue et de son tempérament, avec le feu auquel il faut passer l'émail, le força d'abandonner ce genre. Il se restreignit dans le sien qui était médiocre; mais quoiqu'il fût laborieux, que les temps favorisassent l'exercice de son art, qu'il eût beaucoup d'occupation et employât un grand nombre d'ouvriers, le désir de faire fortune le portait vers le commerce. Il achetait des bijoux, des diamants, ou les prenait en payement des marchands avec lesquels il avait affaire, pour les revendre dans l'occasion. Je relève cette particularité, parce que j'ai observé que, dans toutes les classes, l'ambition est généralement funeste ; pour quelques heureux qu'elle élève, elle fait une foule de victimes. L'exemple de mon père me fournira plus d'une application ; son art suffisait à le faire exister décemment ; il voulut devenir riche et a fini par se ruiner.

Robuste et sain, actif et glorieux, il aimait sa femme et la parure ; sans instruction, il avait ce degré de goût et de connaissances que donnent superficiellement les beaux-arts, à quelque partie qu'en soit réduite la pratique ; aussi, malgré son estime pour les richesses et ce qui peut les procurer, il traitait avec les marchands ; mais il n'avait de liaisons qu'avec des artistes, peintres et sculpteurs. Sa vie fut très réglée, tant que son ambition connut des bornes ou n'eut point essuyé de disgrâces : on ne peut pas dire que ce fut un homme vertueux ; mais il avait beaucoup de ce qu'on appelle honneur ; il aurait bien fait payer une chose plus qu'elle ne valait ; mais il se serait tué plutôt que de ne pas acquitter le prix de celle qu'il avait achetée.

Marguerite Bimont, sa femme, lui avait apporté en dot, avec fort peu d'argent, une âme céleste et une charmante figure. L'aînée de six enfants, dont elle avait été comme la seconde mère, elle ne s'était mariée à vingt-six ans, que pour céder sa place à ses sœurs ; son cœur sensible, son esprit agréable, auraient dû l'unir à quelqu'un d'éclairé, de délicat ; mais ses parents lui présentèrent un honnête homme dont les talents assuraient l'existence, et sa raison l'accepta. Au défaut du bonheur qu'elle ne pouvait se promettre, elle sentait qu'elle ferait régner la paix qui en tient lieu. Il est sage de savoir se réduire; les jouissances sont toujours plus rares qu'on ne se l'imagine; mais les consolations ne manquent jamais à la vertu.

Je fus leur second enfant; mon père et ma mère en eurent sept; mais tous les autres sont morts en nourrice ou en venant au monde, à la suite de divers accidents; et ma mère répétait quelquefois avec complaisance que j'étais la seule qui ne lui eût jamais donné de mal.

Une tante de mon père choisit pour moi, dans les environs d'Arpajon, où elle allait souvent en été, une nourrice saine et de bonnes mœurs, que l'on estimait dans le pays, d'autant plus que la brutalité de son mari la rendait malheureuse, sans altérer son caractère, ni changer sa conduite. Madame Bernard, c'est le nom de ma grand'tante, n'avait point d'enfant; son mari était mon parrain; tous deux me regardèrent comme leur fille. Leurs soins ne se sont jamais démentis; ils vivent encore, et sur le déclin de leurs ans, ils languissent de douleur; ils gémissent sur le sort de leur petite-nièce, dans laquelle ils avaient placé leur espérance et leur gloire. Respectables vieillards, il est accordé à bien peu de personnes de parcourir leur carrière dans le silence et la paix qui vous accompagnent; je ne suis point au-dessous des malheurs qui m'assiègent, et je ne cesserai pas d'honorer vos vertus.

La vigilance de ma nourrice était soutenue ou récompensée par l'attention de mes bons parents ; son zèle et ses succès lui méritèrent l'attachement de ma famille ; elle n'a jamais, tant qu'elle a vécu, laissé passer deux ans sans faire un voyage de Paris pour venir me voir ; elle accourut près de moi lorsqu'elle apprit qu'une mort cruelle m'avait enlevé ma mère : je me rappelle encore son apparition ; j'étais sur un lit de douleur ; sa présence me retraçant trop vivement une perte récente, le premier chagrin de ma vie, je tombai dans des convulsions qui l'effrayèrent ; elle se retira, je ne la revis plus ; elle mourut bientôt après. J'avais été la visiter dans la chaumière où elle m'avait allaitée ; j'avais écouté avec attendrissement les contes que sa bonhommie se plaisait à faire en me montrant les lieux que j'avais préférés, rappelant les espiègleries que je lui avais faites et dont la gaieté l'amusait encore. A deux ans je fus ramenée dans la maison paternelle : on m'a souvent parlé de la surprise que j'avais témoignée en voyant au soir, dans la rue, les lanternes allumées, que j'appelais de belles bouteilles ; de ma répugnance à me servir de ce qu'on appelle proprement un pot-de-chambre, parce que je ne connaissais qu'un coin du jardin pour certain usage ; et de l'air de moquerie avec lequel je demandais si les saladiers et les soupières que je montrais du doigt, étaient faits aussi pour cela. Il faut bien passer sous silence ces belles choses et d'autres aussi graves, qui n'intéressent que les nourrices, et ne se répètent qu'aux grands parents :

on ne s'attend pas que je dépeigne ici une petite brune
de deux ans, dont les cheveux noirs jouaient fort bien
sur un visage animé des plus vives couleurs, et qui
respirait le bonheur de son âge dont elle avait toute
la santé. Je sais un meilleur temps pour faire mon
portrait, et je ne suis pas si maladroite que de le
devancer.

La sagesse et la bonté de ma mère lui eurent bientôt acquis, sur mon caractère doux et tendre, l'ascendant dont elle n'usa jamais que pour mon bien.
Il était tel que, dans ces légères alternatives, inévitables entre la raison qui gouverne et l'enfance qui
résiste, elle n'a jamais eu besoin, pour me punir,
que de m'appeler froidement mademoiselle; et de me
regarder d'un œil sévère. Je sens encore l'impression
que me faisait son regard, si caressant d'ordinaire;
j'entends en frissonnant ce mot de mademoiselle,
substitué, avec une dignité désespérante, au doux
nom de ma fille, à la gentille appellation de Manon.
Oui, Manon, c'est ainsi qu'on m'appelait; j'en suis
fâchée pour les amateurs de romans; ce nom n'est
pas noble; il ne sied point à une héroïne du grand
genre; mais enfin c'était le mien, et c'est une histoire que j'écris. Au reste, les plus délicats se seraient
réconciliés avec le nom en entendant ma mère le
prononcer, et voyant celle qui le portait. Quelle
expression manquait de grâce quand ma mère l'accompagnait de son ton affectueux! et lorsque sa voix
touchante venait pénétrer mon cœur, ne m'appre-
nait-elle pas à lui ressembler?

Vive sans être bruyante, et naturellement recueillie, je ne demandais qu'à m'occuper, et je saisissais avec promptitude les idées qui m'étaient présentées. Cette disposition fut mise tellement à profit, que je ne me suis jamais souvenue d'avoir appris à lire ; j'ai ouï dire que c'était chose faite à quatre ans, et que la peine de m'enseigner s'était, pour ainsi dire, terminée à cette époque, parce que dès lors il n'avait plus été besoin que de ne me pas laisser manquer de livres. Quels que fussent ceux qu'on me donnait ou dont je pouvais m'emparer, ils m'absorbaient tout entière, et l'on ne pouvait plus me distraire que par des bouquets. La vue d'une fleur caresse mon imagination et flatte mes sens à un point inexprimable ; elle réveille avec volupté le sentiment de mon existence. Sous le tranquille abri du toit paternel, j'étais heureuse dès l'enfance avec des fleurs et des livres : dans l'étroite enceinte d'une prison, j'oublie l'injustice des hommes, leurs sottises et mes maux, avec des livres et des fleurs.

L'occasion était trop belle pour négliger de me faire apprendre l'Ancien, le Nouveau Testament, les catéchismes petit et grand ; j'apprenais tout ce qu'on voulait, et j'aurais répété l'Alcoran si l'on m'eût appris à le lire. Je me souviens d'un peintre nommé Guibal, fixé depuis à Stuttgard, et dont j'ai vu, il y a peu d'années, un éloge du Poussin, couronné à l'académie de Rouen ; il venait souvent chez mon père ; c'était un drôle de corps qui me faisait des contes à peau d'âne, que je n'ai point oubliés et qui me plaisaient beaucoup ; il ne se divertissait pas moins à me faire débiter ma science. Je crois le voir encore, avec sa figure un peu grotesque, assis dans un fauteuil, me prenant entre ses genoux sur lesquels j'appuyais mes coudes, et me faisant répéter le symbole de saint Athanase; puis récompensant ma complaisance par l'histoire de Tanger, dont le nez était si long, qu'il était obligé de l'entortiller autour de son bras quand il voulait marcher. On pourrait faire des oppositions plus extravagantes.

A l'âge de sept ans, on m'envoya tous les dimanches à l'instruction paroissiale, qui s'appelait le catéchisme, afin de me préparer à la confirmation. Au train dont vont les choses, ceux qui liront ce passage demanderont peut-être ce que c'était que cela ; je vais le leur apprendre. Dans le premier coin d'une église, chapelle ou charnier, on plaçait quelques rangs de chaises, ou des bancs, vis-à-vis les uns des autres, sur une longueur déterminée ; on réservait au milieu un large passage, et l'on plaçait au haut un siège un peu plus élevé ; c'était la chaise curule du jeune prêtre qui devait instruire les enfants qu'on soumettait à sa discipline. Là on faisait répéter par cœur l'évangile du jour, l'épître, l'oraison et le chapitre de catéchisme indiqué pour la tâche de la semaine. Lorsque ces rassemblements étaient nombreux, le prêtre enseignant avait un petit clerc qui servait de répétiteur, et le maître se réservait pour les questions sur le fond du sujet. Dans certaines paroisses, les enfants des deux sexes assistaient au même catéchisme, séparés seulement par leurs places; dans la plupart ils n'avaient rien de commun. Les mères ou les bonnes femmes, toujours avides du pain de la parole, assistaient à ces instructions, graduées suivant les âges et la préparation pour recevoir la confirmation, ou pour faire la première communion. Les curés zélés apparaissaient, de temps en temps, au milieu de ces jeunes ouailles, qu'on faisait lever respectueusement à leur aspect; ils adressaient quel-ques questions aux plus apparentes, pour juger de leur instruction; les mères de celles qu'on interro-geait se rengorgeaient avec orgueil, et le pasteur se retirait au milieu de leurs révérences. M. Garat, curé de Saint-Barthélemy, ma paroisse, dans ce qu'on appelait à Paris la Cité, bonhomme qu'on disait fort savant, et qui ne pouvait prononcer deux mots de suite en chaire, où il avait la fureur de monter, vint un jour à mon catéchisme; et pour sonder mon instruction, en manifestant sa sagacité, il me demanda combien il y avait d'ordres d'esprits dans la hiérarchie céleste. Je fus persuadée à l'air victorieux et malin dont il me fit cette question, qu'il croyait m'embarrasser; et je répondis en sou-riant, que quoiqu'il y en eût plusieurs d'indiqués dans la préface de la messe, j'avais vu ailleurs qu'on en comptait neuf, et je lui fis passer en revue les anges, archanges, trônes, dominations, etc. — Jamais curé ne fut si satisfait des lumières de son néophyte; aussi j'étais une petite prédestinée, comme on verra par la suite. Ma mère avait un jeune frère

ecclésiastique sur sa paroisse, et chargé du catéchisme de la confirmation, pour employer l'expression technique. La présence de sa nièce à ses instructions était un bel exemple, capable de déterminer
des personnes, qui n'étaient pas ce qu'on appelait
du peuple, à y envoyer aussi leurs enfants, chose
très agréable au curé; d'ailleurs, j'avais une mémoire qui devait toujours m'assurer le premier rang;
et de tous les accessoires soutenant cette sorte de
supériorité, mes parents se glorifiaient en paraissant
adopter le genre le plus simple. Il arrivait que dans
les distributions de prix, qui se faisaient avec éclat
au bout de l'an, je me trouvais emporter le premier,
sans qu'il y eût eu aucune espèce de faveur, et tout le
clergé de la paroisse d'estimer fort heureux mon
jeune oncle, qui en était plus remarqué, et qui n'avait
besoin que de l'être pour inspirer de la bienveillance.
Une belle figure, une grande bonté, le caractère le
plus facile, les mœurs les plus douces et la plus
grande gaieté l'ont accompagné jusqu'à ces derniers
temps, où il est mort chanoine de Vincennes, lorsque
la révolution allait frapper tous les chapitres. J'ai
cru perdre en lui le dernier de mes parents du côté
de ma mère, et je ne me rappelle qu'avec attendrissement tout ce qui lui fut personnel. Le goût et la
facilité que j'avais pour apprendre lui inspirèrent
l'idée de m'enseigner le latin; j'en étais ravie; c'était
une fête pour moi que de trouver un nouvel objet
d'étude; j'avais au logis maîtres d'écriture, de géographie, de danse et de musique; mon père m'avait

fait commencer le dessin; mais il n'y avait rien de trop. Levée dès cinq heures, lorsque tout dormait encore dans la maison, je me glissais doucement avec une petite jaquette, sans songer à me chausser, jusqu'à la table placée dans un coin de la chambre de ma mère, sur laquelle était mon travail; et je copiais, je répétais mes exemples avec tant d'ardeur, que mes succès devenaient rapides. Mes maîtres en devenaient plus affectionnés; ils me donnaient de longues leçons; ils y mettaient un intérêt qui m'attachait toujours davantage: je n'en ai pas eu un seul qui ne parût être aussi flatté de m'apprendre, que j'étais reconnaissante d'être enseignée; pas un qui, m'ayant suivie quelques années, n'ait dit le premier qu'il ne m'était plus nécessaire, qu'il ne devait plus être payé; mais qu'il demandait à être reçu, et à pouvoir venir visiter mes parents et m'entretenir quelquefois. J'honorerai la mémoire du bon M. Marchand, qui, dès cinq ans, m'apprit à écrire, puis m'enseigna la géographie, et avec lequel j'étudiais l'histoire; homme sage, patient, clair et méthodique, que j'appelais M. Doucet; je le vis marier à une honnête femme attachée à la maison de Nesle; j'allai le visiter dans sa dernière maladie, où une saignée hors de saison fixa sur sa poitrine la goutte, dont il avait un accès, et lui donna la mort à cinquante ans. J'en avais alors dix-huit.

Je n'ai point oublié le musicien Cajon, petit homme vif et causeur, né à Mâcon, où il avait été enfant de chœur, et successivement soldat, déserteur, capucin, commis, et déplacé. Arrivant à Paris avec femme, enfants, sans le sou, mais ayant une voix de second-dessus extrêmement agréable, et très propre pour enseigner le chant à de jeunes personnes ; présenté à mon père, je ne sais par qui, il eut en moi sa première écolière, me donna beaucoup de soins, empruntait souvent à mes parents de l'argent qu'il dépensait vite, ne me rendit jamais certain recueil des leçons de Bordier, qu'il pilla avec assez d'art, pour composer des éléments de musique, qu'il a publiés sous son nom ; devint magnifique sans s'enrichir, et finit, après quinze ans, par quitter Paris où il avait fait des dettes, pour se rendre en Russie, où je ne sais ce qu'il est devenu. Quant à Mazon, le danseur, bon Savoyard, d'une laideur affreuse, dont je vois encore la loupe qui dérobait sa joue droite lorsqu'il penchait du côté gauche son visage camus et grêlé sur sa pochette, j'aurais quelque chose de plaisant à en dire, ainsi que du pauvre Mignard, maître de guitare, espèce de colosse espagnol, dont les mains ressemblaient à celles d'Esaü, et qui, en gravité, politesse et rodomontades, ne le cédait à personne de son pays. Je n'ai pas eu longtemps le timide Watrin, dont les cinquante ans, la perruque, les lunettes et le visage enflammé paraissaient tout en désordre, lorsqu'il posait les doigts de son écolière au par-dessus de viole, et lui montrait à tenir l'archet. Mais en récompense, le révérend père Collomb, barnabite, jadis missionnaire, supérieur de sa maison à soixante-quinze ans, et confesseur de ma mère, envoya chez elle sa basse de viole, pour me consoler de l'abandon du par-dessus, et m'accompagner lui-même lorsque, venant nous voir, il me priait de prendre ma guitare. Je l'étonnai beaucoup lorsque m'emparant de sa basse, je me mis à jouer passablement quelques airs que j'avais étudiés en cachette. J'aurais trouvé sous ma main une contrebasse, que je serais montée sur une chaise pour en faire quelque chose. Mais afin de ne pas commettre d'anachronisme, il faut observer que j'anticipe, et se rappeler que j'étais tout à l'heure à sept ans, où je retourne. Je suis venue jusqu'à cette époque sans parler de l'influence de mon père sur mon éducation ; elle était faible, parce qu'il ne s'en mêlait guère ; mais il n'est pas hors de propos de remarquer ce qui l'avait déterminé à s'en mêler moins encore : j'étais fort opiniâtre, c'est-à-dire que je ne consentais pas aisément à ce dont je ne voyais pas la raison ; et lorsque je ne sentais que l'autorité, ou que je croyais apercevoir du caprice, je ne savais pas céder. Ma mère, habile et prudente, jugeait à merveille qu'il fallait me dominer par la raison, ou me gagner par le sentiment ; aussi ne trouvait-elle pas de résistance. Mon père, assez brusque, ordonnait en maître, et l'obéissance était tardive ou nulle ; s'il tentait de me punir en despote, sa douce petite fille devenait un lion. Il me donna le fouet en deux ou trois circonstances ; je lui mordais la cuisse sur laquelle il m'avait courbée, et je protestais contre sa volonté. Un jour que j'étais un peu malade, il fut question de me don-

ner une médecine : on m'apporta le triste breuvage ;
je l'approche de mes lèvres ; son odeur me le fait
repousser avec dégoût : ma mère s'emploie à vaincre
ma répugnance ; elle m'en inspire la volonté ; je fais
mes efforts sincèrement, mais à chaque fois que
l'horrible déboire m'était apporté sous le nez, mes
sens révoltés me faisaient détourner la tête : ma
mère se fatiguait ; je pleurais de sa peine et de la
mienne, et j'en étais toujours moins capable d'avaler
la funeste boisson. Mon père arrive ; il se fâche et
me donne le fouet, en attribuant ma résistance à
l'opiniâtreté ; dès lors l'envie d'obéir se passe, et
je déclare que je ne prendrai point la médecine.
Grands éclats, menaces répétées, seconde fustigation :
je m'indigne et fais des cris affreux, levant les yeux
au ciel et me disposant à jeter le breuvage qu'on allait me présenter ; mon geste trahit ma pensée ; mon
père, furieux, menace de me fouetter une troisième
fois. — Je sens, à l'heure où j'écris, l'espèce de révolution et le développement de force que j'éprouvai
alors ; mes larmes s'arrêtent tout à coup, mes sanglots s'apaisent ; un calme subit réunit mes facultés
dans une seule résolution : je me lève sur mon lit ;
je me tourne du côté de la ruelle ; j'incline ma tête,
en l'appuyant contre le mur, je trousse ma chemise,
et je m'offre aux coups en silence : on m'aurait tuée
sur la place, sans m'arracher un soupir.

Ma mère que cette scène rendait mourante, et qui
avait besoin de toute sa sagesse pour ne pas augmenter les excès de son mari, parvint à le faire sortir de

la chambre; elle me recoucha sans mot dire, et après deux heures de repos, elle vint en pleurant me conjurer de ne plus lui faire de mal et de boire la médecine; je la regardai fixement, je pris le verre et je le vidai d'un seul trait; mais je vomis tout au bout d'un quart d'heure, et j'eus un violent accès de fièvre qu'il fallut bien guérir autrement qu'avec de mauvaises drogues et des verges. J'avais alors un peu plus de six ans.

Tous les détails de cette scène me sont aussi présents, toutes les sensations que j'ai éprouvées sont aussi distinctes, que si elle était récente; c'est le même raidissement que celui que j'ai senti s'opérer depuis dans des moments solennels; et je n'aurais pas plus à faire aujourd'hui pour monter fièrement à l'échafaud, que je n'en fis alors pour m'abandonner à un traitement barbare qui pouvait me tuer, et non pas me vaincre.

De cet instant, mon père ne mit plus la main sur moi; il ne se chargea même pas de me réprimander; il me caressait beaucoup, me montrait à dessiner, me conduisait à la promenade, et me traitait avec une bonté qui le rendait plus respectable à mes yeux, et lui assurait de ma part une entière soumission. On se plut à célébrer mes sept ans comme l'âge de la raison, celui duquel on avait droit d'attendre de moi tout ce qu'elle inspire; c'est assez adroit pour motiver l'espèce d'égard avec lequel il fallait me conduire en soutenant mon courage, sans exciter ma vanité. Ma vie s'écoulait doucement dans la paix do-

mestique et une grande activité d'esprit ; ma mère demeurait constamment chez elle et y recevait fort peu
de monde. Nous sortions deux fois la semaine : l'une,
pour visiter les grands parents de mon père ; l'autre,
c'était le dimanche, pour voir la mère de maman, assister à l'office divin et nous rendre à la promenade. On
commençait toujours, en sortant des vêpres, par aller
chez ma bonne maman Bimont ; c'était une grande
et belle femme qui avait été de bonne heure attaquée
de paralysie ; sa tête en était demeurée affectée ; elle
était graduellement tombée en enfance, et passait les
jours dans son fauteuil, près de la fenêtre ou du feu,
suivant la saison. Une vieille fille, de service dans
la famille depuis plus de quarante ans, soignait ses
infirmités. Dès que j'arrivais, Marie me donnait à
goûter : c'était fort bon ; mais cela fait, je m'ennuyais
horriblement ; je cherchais des livres ; il n'y avait
que le psautier et, faute de mieux, j'en ai vingt fois
relu la version ou chanté le texte : si j'étais gaie, ma
grand'mère pleurait ; si je me frappais ou me laissais
tomber, elle éclatait de rire ; cela me contrariait : on
avait beau me faire observer que c'était le résultat de
sa maladie, je ne le trouvais pas moins triste ; j'aurais encore supporté qu'elle se moquât de moi, mais ses
pleurs ne s'échappaient jamais qu'avec un éclat douloureux et imbécile à la fois, qui me froissait l'âme
et m'inspirait de la terreur. La vieille Marie radotait à
cœur-joie avec ma mère qui se faisait un devoir sacré
de passer deux heures devant la sienne, en écoutant
complaisamment les contes de Marie. Ce fut pour

moi un cours de patience assurément très pénible ;
mais il fallait bien en passer par-là ; car un jour où
l'ennui me fit verser des pleurs de dépit en demandant à m'en aller, ma mère resta toute la soirée. Elle
ne négligeait pas, dans les temps opportuns, de me
représenter son assiduité comme un devoir rigoureux et touchant qu'il m'était honorable de partager ;
je ne sais comme elle s'y prenait, mais mon cœur
recevait cette doctrine avec attendrissement. Lorsque
l'abbé Bimont pouvait se rendre chez sa mère, c'était
pour moi une joie inexprimable ; ce cher petit oncle
me faisait jouer, sauter et chanter ; mais cela ne lui
était guère possible : il était alors maître des enfants
de chœur et se trouvait enchaîné chez lui. Je me rappelle, à ce propos, d'un de ses élèves, d'une figure
heureuse, dont il aimait à dire du bien, parce que
c'était celui qui lui donnait le moins de mal ; ce sujet
annonçant des dispositions, obtint peu d'années après
une bourse à je ne sais quel collège, et est devenu
l'abbé Noël, connu d'abord par quelques petits
ouvrages, appelé par le ministre Lebrun dans la
carrière diplomatique, envoyé à Londres l'année
dernière, et aujourd'hui en Italie.

Mes exercices remplissaient fort bien les journées,
qui me semblaient courtes, car je n'avais jamais fini
tout ce que j'aurais eu le goût d'entreprendre. Avec
les livres élémentaires dont on avait soin de me
fournir, j'épuisai bientôt ceux de la petite bibliothèque de la maison. Je dévorais tout, et je recommen-
çais les mêmes lorsque j'en manquais de nouveaux.

Je me souviens de deux in-folio de vies des saints, d'une bible de même format en vieux langage, d'une ancienne traduction des guerres civiles d'Appien, d'un théâtre de la Turquie en mauvais style, que j'ai relus bien des fois. Je trouvai aussi *le Roman comique* de Scarron, et quelques recueils de prétendus bons mots que je ne relus pas deux fois; les Mémoires du brave de Pontis qui m'amusaient, et ceux de Mademoiselle de Montpensier dont j'aimais assez la fierté, et quelques autres vieilleries dont je vois encore la forme, le contenu et les taches. La rage d'apprendre me possédait tellement, qu'ayant déterré un traité de l'art héraldique, je me mis à l'étudier; il y avait des planches coloriées qui me divertissaient, et j'aimais à savoir comme on appelait toutes ces petites figures : bientôt j'étonnai mon père de ma science, en lui faisant des observations sur un cachet composé contre les règles de l'art; je devins son oracle en cette matière, et je ne le trompais point. Un petit *Traité des contrats* me tomba sous la main ; je tentai aussi de l'apprendre, car je ne lisais rien que je n'eusse l'ambition de le retenir; mais il m'ennuya, je ne conduisis pas le volume au quatrième chapitre.

La Bible m'attachait, et je revenais souvent à elle; dans nos vieilles traductions, elle s'exprime crûment; j'ai été frappée de certaines tournures naïves qui ne me sont jamais sorties de l'esprit. J'avais découvert, en furetant par la maison, une source de lecture que je ménageai assez longtemps. Mon père tenait ce qu'on appelait son atelier tout près du lieu que j'habitais durant le jour ; c'était une pièce agréable, qu'on nommerait un salon, et que ma modeste mère appelait la salle, proprement meublée, ornée de glaces et de quelques tableaux dans laquelle je recevais mes leçons ; son enfoncement, d'un côté de la cheminée, avait permis de pratiquer un retranchement qu'on avait éclairé par une petite fenêtre ; là était un lit, si resserré dans l'espace, que j'y montais toujours par le pied, une chaise, une petite table, et quelques tablettes ; c'était mon asile. Au côté opposé, une grande chambre dans laquelle mon père avait fait placer son établi, beaucoup d'objets de sculpture et ceux de son art, formait son atelier. Je m'y glissais le soir, ou bien aux heures de la journée où il n'y avait personne ; j'y avais remarqué une cachette où l'un des jeunes gens mettait des livres ; j'en prenais un à mesure ; j'allais le dévorer dans mon petit cabinet, ayant grand soin de le remettre aux heures convenables, sans en rien dire à personne. C'était en général de bons ouvrages : je m'aperçus un jour que ma mère avait fait la même découverte que moi ; je reconnus dans ses mains un volume qui avait passé dans les miennes ; alors je ne me gênai plus ; et, sans mentir, sans parler du passé, j'eus l'air d'avoir suivi sa trace. Le jeune homme, qu'on appelait Courson, auquel il joignit le de, par la suite, en se fourrant à Versailles instituteur des pages, ne ressemblait point à ses camarades ; il avait de la politesse, un tact décent, et cherchait de l'instruction. Il n'avait jamais rien dit non plus de la disparition momentanée de quelques volumes ; il semblait qu'il y eût entre nous une convention tacite. Je lus ainsi beaucoup de voyages que j'aimais passionnément, entre autres ceux de Regnard, qui furent les premiers ; quelques théâtres des auteurs du second ordre, et le Plutarque de Dacier. Je goûtai ce dernier ouvrage plus qu'aucune chose que j'eusse encore vue, même d'histoires tendres qui me touchaient pourtant beaucoup, comme celle des époux malheureux de Labédoyère que j'ai présente, quoique je ne l'aie pas relue depuis cet âge. Mais Plutarque semblait être la véritable pâture qui me convînt. C'est de ce moment que datent les impressions et les idées qui me rendaient républicaine sans que je songeasse à le devenir.

Télémaque et *la Jérusalem délivrée* vinrent un peu troubler ces traces majestueuses. Le tendre Fénelon émut mon cœur, et le Tasse alluma mon imagination. Quelquefois je lisais haut à la demande de ma mère, ce que je n'aimais pas ; cela sortait du recueillement qui faisait mes délices et m'obligeait à ne pas aller si vite ; mais j'aurais plutôt avalé ma langue que de lire ainsi l'épisode de l'île de Calipso, et nombre de passages du Tasse. Ma respiration s'élevait, je sentais un feu subit couvrir mon visage, et ma voix altérée eût trahi mes agitations. J'étais Eucharis pour Télémaque, et Herminie pour Tancrède ; cependant, toute transformée en elles, je ne songeais pas encore à être moi-même, je ne faisais point de retour sur moi, je ne cherchais rien autour

de moi; j'étais elles, et je ne voyais que les objets
qui existaient pour elles, c'était un rêve sans réveil.
Cependant, je me rappelle d'avoir vu avec beaucoup
d'émotion un jeune peintre nommé Taboral, qui
venait parfois chez mon père; il avait peut-être
vingt ans, une voix douce, une figure tendre, rou-
gissant comme une jeune fille. Lorsque je l'entendais dans l'atelier, j'avais toujours un crayon ou
autre chose à y aller chercher; mais, comme sa
présence m'embarrassait autant qu'elle m'était
agréable, je ressortais plus vite que je n'étais entrée,
avec un battement de cœur et un tremblement que
j'allais cacher dans mon petit cabinet. Ces ouvrages,
dont je viens de parler, firent place à d'autres, et les
impressions s'adoucirent; quelques écrits de Voltaire
me servirent de distraction. Un jour que je lisais
Candide, ma mère s'étant levée d'une table où elle
jouait au piquet, la dame qui faisait sa partie m'appela du coin de la chambre où j'étais, et me pria de
lui montrer le livre que je tenais. Elle s'adresse à
ma mère qui rentrait dans l'appartement et lui témoi-
gne son étonnement de la lecture que je faisais; ma
mère, sans lui répondre, me dit purement et simple-
ment de reporter le livre où je l'avais pris. Je regardai de bien mauvais œil cette femme, à figure revêche, grimaçant avec importance, et depuis oncques
je n'ai souri à madame Charbonné. Mais ma bonne
mère ne changea rien à son allure fort singulière,
et me laissa lire ce que je trouvais sans avoir l'air
d'y regarder. Au reste jamais livre contre les mœurs

ne s'est trouvé sous ma main; aujourd'hui même je ne sais que les noms de deux ou trois, et le goût que j'ai acquis ne m'a point exposée à la moindre tentation de me les procurer. Mon père se plaisait à me faire de temps en temps le cadeau de quelques livres, puisque je les préférais à tout; mais comme il se piquait de seconder mes goûts sérieux, il me faisait des choix fort plaisants, quant aux convenances; par exemple, il me donna le traité de Fénelon sur l'éducation des filles, et l'ouvrage de Locke sur celle des enfants, de manière qu'on donnait à l'élève ce qui est destiné à diriger les instituteurs. Je crois pourtant que cela réussissait très bien, et que le hasard m'a servie mieux peut-être que n'auraient fait les combinaisons ordinaires. J'avais beaucoup de maturité, j'aimais à réfléchir; je songeai véritablement à me former moi-même, c'est-à-dire que 'étudiais les mouvements de mon âme; que je cherchais à me connaître; que je commençai à sentir que j'avais une destination qu'il fallait me mettre en état de remplir. Les idées religieuses vinrent à fermenter dans ma tête et produisirent bientôt une grande explosion. Avant de les décrire, il faut savoir ce qu'est devenu notre latin. Les premières notions de la grammaire s'étaient fort bien rangées dans ma tête; je déclinais, je conjuguais, quoique cela me parût assez triste; mais l'espérance de lire un jour, dans cette langue, de fort belles choses dont j'entendais parler ou dont mes lectures présentes me donnaient des idées, soutenait mon courage contre la sécheresse et les difficultés de ce genre d'étude. Il n'en était pas de même de mon petit oncle (c'est ainsi que j'appelais l'abbé Bimont), jeune, bon enfant, paresseux et gai, ne donnant pas la moindre peine à personne et ne se souciant guère d'en prendre aucune pour lui; fort ennuyé de son métier de pédagogue avec des enfants de chœur, il aimait mieux faire une promenade que de me donner une leçon, ou me faire rire et sauter que de répéter mon rudiment; il n'était point exact à venir chez sa sœur, ni pour l'heure, ni pour les jours, et mille circonstances éloignaient ses leçons. Cependant je voulais apprendre, et je n'aimais point à laisser ce que j'avais entrepris. Il fut arrêté que j'irais chez lui, trois fois la semaine, dans la matinée; mais il ne savait pas s'assujettir à conserver sa liberté pour me consacrer quelques instants; je le trouvais occupé d'affaires de paroisse, distrait par ses enfants, ou déjeunant avec un ami : je perdais mon temps, la mauvaise saison survint, et le latin fut abandonné. Je n'ai conservé de cette tentative qu'une sorte d'instinct ou commencement d'intelligence qui, dans le temps de ma dévotion, me permettait de répéter ou chanter les psaumes sans ignorer absolument ce que je disais et beaucoup de facilité pour l'étude des langues en général, particulièrement pour l'italien que j'ai appris, quelques années après, seule et sans peine.

Mon père ne me poussait pas vivement au dessin; il s'amusait de mon aptitude plus qu'il ne s'occupait à développer chez moi un grand talent; je compris même, par quelques mots échappés d'une conversation avec ma mère, que cette femme prudente ne se souciait pas que j'allasse très loin dans ce genre. — Je ne veux pas qu'elle devienne peintre, disait-elle ; il faudrait des études communes et des liaisons dont nous n'avons que faire. On me fit commencer à graver ; tout m'était bon ; j'appris à tenir le burin, et je vainquis bientôt les premières difficultés. Lors de la fête de quelqu'un de nos grands parents, qu'on allait religieusement souhaiter, je portais toujours pour mon tribut, ou une jolie tête que je m'étais appliquée à bien dessiner dans cette intention, ou une petite plaque en cuivre bien propre, sur laquelle j'avais gravé un bouquet et un compliment, soigneusement écrit, dont monsieur Doucet m'avait tourné les vers. Je recevais en échange des almanachs qui m'amusaient beaucoup, et quelque présent d'objets à mon usage, destinés ordinairement à la parure que j'aimais. Ma mère s'y plaisait pour moi, elle était simple dans la sienne et même souvent négligée ; mais sa fille était sa poupée, et j'avais, dans mon enfance, une mise élégante, même riche, qui semblait au-dessus de mon état. Les jeunes personnes portaient alors ce qu'on appelait des corps-de-robes ; c'était un vêtement fait comme les robes de cour, très juste à la taille qu'il dessinait fort bien, très ample par le bas, avec une longue queue traînante et ornée de divers chiffons, suivant le goût ou la mode ; on me donnait les miens en belles étoffes de soie, légères pour le dessin, modestes pour la couleur, mais du prix et de pareille qualité que les robes de parure de ma mère. La toilette me coûtait bien quelques chagrins, car on me frisait souvent les cheveux avec des papillotes, des fers chauds, tout l'attirail ridicule et barbare dont on se servait dans ce temps-là; j'avais la tête extrêmement sensible; et le tiraillement qu'il fallait souffrir était si douloureux qu'une grande coiffure me faisait toujours verser des larmes arrachées par la souffrance, sans être accompagnées de plaintes.

Il me semble que j'entends demander pour quels yeux était cette toilette dans la vie retirée que je menais. Ceux qui feraient cette question doivent se rappeler que je sortais deux fois la semaine; et s'ils avaient connu les mœurs de ce qu'on appelait les bourgeois de Paris de mon temps, ils sauraient qu'il en existait des milliers dont la dépense, assez grande en parure, avait pour objet une représentation de quelques heures aux Tuileries tous les dimanches; leurs femmes y joignaient celle de l'église, et le plaisir de traverser doucement leur quartier sous les yeux du voisinage. Joignez à cela les visites de famille, aux grandes époques des fêtes et du premier de l'an, une noce, un baptême, et vous verrez assez d'occasions d'exercer la vanité. Au reste, on pourra remarquer, dans mon éducation, plus d'un contraste. Cette petite personne, qui paraissait le dimanche à l'église et à la promenade, dans un costume qu'on aurait pu croire sortir d'un équipage, et dont l'apparence était fort bien soutenue par son maintien et son langage, allait fort bien aussi, dans la semaine, en petit fourreau de toile au marché avec sa mère; elle descendait même seule pour acheter, à quelques pas de la maison, du persil ou de la salade que la ménagère avait oubliée. Il faut convenir que cela ne me plaisait pas beaucoup, mais je n'en témoignais rien et j'avais l'art de m'acquitter de ma commission de manière à y trouver de l'agrément. J'y mettais une si grande politesse, avec quelque dignité, que la fruitière ou autre personnage de cette sorte, se faisait un plaisir de me servir d'abord, et que les premiers arrivés le trouvaient bon; je remboursais toujours quelque compliment sur mon passage et je n'en étais que plus honnête. Cette enfant, qui lisait des ouvrages sérieux, expliquait fort bien les cercles de la sphère céleste, maniait le crayon et le burin, et se trouvait à huit ans la meilleure danseuse d'une assemblée de jeunes personnes au-dessus de son âge, réunies pour une petite fête de famille; cette enfant était souvent appelée à la cuisine pour y faire une omelette, éplucher des herbes ou écumer le pot. Ce mélange d'études graves, d'exercices agréables et de soins domestiques, ordonnés, assaisonnés par la sagesse de ma mère, m'a rendue propre à tout, semblait prévenir les vicissitudes de ma fortune, et m'a aidée à les supporter. Je ne suis déplacée nulle part; je saurais faire ma soupe aussi lestement que Philopœmen coupait du bois; mais personne n'imaginerait, en me voyant, que ce fût un soin dont il convînt de me charger.

On a pu juger, par ce que j'ai dit jusqu'à présent,
que ma mère ne négligeait pas la religion. Elle
avait de la piété, sans être dévote; elle croyait et
elle conformait sa conduite aux règles de l'Église
avec la modestie, la régularité d'une personne qui
avait besoin pour son cœur d'adopter les grands
principes. L'air respectueux dont m'avaient été présentées les premières notions religieuses, m'avait
disposée à les recevoir avec attention; elles étaient
de nature à faire de grandes impressions sur une
imagination vive.

J'avais reçu la confirmation avec le recueillement
d'un esprit qui calculait l'importance de ses actions
et méditait sur ses devoirs : on parlait de me préparer à ma première communion; je me sentais pénétrée d'une sainte terreur. Je lisais des livres de
dévotion; j'avais besoin de m'occuper de ces grands
objets de bonheur ou de malheur éternel; toutes
mes pensées se tournaient insensiblement de ce côté.
Bientôt les idées religieuses me dominèrent; le règne
du sentiment, hâté par leur concours, pour ma
trempe déjà précoce, s'ouvrit par l'amour de Dieu,
dont le sublime embellit, conserva les premières
années de mon adolescence, et semblait devoir me
préserver à jamais de l'orage des passions.

La dévotion dans laquelle je tombai, me modifia
étrangement; je devins d'une humilité profonde,
d'une timidité inexprimable; je regardais les hommes avec une sorte de terreur, qui s'augmenta lorsque quelques-uns me parurent aimables. Je veillai

sur mes pensées avec un scrupule excessif; la moindre image qui pouvait s'offrir à mon esprit, même
confusément, me semblait un crime.

Ma vie, plus retirée de jour en jour, me parut
bientôt trop mondaine encore pour me préparer à
ma première communion; cette grande affaire, qui
doit tant influer sur le salut éternel, occupait toutes
mes pensées. je prenais goût à l'office divin, sa
solennité me frappait; je lisais avec avidité l'explication des cérémonies de l'Église; je me pénétrais
de leur signification mystique; je feuilletais chaque
jour mes in-folio de vies des saints et je soupirais
après ces temps où les fureurs du paganisme
valaient aux malheureux chrétiens la couronne du
martyre. Je songeais sérieusement à prendre un nouveau genre de vie, et après des méditations profondes, j'arrêtai mes projets. Jusque-là, l'idée seule de
m'éloigner de ma mère me faisait verser des torrents
de larmes; et quand on voulait s'amuser des nuages
subits que la sensibilité faisait élever sur mon front
expressif, on plaisantait sur les couvents et l'utilité
de les faire habiter durant quelque temps aux jeunes personnes. Mais que ne doit-on pas sacrifier au
Seigneur! je m'étais fait du cloître, de sa solitude
et de son silence, les idées grandes ou romantiques
que mon active imagination pouvait enfanter. Plus
son séjour était auguste, plus il convenait aux dispositions de mon âme touchée. Un soir, après souper, seule avec mon père et ma mère, je me jette à
leurs genoux; mes pleurs s'échappent en même

temps et me coupent la voix; étonnés, inquiets, ils demandent la cause de cet étrange mouvement. — Je veux vous prier, dis-je en sanglotant, de faire une chose qui me déchire, mais que demande ma conscience; mettez-moi au couvent. Ils me relèvent; ma bonne mère s'émeut : on me demande ce qui me fait désirer cette disposition, en observant qu'on ne m'a jamais rien refusé de raisonnable : je dis que c'est le désir de faire ma première communion avec tout le recueillement convenable. Mon père loue mon zèle, et ajoute qu'il veut le seconder. On délibère sur le choix d'une maison; ma famille n'avait de relations dans aucune de celles de cette espèce : on se rappelle que mon maître de musique avait cité un couvent où il enseignait de jeunes demoiselles, et on décide que l'on fera des informations. Il résulta de celles-ci que la maison était honnête, l'ordre peu austère; les religieuses faisaient profession d'instruire la jeunesse; elles tenaient des écoles d'externes ou d'enfants du peuple qu'elles enseignaient gratis pour accomplir leurs vœux, et qui se rendaient du dehors à cet effet, dans une salle qui leur était consacrée; mais elles avaient séparément un pensionnat pour les jeunes personnes dont on voulait leur confier l'éducation. Ma mère fit les démarches nécessaires; et après m'avoir conduite en visite chez tous mes grands parents, en leur annonçant ma résolution, qu'ils applaudirent, elle me mena chez les dames de la Congrégation, rue Neuve-Saint-Étienne, faubourg Saint-Marcel, bien

près du lieu où je suis actuellement renfermée.
Comme je pressai cette chère maman dans mes bras,
au moment de me séparer d'elle pour la première
fois ! J'étouffais, j'étais pénétrée ; mais j'obéissais à
la voix de Dieu, et je passai le seuil de la porte de
clôture en lui offrant avec larmes le plus grand
sacrifice que je pusse lui faire. C'était le 7 de
mai 1765 ; — j'avais alors onze ans et deux mois.

Comment, du fond d'une prison, au milieu des
bouleversements politiques qui ravagent mon pays
et entraînent tout ce qui me fut cher, rappeler et
peindre aujourd'hui ce temps de calme et de ravis-
sements ? Quelle fraîcheur de pinceau peut rendre
les douces émotions d'un jeune cœur sensible et
tendre, avide de bonheur, commençant à sentir la
nature et n'apercevant que la divinité ! La première
nuit que je passai au couvent fut agitée ; je n'étais
plus sous le toit paternel ; je me sentais loin de cette
bonne mère qui sûrement pensait à moi avec attendrissement ; une faible lueur éclairait la chambre où
l'on m'avait mis coucher avec quatre autres enfants
de mon âge ; je me levai doucement ; j'allai près de
la fenêtre ; le clair de lune permettait de distinguer
le jardin sur lequel elle avait vue. Le plus profond
silence régnait dans ces lieux ; je l'écoutais, pour
ainsi dire, avec une sorte de respect ; de grands
arbres projetaient çà et là leur ombre gigantesque,
et promettaient un sûr abri à la méditation tranquille ; je levai les yeux sur le ciel, il était pur et
serein ; je crus sentir la présence de la divinité qui

souriait à mon sacrifice, et m'en offrait déjà la récompense dans la paix consolante d'un séjour céleste; des larmes délicieuses coulèrent lentement sur mon visage; je réitérai mon dévouement avec un saint transport, et je fus goûter le sommeil des élus.

J'étais arrivée le soir; je n'avais point encore aperçu toutes mes compagnes; elles étaient au nombre de trente-quatre, et réunies dans une seule classe, depuis l'âge de six ans jusqu'à celui de dix-sept ou dix-huit, mais partagées en deux tables pour le repas, et comme en deux sections dans le courant du jour pour la suite des exercices. La gravité de ma petite personne fit juger au premier coup-d'œil que je devais être rangée parmi les plus grandes; je devins la douzième de leur table, et je me trouvai la plus jeune d'entre elles. Le ton de politesse que ma mère m'avait rendu familier, l'air posé dont j'avais contracté l'habitude, la manière de m'énoncer, douce et correcte, ne ressemblaient en rien à la bruyante étourderie de cette jeunesse folâtre. Les enfants s'adressèrent à moi avec une sorte de confiance, parce que je ne les rebutais jamais; les grandes demoiselles me traitèrent avec une sorte d'égard, parce que ma réserve ne me rendait pas moins obligeante avec elles, et me faisait distinguer des maîtresses. Élevée comme je l'avais été jusqu'à cette époque, il n'était pas fort étonnant que je me trouvasse mieux instruite que la plupart de mes compagnes, même les plus âgées. Les religieuses trouvèrent qu'elles pourraient s'honorer de mon éducation, puisque j'étais chez elles. Je savais déjà ou j'apprenais fort aisément ce qu'elles donnaient à étudier, je devins la favorite de toutes les nonnes; c'était à qui me ferait des caresses ou des compliments. Celle qui était chargée de montrer à écrire aux pensionnaires, était une femme de soixante-dix ans, qui s'était faite religieuse à cinquante par effet de chagrin ou suite d'infortune; elle avait reçu de l'éducation et joignait à cet avantage tout ce que peut valoir la connaissance et l'usage du monde. Elle se piquait d'instruction; elle avait encore, pour l'écriture, une très belle main, faisait des broderies superbes, donnait de bonnes leçons d'orthographe, et n'était pas étrangère à l'histoire. Sa petite taille, son âge même, un peu de pédanterie, étaient cause que la mère Sainte-Sophie n'était point considérée des petites folles qu'elle voulait instruire autant qu'elle méritait de l'être. Cette bonne fille s'attacha bientôt à moi, à cause de mon goût pour l'étude : après avoir donné leçon à toute la classe, elle me prenait en particulier, me faisait répéter la grammaire, suivre la géographie, extraire des morceaux d'histoire; elle obtenait même la permission de m'emmener dans sa cellule, où je lui faisais des lectures. J'avais conservé de mes maîtres celui de musique seulement, dont j'allais prendre leçon au parloir avec deux compagnes, sous l'inspection d'une religieuse; et l'on m'avait donné, pour continuer le dessin, une maîtresse qui entrait dans l'intérieur du couvent. La régularité d'une vie très remplie, partagée entre des exercices variés, convenait beaucoup à mon activité, ainsi qu'à mon goût naturel pour l'ordre et l'application ; j'étais l'une des premières à tout, et j'avais encore du loisir, parce que j'étais diligente et ne perdais pas un instant. Aux heures de promenade ou de récréation, je ne savais pas courir et badiner avec la foule ; je me retirais solitairement sous quelques arbres pour lire ou rêver. Comme j'étais sensible à la beauté du feuillage, au souffle des zéphirs, au parfum des plantes! je voyais partout la main de la Providence, je sentais ses soins bienfaisants, j'admirais ses ouvrages ; pénétrée de reconnaissance, j'allais l'adorer à l'église, où les sons majestueux de l'orgue unis à la voix touchante des jeunes religieuses exécutant des motets, achevaient de me ravir en extase. Indépendamment de la messe où l'on conduisait toutes les pensionnaires le matin, il y avait, dans l'après-midi des jours ordinaires, une demi-heure consacrée à la méditation, à laquelle on n'admettait que celles qui paraissaient capables de la faire ou d'en remplir l'intervalle avec recueillement, par des lectures pieuses. Je n'eus pas même besoin de solliciter cette faveur dont on se hâta de récompenser mon zèle ; mais je demandai avec ferveur l'avantage de faire ma première communion à la solennité la plus prochaine; c'était l'Assomption. Quoiqu'elle fût très voisine du moment de mon entrée, cette grâce me fut accordée du consentement unanime des supérieures et du directeur.

Celui-ci était un homme de bon sens, religieux de Saint-Victor, où il remplissait les fonctions de curé; il avait accepté la charge de confesser les pensionnaires de la Congrégation, et il était propre à ce ministère, par son âge de plus de cinquante ans, par son caractère modéré, son esprit sage, qui tempéraient l'austérité de ses mœurs et de ses manières; lorsque j'avais été confiée à ses soins, mon curé, M. Garat, avait pris la peine de venir lui-même au couvent déposer sa petite ouaille entre les mains de son confrère; ils se virent au parloir en ma présence, se parlèrent en latin, que je n'entendis pas parfaitement, mais dont je compris quelques mots à mon avantage. Ceux-là n'échappent jamais à une fille, telle jeune qu'elle soit, et dans quelque langue qu'ils soient dits. Dans M. Garat, je révérais le juge spirituel; mais le Victorien était un homme juste, éclairé, qui dirigeait mes affections pieuses sur tout ce que la morale a de sublime, et qui se plaisait à développer par la religion le germe des vertus. Je l'aimai comme un père, et durant trois années qu'il a vécu, après ma sortie du couvent, je venais de très loin à Saint-Victor, la veille des grandes fêtes, pour me confesser à lui.

Les femmes entendent merveilleusement à relever les pratiques de la religion catholique, à accompagner ses cérémonies de tout ce qui peut leur prêter des charmes ou de l'éclat, et les religieuses excellaient dans cet art. Une novice prit le voile peu après mon arrivée au couvent. Les fleurs, les lustres brillants, les rideaux de soie, de superbes parements décorèrent l'église et l'autel; l'assemblée fut nombreuse; elle remplissait la partie extérieure, avec cet air de fête qu'une famille revêtait en pareille circonstance comme pour les noces d'un enfant; triomphante et parée, la jeune victime parut à la grille dans la plus grande pompe, qu'elle dépouilla bientôt pour reparaître couverte d'un voile blanc et couronnée de roses; j'éprouve encore le tressaillement que me fit ressentir sa voix légèrement tremblante lorsqu'elle chanta mélodieusement le verset d'usage, *Elegit*, etc. « c'est ici que j'ai choisi ma demeure, et que je l'établis pour jamais » je n'ai point oublié les notes de ce petit morceau, je le répète aussi exactement que si je l'eusse entendu hier, et je voudrais bien pouvoir le chanter en Amérique. Grand Dieu! quel accent j'y mettrais aujourd'hui! Mais lorsqu'après avoir prononcé ses vœux, la novice prosternée fut couverte d'un drap mortuaire sous lequel on aurait dit qu'elle était ensevelie, je frissonnai de terreur; c'était pour moi l'image de la rupture absolue des liens du monde, du renoncement à tout ce qu'elle avait de cher; je n'étais plus moi, j'étais elle; je crus qu'on m'arrachait à ma mère, et je versai des torrents de larmes. Avec cette sensibilité qui rend les impressions si profondes et qui fait être frappé de tant de choses, lesquelles passent comme des ombres devant le vulgaire, l'existence ne languit jamais; aussi j'ai réfléchi la mienne de bonne heure, sans l'avoir encore trouvée à charge, même au milieu des plus rudes épreuves; et n'ayant point atteint quarante ans, j'ai prodigieusement vécu, si l'on compte la vie par le sentiment qui marque tous les instants de sa durée.

J'aurais à retracer trop de scènes semblables si je voulais rappeler toutes celles que les émotions d'une tendre piété ont gravées dans mon cœur; le charme et l'habitude de ces sensations devinrent tels pour moi, qu'ils n'ont pu s'effacer.

Je veux marquer d'un trait le moment de ma première communion : préparé par tous les moyens d'usage dans les couvents, retraites, longues prières, silence, méditation, il était pour moi celui d'un engagement solennel et le gage de l'éternelle félicité. Cette considération me pénétrait entièrement; elle avait tellement enflammé mon imagination, attendri mon cœur que, baignée de larmes et ravie d'amour céleste, il me fut impossible de marcher à l'autel sans le secours d'une religieuse qui vint me soutenir par-dessous les bras et m'aider à m'avancer à la sainte table. Ces démonstrations, que je ne cherchais point à faire, mais qui n'étaient que l'effet naturel d'un sentiment que je ne pouvais contenir, m'acquirent un grand crédit, et les bonnes vieilles que je rencontrais se recommandaient toujours à mes prières.

Quelques mois s'étaient écoulés depuis mon arrivée au couvent; j'y vivais occupée, comme on vient de voir; je recevais toutes les semaines les visites de mon père et de ma mère, qui me faisaient sortir le dimanche après l'office, pour nous promener ensemble au jardin du Roi, aujourd'hui des Plantes, je ne les quittais jamais sans verser quelques pleurs; c'était de tendresse pour leurs personnes et non de regrets de ma situation; car je rentrais avec plaisir sous ces cloîtres silencieux que je traversais à petits pas pour mieux goûter leur solitude; je m'arrêtais quelquefois sur une tombe où était gravé l'éloge d'une sainte fille; elle est heureuse, me disais-je en soupirant; puis une mélancolie, qui n'était pas sans douceur, s'emparait de mon âme, et me faisait chercher dans le sein de la Divinité, dans l'espoir d'y être reçue un jour, ce parfait bonheur dont je sentais le besoin.

L'arrivée des nouvelles pensionnaires vint éveiller toute la petite troupe; on avait annoncé des demoiselles d'Amiens; la curiosité des jeunes filles du couvent sur des compagnes qu'on leur promet, est plus vive qu'on ne peut imaginer. C'était vers le soir d'un jour d'été, on se promenait sous des tilleuls... Les voilà, les voilà, fut le cri qui s'éleva tout à coup. La première maîtresse remit entre les mains de celle qui était alors en fonctions auprès des pensionnaires les deux arrivantes; la foule se rassemble autour d'elles, s'éloigne, revient, se régularise enfin et toutes les pensionnaires se promènent par groupes dans la même allée, pour examiner les demoiselles Cannet. C'était deux sœurs; l'aînée avait environ dix-huit ans, une belle taille, l'air leste, la marche dégagée; quelque chose de sensible, de fier et de mécontent, la faisaient remarquer; la cadette n'en avait pas plus de quatorze, un voile de gaze blanche

couvrait sa physionomie douce, et cachait mal les
pleurs dont elle était baignée. Je la fixai avec intérêt,
je m'arrêtai pour mieux la considérer ; j'allai ensuite
parmi les causeuses chercher à m'informer de ce
qu'on savait d'elle. C'était, disait-on, la favorite de
sa maman qu'elle aimait tendrement, dont elle avait
eu beaucoup de peine à se séparer, et avec qui l'on
avait mis sa sœur pour lui aider à supporter cette
séparation. Toutes deux furent placées, le soir, à la
table où j'étais ; Sophie mangea peu ; elle avait une
douleur muette qui n'avait rien de repoussant pour
personne, et aurait touché tout le monde ; sa sœur
paraissait beaucoup moins occupée de la consoler
que mécontente de partager le même sort. Elle avait
bien quelque raison ; une fille de dix-huit ans, arrachée au monde où elle était entrée, pour retourner
au couvent faire compagnie à sa jeune sœur, pouvait
se regarder comme sacrifiée par sa mère, qui véritablement n'avait cherché qu'à mater un caractère
impétueux qu'elle ne savait pas régir. Il ne fallait
pas entendre longtemps la vive Henriette pour juger
tout cela ; franche jusqu'à la brusquerie, impatiente
jusqu'à la colère, gaie jusqu'à la folie, elle avait
tout l'esprit de son âge sans en avoir la raison ; iné-
gale, saillante, tantôt charmante, souvent insupportable, les retours les plus attendrissants succédaient
à ses boutades ; elle unissait le cœur le plus sensible
à l'imagination la plus extravagante ; il fallait l'aimer
en la grondant, et pourtant il était difficile de vivre
avec elle en la chérissant. La pauvre Sophie avait

bien quelquefois à souffrir du caractère de sa sœur irritée contre elle par la jalousie, trop juste cependant pour ne pas l'estimer à sa valeur. Le calme d'une raison prématurée caractérisait Sophie; elle ne sentait pas très vivement, parce que sa tête était froide; mais elle aimait à réfléchir et à raisonner; tranquille sans prévenance, elle ne séduisait personne; mais elle obligeait tout le monde dans l'occasion, et si elle n'allait au-devant de rien, elle ne refusait rien non plus. Elle aimait le travail et la lecture. Sa tristesse m'avait touchée, sa manière d'être me plut; je sentis que je rencontrais une compagne, et nous devînmes inséparables. Je m'attachai avec cet abandon qui suit le besoin d'aimer, à la vue de l'objet propre à le satisfaire : ouvrages, lectures, promenades, tout me devint commun avec ma Sophie. Elle était dévote, un peu moins tendre, mais aussi sincère que moi, et ce rapport ne contribua pas peu à l'intimité de notre union. C'était, pour ainsi dire, sous l'aile de la Providence et dans les transports d'un même zèle que nous cultivions l'amitié; nous nous voulions soutenir réciproquement et nous avancer dans le chemin de perfection. Sophie était une raisonneuse impitoyable; elle voulait tout analyser, tout savoir et tout discuter; je parlais beaucoup moins qu'elle, et je n'appuyais guère que sur les résultats. Elle se plaisait à m'entretenir, car je savais bien l'écouter; et quand je n'étais pas de son avis, mon opposition était si douce par la crainte de la chagriner, que toutes les diversités possibles n'ont jamais produit entre nous un différend. Sa société m'était infiniment chère, parce que j'avais besoin de confier à quelqu'un, qui m'entendît, les sentiments que j'éprouvais et que le partage semblait accroître. Plus âgée que moi d'environ trois ans, et un peu moins humble, Sophie avait extérieurement une sorte d'avantage que je ne lui enviais pas : elle causait joliment; je savais seulement répondre; il est vrai qu'on aimait singulièrement à me questionner; mais cela n'était pas facile à tout le monde. Je n'avais de véritables communications qu'avec ma bonne amie; tout autre ne faisait que m'entrevoir, à moins que ce ne fût quelqu'un d'assez habile pour lever le voile dont, sans prétendre me cacher, je m'enveloppais tout naturellement.

Henriette venait quelquefois, mais rarement, avec nous; elle avait fait une liaison plus sortable pour elle avec mademoiselle de Cornillon, fille de dix-huit ans, laide comme le péché, pétillante d'esprit et de malice, vrai lutin dont on faisait peur aux enfants, mais qui ne se serait pas jouée avec notre raison.

Je ne passerai pas sous silence le tendre intérêt que m'avait témoigné, dès les premiers jours de mon arrivée, une excellente fille, dont le constant attachement a fait ma consolation dans plus d'une circonstance. Angélique Boufflers, née sans fortune, s'était engagée par des vœux dès l'âge de dix-sept ans; elle s'ignorait encore. La nature l'avait pétrie de soufre et de salpêtre; son énergie contrainte porta au suprême degré la sensibilité de son cœur

et la vivacité de son esprit. Le défaut de dot avait
assigné sa place parmi les sœurs converses avec
lesquelles elle n'avait de commun que leurs rudes
exercices. Il est des âmes qui n'ont pas besoin de
culture; Sainte-Agathe (c'est son nom de religion),
sans avoir reçu de grands secours de l'éducation,
était supérieure non seulement à ses compagnes,
mais à la plupart des dames du chœur. Son prix
était connu; et quoiqu'on abusât de son activité en
la surchargeant d'occupations, elle jouissait pourtant de cette considération que s'attire le mérite. Elle
était attachée pour lors au service des pensionnaires;
elle y était seule, indépendamment des autres soins
qui lui étaient confiés, et elle suffisait à tout avec
autant de diligence que de gaieté. Je l'avais à peine
observée qu'elle me distinguait déjà; ses bontés me
prévinrent et me la firent remarquer : à table, elle
épiait mes goûts à mon insu et cherchait à les
satisfaire; à la chambre, elle faisait mon lit avec
complaisance, et ne manquait pas une occasion de
m'adresser quelque chose d'obligeant. Si je la rencontrais, elle m'embrassait avec tendresse, m'em-
menait quelquefois dans sa cellule où elle avait un
serin charmant, familier, caressant, à qui elle avait
appris à parler; elle me donna secrètement une seconde clef de cette cellule, pour que je pusse y entrer
en son absence; j'y lisais les livres de sa petite bibliothèque, les poésies du père Du Cerceau, et des
ouvrages de mysticité. Lorsque ses travaux ne lui
avaient pas permis d'y passer quelques minutes avec

moi, ou devaient l'en empêcher, j'y trouvais un petit
billet bien tendre, auquel je ne manquais pas de répondre; elle gardait ces réponses comme de précieux
bijoux, et me les montrait ensuite, bien fermées dans
son oratoire. Bientôt il ne fut bruit au couvent que
de l'attachement d'Agathe pour la petite Phlipon;
mais mes compagnes ne parurent jamais blessées
des préférences qu'elle m'accordait; lorsque des
religieuses lui en parlaient, elle leur demandait, avec
sa franchise naturelle, si elles n'en feraient pas autant à sa place, et si quelque revêche octogénaire,
comme la mère Gertrude, lui disait qu'elle m'aimait
trop, elle répliquait que c'était faute de pouvoir aimer autant qu'elle jugeait de cette manière; et vous-
même, ajoutait-elle, la rencontrez-vous jamais sans
l'arrêter? — Et la mère Gertrude s'en allait en mar-
mottant; mais si elle me voyait une heure après,
elle ne manquait pas de me donner quelques bonbons. Lorsque les demoiselles Cannet arrivèrent, et
que je me liai avec Sophie, Agathe parut un peu
jalouse; les religieuses se plurent à lui en faire la
guerre; mais sa tendresse généreuse n'en fut pas
affaiblie; il semblait qu'elle fût satisfaite que je m'en
laissasse aimer, et qu'elle jouît des douceurs que me
procurait l'amitié d'une personne plus rapprochée
de mon âge, dont j'avais la société dans tous les
moments du jour. Agathe avait alors vingt-quatre
ans; son caractère et son affection m'ont inspiré
pour elle l'attachement le plus vrai; je me suis
honorée de le lui témoigner sans cesse. Dans les

dernières années de l'existence des couvents, ce n'était plus qu'elle seule que j'allais voir dans le sien. Maintenant, sortie de cet asile, lorsque l'âge et les infirmités le lui rendaient nécessaire, réduite à la médiocre pension qui lui est assignée, elle végète non loin des lieux de notre ancienne demeure et de ceux où je suis prisonnière ; et dans les disgrâces d'une situation mal aisée, elle ne gémit que de la détention de sa fille, car c'est ainsi qu'elle m'appelle toujours. Mes persécuteurs, au milieu de leur puissance, n'ont pas le bonheur d'être aimés par une Agathe qui les chérit plus encore s'il tombaient dans l'infortune !

L'hiver s'était écoulé ; j'avais un peu moins vu ma mère dans cette saison, mais mon père n'aurait pas laissé passer un dimanche sans venir me visiter, et me faire faire une promenade au Jardin des plantes, pour peu que le temps le permît ; nous y bravions la rigueur du froid en courant gaiement sur la neige : promenades charmantes dont le souvenir me fut rappelé vingt après en lisant ces vers de Thompson, que je ne répète jamais sans attendrissement :

> Pleas'd was I, in my chearful morn of life [1],
>   When nurs'd by careless solitude I liv'd,
>   And sung of nature with unceasing joy,
> Pleas'd was I wandering through your rough domain,
> Through the pure virgin snows, myself as pure, etc.

[1]   J'étais heureux en l'aurore brillant de ma vie
        Quand insoucieux, je vivais solitaire,
        Joyeusement je chantais sans cesse la nature,
            J'étais heureux.
        Parcourant votre rude domaine
        A travers les pures et virginales neiges,
            Moi-même aussi pur qu'elles.

Il avait été arrêté, dès mon entrée au couvent, que je n'y resterais qu'une année ; je l'avais désiré moi-même ; j'aimais à voir un terme au sacrifice que je faisais de me séparer de ma mère : les religieuses, de leur côté, en accordant de me faire faire ma première communion au quatrième mois de mon séjour avec elles, avaient eu grand soin de stipuler que je ne les quitterais pas plus tôt pour cela, et que j'achèverais mon année ; cette année révolue, il fut question de sortir. Ma mère m'annonça que ma bonne maman Phlipon, qui m'aimait beaucoup, désirait que j'allasse lui faire compagnie durant quelque temps et qu'elle en était convenue avec elle, comme d'un arrangement qui ne pourrait me faire de peine, puisqu'elle me verrait là bien plus souvent qu'au couvent ; arrangement qui d'ailleurs s'accordait parfaitement avec les circonstances. Mon père était entré dans les charges de sa communauté : il se trouvait ainsi souvent appelé au dehors ; je compris aisément que la surveillance de ma mère devant dès lors se porter davantage sur les travaux confiés aux jeunes gens dont, jusque-là, elle ne s'était jamais mêlée, elle avait un peu perdu de la liberté qu'elle voulait avoir tout entière pour s'occuper de moi. La situation qu'elle me proposait était véritablement une douce transition de ma séparation d'avec elle, à mon entier rapprochement de sa personne, et je l'acceptai d'autant plus aisément que j'étais attachée à ma bonne maman. C'était une petite femme de bonne grâce et de belle humeur, dont les manières agréables, le langage poli, le rire gracieux et le coup d'œil malin, annonçaient encore quelques prétentions à plaire ou à faire souvenir qu'elle avait plu. Elle avait soixante-cinq ou six ans, donnait des soins à sa toilette, appropriée d'ailleurs à son âge; car elle se piquait, par-dessus tout, de bien sentir et observer les convenances. Beaucoup d'embonpoint, une marche assez légère, une contenance fort redressée, une petite main dont elle faisait jouer les doigts avec grâce, le ton sentimental entremêlé de propos joyeux et décents, éloignaient d'elle les apparences de la vieillesse. Elle était aimable pour les jeunes personnes, dont la société lui plaisait beaucoup, et de qui elle mettait quelque orgueil à être recherchée. Veuve au bout d'un an de mariage, elle avait eu mon père pour enfant unique et posthume; les revers du commerce dans lequel elle avait été établie, l'ayant jetée dans l'infortune, elle avait été dans le cas de chercher des ressources chez des parents éloignés, opulents, qui la préférèrent à d'autres pour l'éducation de leur famille : c'est ainsi qu'elle avait élevée chez madame de Boismorel, son fils Roberge, dont j'aurai à parler dans la suite, et sa fille, devenue madame de Favières. Une petite succession lui avait enfin assuré son indépendance; elle vivait dans l'île Saint-Louis, où elle occupait un logement décent, avec sa sœur mademoiselle Rotisset, qu'elle appelait Angélique. Cette bonne fille, asthmatique et dévote, pure comme un ange, simple comme un enfant, était la très humble servante de son aînée; les soins du petit ménage roulaient uniquement sur elle ; une domestique ambulante, qui venait deux fois le jour, était chargée des plus grossiers ; mais Angélique suffisait au reste, et habillait sa sœur avec révérence. Elle devint tout naturellement ma gouvernante, en même temps que madame Phlipon se faisait mon institutrice. Me voilà donc entre leurs mains, après avoir quitté la maison du Seigneur, regrettée, chérie, embrassée de toutes les religieuses, pleurée de mon Agathe et de ma Sophie, gémissant de leur séparation, et me promettant bien de l'adoucir par de fréquentes visites.

Cet engagement m'était trop cher pour que je ne fusse pas fidèle à le remplir. Les promenades se dirigèrent fréquemment du côté de la Congrégation ; ma tante Angélique ou mon père se faisaient un plaisir de m'y conduire ; mon arrivée au parloir s'annonçait dans toute la maison, j'y voyais vingt personnes en une heure ; mais ces visites remplaçaient mal les communications de tous les jours et les confidences de l'amitié ; elle devinrent plus rares ; je les suppléai par des lettres dont le commerce s'établit principalement avec Sophie : origine de mon goût pour écrire, et l'une des causes qui, par l'habitude, en aient augmenté chez moi la facilité.

Je sens s'affaiblir la résolution de poursuivre mon entreprise ; les maux de mon pays me tourmentent ; la perte de mes amis affecte mon courage ; une tristesse involontaire pénètre mes sens, éteint mon imagination et flétrit mon cœur.

L'ennemi, favorisé par les divisions intestines, s'avance de toutes parts ; les villes du nord tombent en sa puissance ; la Flandre et l'Alsace vont devenir sa proie ; l'Espagnol ravage le Roussillon ; les Savoisiens repoussent une alliance que l'anarchie rend affreuse ; ils retournent à leur ancien maître, dont les soldats franchissent nos frontières ; les Vendéens continuent de désoler une grande étendue de territoire ; les Lyonnais, indiscrètement irrités, ont développé leur résistance : Marseille vole à leur secours ; les départements voisins s'ébranlent ; et dans cette agitation universelle, dans ces déchirements multipliés, il n'est rien d'uniforme que la marche des puissances étrangères. Notre gouvernement est une espèce de monstre dont les formes et l'action sont également révoltantes ; il détruit tout ce qu'il touche, et se dévore lui-même.

Les armées, aussi mal approvisionnées que mal conduites, se battent et fuient alternativement en désespérées ; les généraux habiles sont accusés de trahison, parce que des représentants, qui n'entendent rien à la guerre, trouvent mauvais ce qu'ils ne comprennent point, et jugent aristocrates tous les individus plus éclairés qu'eux. Un corps législatif, que la faiblesse caractérisa dès les premiers instants de son existence, les hommes probes et généreux qui voulaient le bien de leur patrie, et osèrent tenter de l'établir, dénoncés sous les plus odieuses couleurs, furent sacrifiés à l'intrigue et au brigandage : chassés de ce corps, dont ils étaient l'élite, ils ne laissèrent après eux qu'une minorité extravagante, dominant par la tyrannie, et dont les sottises et les crimes creusent le propre tombeau.

L'histoire peindra-t-elle jamais l'horreur de ces temps affreux, et les hommes abominables qui les remplissent de leurs forfaits. A quoi peut-on comparer la domination de ces hypocrites qui, toujours revêtus du masque de la justice, toujours parlant le langage de la loi, ont créé un tribunal pour servir leur vengeance, et envoient à l'échafaud tous les hommes dont la vertu les offense, dont les talents leur font ombrage, ou dont les richesses excitent leur convoitise? Quelle Babylone présenta jamais le spectacle de ce Paris, souillé de sang et de débauches, gouverné par des magistrats qui font profession de débiter le mensonge, de vendre la calomnie, de préconiser l'assassinat? Quel peuple a jamais corrompu son instinct, au point de contracter le besoin de voir des supplices, de frémir de rage quand ils sont retardés. Les journées de septembre ne furent que l'ouvrage d'un petit nombre de tigres enivrés; celles des 31 mai et 2 juin, marquèrent le triomphe de la scélératesse, par l'apathie de tous les Parisiens; depuis cette époque, la gradation est effrayante; ce qu'on appelle, dans la Convention, la Montagne, ne présente que des brigands, vêtus et jurant comme les gens du port, prêchant le meurtre et donnant l'exemple du pillage. Les prisons regorgent d'hommes en place, de généraux, de fonctionnaires publics, et d'individus à caractère qui honoraient l'humanité;

la délation est reçue comme preuve de civisme, et le soin de rechercher ou de détenir les gens de bien, ou les personnes riches, fait l'unique fonction d'administrateurs ignares et vils.

Les victimes d'Orléans sont tombées. Charlotte Corday n'a pas produit le plus léger mouvement dans une ville qui ne méritait pas qu'elle la délivrât d'un monstre. Brissot, Gensonné, une foule d'autres députés demeurent sous le décret d'accusation ; les preuves manquent, mais la fureur s'accroît ; et au défaut de raisons pour les condamner, on ménage la volonté du souverain qui demande leur tête, comme une bête féroce qui attend sa proie. Custine a vécu ; Robespierre jouit ; Hébert marque les victimes ; Chabot les compte ; cependant la disette se fait sentir ; des lois meurtrières étouffent l'industrie, arrêtent la circulation, anéantissent le commerce ; les finances se dilapident ; la désorganisation est partout, et dans ce renversement absolu de la fortune publique, des hommes sans pudeur fondent leur opulence, mettent à prix toutes leurs actions, et font un tarif pour la mort ou la vie de leurs concitoyens.

Dillon et Castellane sortent, l'un des Magdelonnettes, l'autre de Sainte-Pélagie, en payant trente mille livres à Chabot ; Sillery fait marchander sa liberté, qu'il est assez riche pour acquérir, et deux cents bouteilles de son excellent vin de Champagne sont le surplus du marché. La femme de Roland, rappelée de temps en temps, par les soins du père Duchêne, à la fureur de la populace, en attend les

derniers excès. Henriot, commandant la garde nationale, d'abord laquais, commis aux barrières, puis
massacreur à Saint-Firmin, brise des scellés, vide
des caves, enlève des meubles, et n'en montre pas
moins d'insolence : chargé de faire garder ceux des
députés détenus au Luxembourg, il ose les voir, les
insulter, leur enlever de vive force plumes, livres,
papiers, et joindre la menace à l'outrage. Les députés fugitifs ont-ils enfin quitté cette terre inhos-
pitalière, qui dévore les gens de bien et s'imbibe de
leur sang ? O mes amis ! puisse le ciel favorable
vous faire aborder aux États-Unis, asile unique de
la liberté ! Mais, hélas ! c'en est fait pour moi ; je ne
vous reverrai plus ; et dans votre éloignement, si vivement désiré pour votre salut, je pleure pourtant
notre séparation dernière ! Et toi, vénérable époux,
tu t'aigris et t'affaiblis dans une vieillesse prématurée, que tu dérobes avec effort à la poursuite des assassins ; me sera-t-il donné de te revoir encore, et de
porter quelque consolation dans ton âme abreuvée
d'amertume ? — Combien de jours me restera-t-il à
être témoin de la désolation de mon pays, et de l'avi-
lissement de mes concitoyens ?— Environnée de ces
tristes images, je n'ai pu me soustraire à la douleur ; des larmes s'échappent de mes yeux, et j'ai
laissé reposer ma plume légère qui s'était promenée
sur mes jeunes années.

Je veux tenter de les rappeler encore, et d'en
suivre le cours ; peut-être un jour mes récits ingé-
nus charmeront les instants de quelque infortuné,

qui oubliera son sort en s'attendrissant sur le mien; peut-être les philosophes qui veulent peindre le cœur humain dans la suite d'un roman ou l'action d'un drame, trouveront-ils à l'étudier dans mon histoire.

J'avais passé mes douze ans, et la troisième année de mon troisième lustre s'écoulait sous les yeux de ma bonne maman. La paix de sa demeure et la piété de ma tante Angélique convenaient admirablement aux dispositions tendres et recueillies que j'avais rapportées du couvent. Tous les matins ma tante me conduisait à l'église pour y entendre la messe. J'avais le secret dessein de me consacrer à la vie religieuse; saint François-de-Sales, l'un des plus aimables saints du paradis, avait fait ma conquête, et les dames de la Visitation, dont il était l'institu teur, étaient déjà mes sœurs d'adoption. Mais je jugeais bien qu'étant fille unique, je n'obtiendrais pas de mes parents la permission de prononcer des vœux avant ma majorité; je ne voulais point les chagriner à l'avance : d'ailleurs, s'il arrivait que, par la durée de l'épreuve, ma vocation s'ébranlât, ce serait prêter des armes aux mondains ; je résolus donc de taire ma résolution et de marcher au but en silence. Je mettais à contribution la petite bibliothèque de ma bonne maman; la *Philotée* de saint François-de-Sales et le *Manuel* de saint Augustin devinrent les sources de mes méditations favorites ; de vieux bouquins de voyage, force mythologie, amusèrent mon imagination, et les Lettres de ma-

dame de Sévigné fixèrent mon goût; son aimable
facilité, ses grâces, son enjouement, sa tendresse,
me firent entrer dans son intimité; je connaissais
sa société, j'étais familiarisée avec ses entours
comme si j'eusse vécu avec elle. Ma bonne maman
voyait peu de monde et sortait rarement; mais son
humeur agréable animait la conversation lorsque
je travaillais près d'elle aux petits ouvrages de main
qu'elle se plaisait à m'enseigner ou à me faire faire.
Madame Bernard, cette grand'tante qui m'avait sur-
veillée lorsque j'étais en nourrice, venait chez sa
sœur tous les jours passer deux heures de l'après-
dîner; son caractère austère était toujours accompagné de formes solennelles et d'un air de cérémonie dont madame Phlipon plaisantait quelquefois,
mais assez légèrement pour ne pas offenser sa sœur,
qui, au reste, payait son écot par quelque bonne
vérité un peu brusquement dite, et dont son excellent cœur lui faisait pardonner la rudesse. Ma bonne
maman, qui mettait un grand prix aux grâces et à
tout ce qui peut embellir la vie sociale, était infiniment sensible aux prévenances que mon caractère
doux, l'envie de plaire à ceux avec qui je me trouve,
et que ses manières aimables m'inspirant plus particulièrement pour elle, me faisaient avoir à son
égard; elle me disait quelquefois de jolies choses,
auxquelles je ne répondais pas mal; elle se rengor-
geait alors avec complaisance, et lançait un coup
d'œil de satisfaction à madame Bernard qui, haus-
sant les épaules, saisissait l'instant ou j'étais peu

éloignée pour lui crier à voix basse, que j'entendais fort bien : « En vérité, vous êtes insupportable ; vous la gâterez : quel dommage ! » — Ma bonne maman, de se redresser davantage, d'un air de supériorité, rassurant sa sœur sur son savoir-faire ; la bonne Angélique, avec sa figure pâle, son menton avancé, ses lunettes sur le nez, son tricot à la main, leur disait tranquillement qu'il n'y avait pas de danger, que personne n'y ferait rien, et que j'étais bien assez raisonnable pour m'élever toute seule. Cette dame Bernard, si austère, et craignant le danger des propos flatteurs, s'inquiétait beaucoup de me voir coucher sur un lit dur, et s'il m'arrivait au doigt le plus petit mal, elle ne manquait pas de venir deux fois le jour pour juger de ses progrès : quelle franche inquiétude ! quels soins empressés elle avait alors, et comme ils étaient touchants sous son apparente sévérité.

Il prit un jour fantaisie à ma bonne maman d'aller faire visite à madame de Boismorel, soit pour le plaisir de la voir, soit pour celui de lui montrer sa petite-fille ; préparatifs en conséquence ; grande toilette dès le matin ; nous voilà parties avec la tante Angélique, pour arriver rue Saint-Louis, au Marais, vers midi. En entrant dans l'hôtel, tous les gens, à commencer par le portier, saluent affectueusement et avec un air d'égard madame Phlipon, c'est à qui s'empressera de lui faire plus d'honnêtetés ; elle répond à tous d'un ton caressant, avec dignité ; c'était bien jusque-là. Mais on voit sa petite-fille ; elle ne tient pas au petit plaisir de la faire remarquer; les gens veulent se mêler de faire des compliments; je commençai à sentir une sorte de malaise difficile à m'expliquer et dans lequel je démêlai pourtant que les gens pouvaient me regarder, mais qu'il ne leur appartenait point de me complimenter. Nous parvenons plus avant; un grand laquais nous annonce, et nous entrons dans le salon où madame de Boismorel, assise, avec son chien, sur ce qu'on appelait alors, non pas une ottomane, mais un canapé, brodait gravement en tapisserie. Madame de Boismorel était de l'âge, de la taille et de la corpulence de ma bonne maman; mais son costume tenait moins du goût que de la prétention d'annoncer l'opulence et de marquer la qualité; et sa physionomie, loin d'exprimer le désir de plaire, annonçait la volonté d'être considérée, l'assurance de mériter qu'il en fût ainsi. Une riche dentelle chiffonnée en petit bonnet à papillons pointus comme des oreilles de lièvre, placée sur le sommet de la tête, laissait voir des cheveux peut-être empruntés, rangés avec cette feinte discrétion qu'il fallait bien revêtir après soixante ans; et du rouge à double couche, donnait à des yeux fort insignifiants beaucoup plus de dureté qu'il n'était nécessaire pour me faire baisser les miens. « Eh ! bonjour mademoiselle. Rotisset, s'écrie d'une voix haute et froide madame de Boismorel, en se levant à notre approche (Mademoiselle ! Quoi ! ma bonne maman est ici mademoiselle !) Mais vraiment je suis bien aise de vous voir ! Et ce bel enfant; c'est votre petite-fille ! elle sera fort bien ! Venez ici, mon cœur, asseyez-vous à côté de moi. Elle est timide : quel âge a-t-elle, votre petite-fille, mademoiselle Rotisset ? Elle est un peu brune, mais le fond de la peau est excellent; cela s'éclaircira avant peu ; elle est déjà bien formée ! Vous devez avoir la main heureuse, ma bonne amie; n'avez-vous jamais mis à la loterie? — Jamais, madame, je n'aime pas les jeux de hasard. — Je le crois; à votre âge on imagine avoir jeu sûr : quel son de voix ! il est doux et plein ; mais comme elle est grave ! N'êtes-vous pas un peu dévote? — Je connais mes devoirs, je tâche de les remplir. — Fort bien ? vous avez envie d'être religieuse, n'est-ce pas ? — J'ignore ma destination, je ne cherche pas encore à la juger. — Comme c'est sentencieux ! Elle lit, votre petite-fille, mademoiselle Rotisset ? — La lecture est son plus grand plaisir; elle y emploie une partie des jours. — Oh ! je vois cela; mais prenez garde qu'elle ne devienne une savante, ce serait grand'pitié. » La conversation s'établit entre ces dames sur la famille et la société de la maîtresse de la maison; ma bonne maman demandait des nouvelles de l'oncle et du cousin, de la brue et de l'amie, et de l'abbé Langlois, et de la marquise de Lévi, et du conseiller Brion, et du curé Parent. On parlait de leur santé, de leurs alliances et de leurs travers, comme de ceux de madame de Roudé, par exemple, qui, malgré son âge, aimait encore à faire belle gorge, et portait toujours la sienne à découvert, excepté lorsqu'elle montait en voiture ou qu'elle en descendait : car elle la cachait alors d'un grand mouchoir qu'elle tenait à sa poche dans cette intention, parce que, disait-elle, cela n'est pas fait pour montrer à des laquais. Durant ce dialogue, madame de Boismorel faisait quelques points sur le canevas, une caresse à son chien, et me fixait le plus souvent. J'avais soin d'éviter ses regards qui me déplaisaient beaucoup, et portant les miens dans l'appartement dont la décoration me paraissait plus agréable que la dame qui l'habitait, mon sang circulait avec plus de rapidité que de coutume, je sentais mes joues animées, mon cœur palpitant et oppressé; je ne me demandais pas encore pourquoi ma bonne maman n'était point sur le canapé, et madame de Boismorel dans le rôle de mademoiselle Rotisset; mais j'avais le sentiment qui conduit à cette réflexion, et je vis terminer la visite comme on reçoit un soulagement à l'instant de la souffrance. « Ah ça, n'oubliez pas de me faire prendre un billet de loterie; que ce soit votre petite-fille qui choisisse le numéro, entendez-vous, mademoiselle Rotisset ? je veux avoir l'étrenne de sa main. Embrassez-moi donc; et vous, mon petit cœur, ne baissez pas tant les yeux, ils sont fort bons à voir ces yeux-là, et un confesseur ne défend pas de les ouvrir. Ah ! mademoiselle Rotisset, vous aurez des coups de chapeau, je vous le promets, et de bonne heure. Bonjour, mesdames, » et madame de Boismorel tire sa sonnette, ordonne à Lafleur d'aller dans deux jours chercher un billet de loterie chez mademoiselle Rotisset, fait taire son petit chien, et elle était déjà replacée sur son canapé avant que nous eussions gagné l'antichambre.

Nous marchions en silence pour revenir à la maison, où j'avais hâte de retrouver des livres qui me fissent oublier madame de Boismorel, dont je ne goûtais pas plus les compliments que ceux de ses gens. Ma bonne maman, demi-satisfaite, parlait d'elle quelquefois et de ses singularités, de son égoïsme lorsque ma bonne maman se permettait de lui représenter les intérêts des siens pour arrêter ses grandes dépenses; de sa manière libre, mais ordinaire parmi les femmes de la bonne compagnie, qui lui faisait recevoir son confesseur et d'autres à sa toilette, et passer sa chemise en leur présence, etc. Ce ton, ces mœurs, me paraissaient étranges; je faisais causer ma bonne maman sur tout cela avec curiosité; mais je gardais pour moi les impressions que j'en recevais, et il me semblait que je ne pouvais pas me permettre de les lui faire connaître. •

Quinze jours après notre visite, nous reçûmes celle de M. de Boismorel fils, qui ne s'était pas trouvé chez sa mère lorsque nous nous y étions rendus; c'était un homme de trente-sept à trente-huit ans, d'une physionomie grave et douce, d'un ton décent et noble; ses regards s'échappaient, en longs éclairs, d'un œil très ouvert et un peu trop gros; sa voix mâle et forte, que l'on sentait adoucie par égard, avait l'accent de l'âme, et l'expression gracieuse d'une politesse qui n'est point en superficie. Il aborda ma bonne maman avec respect, l'appelant sa bonne amie, me salua avec cette sorte de révérence que les hommes sensibles s'honorent de témoigner aux jeunes personnes : sa conversation devint facile autant qu'elle était mesurée; il ne perdait pas l'occasion de rappeler avec grâce les obligations qu'il avait aux soins de ma bonne maman. Je trouvai M. de Boismorel bien plus aimable que sa mère, et j'étais charmée de le voir revenir, ce qui lui arrivait tous les deux ou trois mois. Il avait épousé, fort jeune, une femme charmante; il en avait un fils dont l'éducation l'occupait beaucoup; il voulait la faire lui-même; il la dirigeait d'après des vues philosophiques, que les préjugés de sa mère et la grande dévotion de sa femme ne contrariaient pas peu ; on l'accusait de singularité; il avait eu des attaques de nerfs, à la suite d'une maladie inflammatoire et terrible; et les vieilles comtesses, les grands robins, les petits abbés de sa famille, ou de la société de sa mère, attribuaient à une affection du cerveau, comme suite de sa maladie, les opinions et le régime qu'il avait adoptés et prétendait suivre dans l'éducation de son fils. Toutes ces circonstances m'attachèrent beaucoup quand elles furent venues à ma connaissance ; je trouvais que cet homme singulier raisonnait fort pertinemment; je commençai à soupçonner qu'il y avait une morale de principe et une morale pratique; que la société appelait fou celui qui n'était pas fou de la folie commune; et les matériaux de la réflexion

s'amassaient insensiblement dans ma tête rêveuse.

Ma bonne maman opposait quelquefois aux sentiments, à la conduite de M. de Boismorel, la conduite et les sentiments de sa sœur madame de Favières, dont elle avait à se plaindre, à qui son frère avait eu besoin de rappeler que mademoiselle Rotisset était leur parente (circonstance que leur mère, disais-je en moi-même, a l'air d'ignorer ou de vouloir méconnaître), et chez qui elle n'avait nulle envie de me présenter, à ma grande satisfaction ; ce qu'elle jugea si bien, qu'il ne fut jamais question non plus de retourner chez madame de Boismorel.

Mon père était sorti de charge ; l'année que j'avais dû passer chez ma bonne maman était finie ; je retournai près de mon excellente mère. Je ne quittai pas sans quelque regret le beau quartier de l'île Saint-Louis, ces quais agréables, ce rivage tranquille sur lequel je prenais l'air, dans les soirs d'été, avec ma tante Angélique, considérant le cours gracieux de la rivière et la campagne qui se dessinait au loin. La gaieté de ma bonne maman prêtait des charmes à son appartement où j'avais passé tant de jours riants et paisibles : je m'éloignai de sa personne en pleurant, malgré mon attachement pour ma mère, dont le mérite, bien plus solide, avait un extérieur plus imposant. Enfant de la Seine, c'était toujours sur ses bords que je venais habiter ; la situation du logis paternel n'avait point le calme solitaire de la demeure de bonne maman ; les tableaux mouvants du Pont-Neuf variaient la scène à chaque minute, et je rentrais véritablement dans le monde, au propre et au figuré, en revenant chez ma mère. Cependant beaucoup d'air, un grand espace s'offraient encore à mon imagination vagabonde et romantique. Combien de fois, de ma fenêtre exposée au nord, j'ai contemplé avec émotion les vastes déserts du ciel, sa voûte superbe, azurée, magnifiquement dessinée, depuis le levant bleuâtre, loin derrière le Pont-au-Change, jusqu'au couchant, dorée d'une brillante couleur aurore derrière les arbres du cours et les maisons de Chaillot! Je ne manquais pas d'employer ainsi quelques moments à la fin d'un beau jour, et souvent des larmes douces coulaient silencieusement de mes yeux ravis. Mais lorsque je repasse sur ma vie, je suis embarrassée d'assigner aux circonstances ou à mon caractère, cette variété, cette plénitude d'affections qui marquaient si bien tous les points de sa durée, et qui m'ont laissé un souvenir si présent de tous les lieux où je me suis trouvée.

Cajon avait toujours continué de m'enseigner la musique; il aimait à m'en faire raisonner la théorie ou plutôt le mécanisme; car en étant un peu compositeur, il n'était guère mathématicien, et avait encore moins de métaphysique; mais il mettait quelque gloire à me donner toute sa science. Il s'affligeait presque autant de ma froideur à chánter, qu'il s'émerveillait de ma facilité à suivre un raisonnement. Mettez donc de l'âme! me répétait-il continuellement; vous chantez une ariette comme les religieuses psalmodient un *magnificat*. Le pauvre homme ne voyait pas que j'avais trop d'âme pour la mettre dans une chanson : effectivement je me sentais autant d'embarras pour donner de l'accent à un morceau tendre, que j'en aurais eu autrefois pour lire tout haut à quelqu'un l'épisode d'Eucharis ou d'Herminie. Toujours subitement transformée dans la personne qui était censée s'exprimer, je ne savais point imiter ; j'éprouvais le sentiment à peindre ; ma respiration était précipitée, ma voix tremblante ; il en résultait des difficultés que je ne pouvais vaincre qu'avec effort, par un chant sérieux et plat. Mignard, dont ma bonne maman estimait beaucoup la politesse espagnole, avait commencé chez elle à m'enseigner la guitare ; il continua de me donner des leçons à mon retour chez mon père ; il ne m'avait pas fallu beaucoup de mois pour exécuter les accompagnements ordinaires : Mignard s'amusait à me rendre forte et je devins effectivement plus habile que lui. Le malheureux en perdit la tête, comme on verra quand il sera temps de le dire. Mazon fut rappelé pour me perfectionner dans la danse, ainsi que M. Doucet pour l'arithmétique, la géographie, l'écriture et l'histoire. Mon père me rendit le burin ; il me borna dans un petit genre auquel il crut m'intéresser en y attachant du profit ; car m'ayant mis bientôt en état d'être utile, il me donnait à faire de petits ouvrages dont il partageait le prix avec moi, comptant à la fin de la semaine, suivant le livre qu'il m'engageait à tenir. Cela m'ennuya ; je ne trouvais rien de si insipide que de graver les bords d'une boîte de montre, ou de friser un étui; j'aimais mieux lire un bon livre que de m'acheter un ruban : je ne cachai point mon dégoût; je ne fus point contrainte; je fermai les burins, les onglettes, et je ne les ai jamais touchés depuis. Je sortais tous les matins avec ma mère pour aller à la messe, après laquelle nous faisions quelquefois des emplettes; passé ce temps, celui des leçons de mes maîtres et les repos, je me retirais dans mon cabinet pour lire, écrire et méditer. Les longues soirées me firent reprendre l'habitude du travail des mains, durant lequel ma mère avait la complaisance de lire tout haut plusieurs heures de suite. Ces lectures me plaisaient beaucoup; mais comme elles ne me laissaient pas digérer les choses assez parfaitement à mon gré, elles m'inspirèrent l'idée de faire des extraits. Dans mon premier travail du matin, je couchai donc sur le papier ce qui m'avait le plus frappée la veille; puis je reprenais le livre pour saisir les liaisons, ou pour copier un morceau que je voulais avoir dans son entier. Ce goût devint habitude, besoin et passion; mon père n'ayant qu'une petite bibliothèque que j'avais épuisée autrefois, je lisais des livres d'emprunt et de louage; je ne pouvais supporter l'idée de les rendre sans m'être approprié ce que j'en estimais le meilleur. Je coulai à fond, de cette manière, Pluche, Rollin, Crevier, le Père d'Orléans, Saint-Réal, l'abbé de Vertot et Mezeray qui ressemble si peu au dernier; Mezeray, le plus sec des écrivains, mais l'historien de mon pays que je voulais connaître. Ma bonne maman Bimont n'était

plus de ce monde; mon petit oncle, fixé à Saint-Barthélemy, dans une meilleure place que celle de maître
des enfants de chœur, s'était fait pensionnaire du
premier vicaire, l'abbé Le Jay, qui tenait assez bonne
maison, et chez lequel nous allions avec lui passer
les soirs des dimanches et fêtes, après l'office.

L'abbé Le Jay était un bon vieillard, tout rond de
taille et d'esprit, détestable prédicateur, confesseur
impitoyable, casuiste, que sais-je encore! mais il
entendait fort bien ses affaires; il avait su pousser et
établir notaires à Paris ses deux frères, qui faisaient
figure dans leur état, alors lucratif et considéré : lui-
même avait appelé, pour tenir son ménage, une de ses
parentes, demoiselle d'Hannaches, grande haquenée
sèche et jaune, à voix rêche, fort entêtée de sa noblesse, ennuyant tout le monde de ses talents écono-
miques et de ses parchemins; mais enfin c'était une
femme, et cela anime toujours la maison d'un prêtre;
d'ailleurs, elle savait entretenir l'abondance et la
propreté sur la table de son cousin, grand amateur
en ce genre. L'abbé Le Jay trouvait agréable d'avoir
un pensionnaire aimable comme l'abbé Bimont; sa
table en était plus gaie, sa cousine de meilleure humeur, et sa partie de trictrac immanquable : ma
mère et la cousine devinrent partenaires; quant à
moi, qui semble ainsi délaissée, je m'accommodais à
merveille de la préoccupation de ces quatre personnes,
car l'abbé Le Jay tenait salon dans une grande bibliothèque, que je mettais à contribution suivant
mon bon plaisir. Ce fut une source où je puisai tant

qu'il vécut : cela ne dura pas trois ans ; l'un de ses frères fit de mauvaises affaires ; il en perdit l'esprit, languit six semaines, se jeta par la fenêtre et mourut de sa chute. Mademoiselle d'Hannaches, alors en procès pour la succession de son oncle le capitaine, fut accueillie par ma mère, et fit chez elle un séjour de dix-huit mois. Dans cet intervalle, je fus son secrétaire ; j'écrivais ses lettres d'affaires ; je lui copiai sa chère généalogie ; je dressais des placets, qu'elle présentait au premier président et au procureur général du Parlement de Paris, établis administrateurs de pensions fondées par un monsieur de Saint-Vallier, pour les pauvres demoiselles nobles, et je l'accompagnai quelquefois lorsqu'elle allait solliciter différentes personnes. Je remarquai fort bien que, malgré son ignorance, sa tournure empesée, son mauvais langage, son antique toilette et tous ses ridicules, on faisait honneur à son origine ; on écoutait gravement les noms de ses auteurs, dont elle répétait toujours l'énumération, et l'on s'employait toujours pour appuyer ses demandes. Je rapprochais la réception décente qui lui était faite, de celle de madame de Boismorel, qui m'avait laissé des traces profondes ; je ne pouvais me dissimuler que je valais mieux que mademoiselle d'Hannaches, dont les quarante ans et la généalogie ne lui donnaient pas la faculté de faire une lettre qui eût le sens commun, ni qui fût lisible ; je trouvais le monde bien injuste et les institutions sociales bien extravagantes.

Mais voyons un peu ce qu'étaient devenues mes amies du couvent. Mon Agathe m'écrivait de temps en temps de ces lettres tendres, dont l'accent tout particulier était avivé chez elle par son âme ardente; les petits coffres, les jolies pelotes et les bonbons les accompagnaient toutes les fois qu'il lui était possible de les y joindre. J'allais la voir de temps en temps; j'entrai même au couvent lors d'une fête qu'on donnait à la supérieure, privilège qu'on avait eu soin de m'assurer par une permission de l'archevêque, sollicitée à mon insu, et présentée ensuite comme une faveur spéciale dont je sentais bien le prix. Tout était en mouvement, les jeunes personnes bien parées, la salle commune ornée de fleurs, le réfectoire garni de friandises; il faut avouer que dans ces fêtes de pauvres recluses, où l'on pouvait trouver de l'enfantillage, il régnait aussi ce je ne sais quoi d'aimable, d'ingénu, de gracieux, qui n'appartient qu'à la douceur des femmes, à la vivacité de leur imagination, à l'innocence de leurs ébats lorsqu'elles s'égayent entre elles. Un petit drame, fort médiocre, mais animé par les voix de jeunes filles exécutant en chœur quelques couplets, fut le premier point de rassemblement; des danses folâtres lui succédèrent; des plaisanteries, quelquefois heureuses, un rire badin, d'autant plus vif qu'il contrastait davantage avec la gravité habituelle, réalisaient les saturnales pour toutes les chères sœurs et leurs élèves. Le médecin de la maison vint à l'infirmerie visiter quelques malades; il fallut bien lui donner le spectacle de la fête:

on l'amena sous un cloître décoré de guirlandes de verdure, où l'on avait établi une sorte de foire ; là, des jeunes professes vendaient des chansons, d'autres distribuaient des gâteaux ; celle-ci tirait une loterie, celle-là disait la bonne aventure ; les petits enfants portaient des corbeilles de fruits, et de ce côté l'on formait un concert. A l'arrivée de la perruque doctorale, les novices baissent leur voile ; les grandes pensionnaires regardent si leur parure n'est pas dérangée ; les plus jeunes filles prennent un air composé ; moi-même je tiens ma guitare avec moins de négligence. Elle était suspendue devant moi par un ruban passé sur l'épaule ; on avait voulu m'entendre, et les circonstances m'avaient inspiré deux couplets médiocres, dont l'à-propos fut d'un grand effet : Cajon eût été content de ma manière de les chanter, car n'exprimant que des sentiments auxquels je pouvais m'abandonner, rien n'avait contraint mes accents. On désirait que je les répétasse devant le médecin : ce ne fut plus la même chose ; la voix était moins sûre et l'expression comme voilée : une vieille sœur le remarqua d'un air malin, en disant que ma figure en était plus touchante. Le médecin s'en alla : chacun fut bien aise qu'il partît, mais personne n'aurait voulu qu'il ne fût pas venu.

Sophie était retournée à Amiens, dans sa famille : avant son départ, nous avions obtenu que nos mères se vissent ; elles avaient, pour ainsi dire, consacré notre liaison, s'étaient réciproquement applaudies du choix de leur fille, et avaient souri aux promesses, dont nous les avions fait témoins, de ne nous oublier jamais. Ça été plus vrai qu'elles ne le croyaient alors, malgré les modifications dont on jugera par la suite. Ma correspondance avec ma bonne amie devint très régulière; je lui écrivais toutes les semaines, plutôt deux fois qu'une. Et que disiez-vous donc? me demandera-t-on. — Tout ce que je voyais, pensais, sentais, apercevais; et, certes, j'avais beaucoup à dire. Ces communications se facilitaient et se nourrissaient par elles-mêmes; j'apprenais à réfléchir davantage en communiquant mes réflexions; j'étudiais avec plus d'ardeur, parce que je trouvais du plaisir à partager ce que j'avais acquis, et j'observais avec plus d'attention, parce que je me plaisais à décrire. Sophie m'écrivait moins : une famille nombreuse, une maison fréquentée, beaucoup de devoirs de société, cette vie de province, très occupée de petites choses et remplie de visites qui n'apprennent rien, dont une partie est régulièrement consacrée au jeu, ne lui laissaient pas le temps de me dire, ni la faculté de retenir autant de choses ; elle en mettait peut-être un plus grand prix à celles qu'elle recevait de moi, et m'intéressait d'autant plus à les lui envoyer.

La mort de l'abbé Le Jay m'ayant privée du secours de sa bibliothèque, où j'avais trouvé des historiens, des mythologues, des pères de l'Église et des littérateurs, il fallut bien avoir recours aux libraires; mon père, n'étant pas dans le cas de choisir, demandait ce que je lui indiquais : mon choix se portait sur les ouvrages dont j'avais pris quelque idée, par citation ou autrement, dans ceux que j'avais déjà lus. Je notai ainsi les traductions des anciens historiens, Diodore de Sicile et autres; je voulus revoir l'histoire de mon pays dans un autre écrivain que Mézeray; je choisis l'abbé Velly et ses continuateurs bien moins intéressants que lui, en traitant des époques d'après lesquelles ils auraient dû l'être davantage, s'ils avaient eu le même talent; Pascal, Montesquieu, Locke, Burlamaqui, nos principaux auteurs de théâtre; je n'avais point de plans ni d'autre but que de connaître et de m'instruire; j'avais besoin d'exercer l'activité de mon esprit, d'alimenter mes goûts sérieux; j'avais besoin de bonheur, je ne pouvais le trouver que dans un grand développement de mes facultés; il résidait pour moi dans l'application. Je ne sais pas ce que je fusse devenue, si j'eusse été dans les mains de quelque habile instituteur; il est probable que fixée sur un objet unique ou principal, j'aurais pu porter loin un même genre de connaissances, ou acquérir un grand talent : en aurais-je été meilleure ou plus utile? c'est une question que je laisse à résoudre; mais, certainement, je n'eusse pas été plus heureuse; je ne connais rien de comparable à la plénitude de vie, de paix, de satisfaction, de ce temps d'innocence et d'étude. Il n'était pourtant pas sans quelque trouble : la vie de l'homme sur la terre en est-elle jamais exempte ?

J'avais ordinairement plusieurs lectures en train à la fois; les unes servant de travail, les autres tenant

lieu de récréation : les ouvrages historiques de longue haleine étaient lus à voix haute, comme je l'ai
indiqué, dans les soirées qui devinrent presque le
seul temps où je restasse avec ma mère; je passais
tout le jour dans la solitude de mon cabinet, à
extraire, à m'amuser ou à réfléchir. Dans les jours
de repos de la belle saison, nous allions aux promenades publiques; mon père me conduisait avec
exactitude à toutes les expositions de tableaux ou de
divers objets d'art, fréquentes à Paris dans le siècle du luxe et de cette espèce de prospérité. Il avait
beaucoup de plaisir dans ces occasions, car il exerçait agréablement sa supériorité, en me faisant
remarquer ce qu'il connaissait mieux que moi, et il
jouissait du goût qu'il me trouvait, comme de son
ouvrage. C'était là notre point de contact; nous
étions, dans ce cas, véritablement en rapport. Il
n'était insensible à aucune espèce de représentation,
et l'on voyait aisément qu'il aimait assez à se montrer en public, donnant le bras à une jeune personne
bien mise, dont la fraîcheur faisait quelquefois
bourdonner à ses oreilles des mots agréables. Si
quelqu'un l'abordait avec incertitude sur la qualité
de celle qu'il accompagnait, il disait : C'est ma fille,
avec un air modestement triomphant, dont je n'étais
pas la dernière à m'apercevoir, et qui me touchait
beaucoup sans m'enorgueillir, car je n'y remarquais
que sa tendresse. Si je venais à parler, on le voyait
examiner dans les autres l'effet du son de ma voix,
du bon sens que je pouvais montrer, et leur dire, par

ses regards : N'ai-je pas raison d'être fier? Je sentais
tout cela; j'en étais quelquefois plus timide; il me
semblait que j'avais besoin de racheter, par ma
modestie, la petite superbe de mon père. Cependant,
ce monde, ces arts, l'imagination qu'ils éveillent, le
goût de plaire, si naturel et si vif chez les femmes,
ma dévotion, mes études, la raison et la foi, comment tout cela s'arrangeait-il?

Je J'aimais à paraître bien, je me plaisais à l'entendre
dire, et je m'occupais avec complaisance de ce qui
pouvait m'en procurer l'agrément. C'est peut-être
ici le lieu de faire mon portrait; autant le placer là
qu'ailleurs. A quatorze ans, comme aujourd'hui,
j'avais environ cinq pieds; ma taille avait acquis
toute sa croissance; la jambe bien faite, le pied bien
posé, les hanches très relevées; la poitrine large et
superbement meublée, les épaules effacées; l'attitude
ferme et gracieuse, la marche rapide et légère; voilà
pour le premier coup d'œil. Ma figure n'avait rien de
frappant, qu'une grande fraîcheur, beaucoup de
douceur et d'expression : à détailler chacun des traits,
on peut se demander : Où donc en est la beauté?
Aucun n'est régulier, tous plaisent. La bouche est
un peu grande; on en voit mille de plus jolies; pas
une n'a le sourire plus tendre et plus séducteur.
L'œil, au contraire, n'est pas fort grand, son iris est
d'un gris châtain; mais placé à fleur de tête, le
regard ouvert, franc, vif et doux, couronné d'un
sourcil brun comme les cheveux, et bien dessiné, il
varie, dans son expression, comme l'âme affectueuse

dont il peint les mouvements; sérieux et fier, il étonne quelquefois, mais il caresse bien davantage, et réveille toujours. Le nez me faisait quelque peine, je le trouvais un peu gros par le bout; cependant, considéré dans l'ensemble, et surtout de profil, il ne gâtait rien au reste. Le front large, nu, peu couvert à cet âge, soutenu par l'orbite très élevée de l'œil, et sur le milieu duquel des veines en y grec s'épanouissaient à l'émotion la plus légère, était loin de l'insignifiance qu'on lui trouve sur tant de visages. Le menton est retroussé. Le teint vif, plutôt que très blanc, des couleurs éclatantes, fréquemment renforcées de la subite rougeur d'un sang bouillant, excité par les nerfs les plus sensibles ; la peau douce, le bras arrondi, la main agréable, sans être petite, parce que ses doigts allongés et minces annoncent l'adresse et conservent de la grâce; des dents fraîches et bien rangées; l'embonpoint d'une santé parfaite ; tels sont les trésors que la nature m'a donnés. J'en ai perdu beaucoup, surtout de ceux qui appartiennent à l'embonpoint et à la fraîcheur; ceux qui me sont restés, cachent encore, sans que j'y emploie aucun art, cinq à six de mes années ; et les personnes même qui me voient tous les jours, ont besoin que je leur apprenne mon âge, pour me croire plus de trente-deux ou trente-trois ans. Ce n'est que depuis mes pertes, que je connais tout ce que j'avais; je ne savais pas son prix lorsque je le possédais, et peut-être cette ignorance en augmentait-elle la valeur : je ne la regrette point aujourd'hui, parce que je n'en ai pas abusé; mais si le devoir pouvait s'accorder avec mon goût pour laisser moins inutile ce qui me reste, je n'en serais pas fâchée. Mon portrait a été dessiné plusieurs fois, peint et gravé : aucune de ces imitations ne donne l'idée de ma personne; elle est difficile à saisir parce que j'ai plus d'âme que de figure, plus d'expression que de traits. Un artiste ordinaire ne peut la rendre ; il est même probable qu'il ne la voit pas. Ma physionomie s'anime en raison de l'intérêt qu'on m'inspire, de même que mon esprit se développe en proportion de celui qu'on emploie avec moi. Je me trouve si bête avec tant de gens, que, m'apercevant de mes ressources avec les personnes spirituelles, j'ai cru longtemps, dans ma bonhomie, que c'était à leur habileté que j'en étais redevable. Je plais généralement, parce que je craindrais d'offenser qui que ce fût; mais il n'appartient pas à tous de me trouver jolie et de sentir ce que je vaux. Il est tel vieillard épris de lui-même, jaloux d'étaler sa petite science longuement acquise, qui pourrait me voir dix ans, sans se douter que je susse autre chose que faire une addition et coudre une chemise. Camille Desmoulins a eu raison de s'étonner de ce qu'à mon âge, et avec si peu de beauté, j'avais ce qu'il appelle des adorateurs. Je ne lui ai jamais parlé, mais il est à parier qu'avec un personnage de son espèce, je serais froide et silencieuse, si je n'étais repoussante. Il n'a pas rencontré juste, en me donnant une cour; je hais autant les galants que je méprise les esclaves, et j'entends parfaitement à éconduire les complimenteurs. J'ai besoin, avant tout, d'estime et de bienveillance ; on m'admire après si l'on veut ; mais il faut qu'on me distingue et me chérisse : cela ne manque guère quand on me voit souvent et qu'on a du bon sens et un cœur.

Ce goût de plaire qui fait éprouver une douce émotion aux regards flatteurs dont on s'aperçoit être l'objet, combiné singulièrement avec ma timidité et l'austérité de mes principes, répandait sur ma personne, comme il prêtait à ma toilette, un charme tout particulier. Rien de plus décent que ma parure, de plus modeste que mon maintien ; j'aimais qu'ils annonçassent la retenue ; je n'y voulais que la grâce, et l'on en vantait l'agrément.

Nous fîmes un voyage à Versailles, ma mère, le petit oncle, mademoiselle d'Hannaches et moi ; ce voyage n'avait d'autre but que de me montrer la cour, le lieu qu'elle habitait, et de s'amuser de ce spectacle. Nous logeâmes dans le château. Madame Le Grand, femme de la Dauphine, connue de l'abbé Bimont par son fils dont il était camarade, et dont j'aurai à parler, n'étant pas de quartier, nous prêta son appartement. Il était sous les combles, dans un même corridor que celui de l'archevêque de Paris, et tellement rapproché, qu'il fallait que ce prélat s'observât pour que nous ne l'entendissions pas parler ; même précaution nous était nécessaire. Deux chambres, médiocrement meublées, dans la hauteur de l'une desquelles on avait ménagé de quoi coucher un valet, dont l'abord était détestable par l'obscurité du corridor et l'odeur des lieux d'aisance; telle était l'habitation dont un duc et pair de France s'honorait d'avoir la pareille, pour être plus à portée de ramper chaque matin au lever des majestés: c'était pourtant le rigoriste Beaumont. Les petits et grands couverts de toute la famille, séparée ou réunie; les messes, les promenades, le jeu, les présentations, nous eurent pour spectateurs durant huit jours. Les connaissances de madame Le Grand nous procuraient des facilités; mademoiselle d'Hannaches pénétrait partout fièrement, prête à jeter son nom par la figure de quiconque lui aurait opposé de la résistance, et croyant que l'on devait lire sur son grotesque visage les six cents ans de sa noblesse prouvée. Elle reconnut deux ou trois gardes du roi, dont elle nous donna fort exactement la généalogie, se trouvant précisément la parente de celui dont le nom était le plus ancien, et qui ne m'en paraissait pas moins fort petit garçon à la cour. Le belle figure d'un petit collet tel que l'abbé Bimont, l'imbécile fierté de la laide d'Hannaches, n'étaient point trop déplacées dans ces lieux; mais le visage sans rouge de ma respectable maman, et la décence de ma parure annonçaient du bourgeois; si mes yeux ou ma jeunesse faisaient dire quelques mots, cela sentait presque la protection, et me causait presque autant de déplaisir que les compliments de madame de Boismorel. La philosophie, l'imagination, le sentiment et le calcul étaient également exercés chez moi.

Je n'étais point insensible à l'effet d'un grand
appareil; mais je m'indignais qu'il eût pour objet
de relever quelques individus déjà trop puissants
et fort peu remarquables par eux-mêmes; j'aimais
mieux voir les statues des jardins que les personnes
du château; et ma mère, me demandant si j'étais
contente de mon voyage, « Oui, lui répondis-je,
pourvu qu'il finisse bientôt : encore quelques jours,
et je détesterai si fort les gens que je vois, que je ne
saurai que faire de ma haine. — Quel mal te font-
ils donc? — Sentir l'injustice et contempler à tout
moment l'absurdité. » Je soupirais en songeant à
Athènes, où j'aurais également admiré les beaux-arts,
sans être blessée par le spectacle du despotisme; je
me promenais en esprit dans la Grèce, j'assistais aux
jeux olympiques, et je me dépitais de me trouver
Française. Ainsi frappée de tout ce que m'avait offert
le beau temps des républiques, je glissais sur les
orages dont elles avaient été agitées; j'oubliais la
mort de Socrate, l'exil d'Aristide, la condamnation
de Phocion. Je ne savais pas que le ciel me réservait
pour être témoin d'erreurs pareilles à celles dont ils
furent les victimes, et participer à la gloire d'une
persécution du même genre, après avoir professé
leurs principes. Le ciel m'est témoin que les maux
qui me sont particuliers ne m'arrachent point un
regret ni un soupir; je ne souffre que de ceux de
mon pays. Lors des divisions de la cour et des
parlements, en 1771, mon caractère et mes opinions
m'attachèrent au parrti de ces derniers : je me pro-

curai toutes leurs remontrances, et celles-là me
plaisaient davantage dont les vérités étaient les plus
fortes et le style le plus hardi. La sphère de mes
idées s'étendait toujours davantage : mon propre
bonheur et les devoirs, à l'accomplissement desquels
il pouvait être attaché, me préoccupèrent de très
bonne heure; le besoin de connaître me fit ensuite
dévorer l'histoire et porter mes regards sur tout ce
qui m'environnait.

L'abbé Legrand, ami de l'abbé Bimont, venait
quelquefois chez nous; c'était un homme d'un excellent jugement, qui n'avait de son état que la robe,
dont il était encore assez embarrassé. Sa famille
l'avait fait prêtre, parce que de trois frères, il fallait
bien en mettre un dans l'Église : aumônier du
prince de Lamballe, pensionné après sa mort par
Penthièvre, il s'était fixé dans une paroisse, pour
être quelque part, et rapproché de son ami pour le
plaisir de le voir. Affecté d'une grande faiblesse de
vue, il devint aveugle très jeune, et cette circonstance, ajoutant à son goût pour la réflexion, acheva
de le rendre très méditatif. Il aimait à causer avec
moi, et m'apportait souvent des livres; c'était presque
toujours des ouvrages de philosophie, sur les principes desquels il s'entretenait fort librement. Ma mère
ne discutait guère; je n'osais pas pousser les choses
très loin; mais enfin elle ne m'empêchait pas de lire
et ne me blâmait pas ce choix de lectures. Un Genevois, horloger, en relation d'affaires avec mon père,
bonhomme qui avait toujours un livre parmi ses

outils, et une assez jolie bibliothèque qu'il connaissait mieux que maints grands seigneurs ne connaissaient la leur, m'offrit l'usage de ce petit trésor de mon goût, et je profitai de sa complaisance. Ce bon M. Moré avait un sens droit, et ne raisonnait pas seulement son art, mais encore la morale et la politique; et s'il s'exprimait avec difficulté, avec une lenteur que mon impatience avait peine à supporter, du moins il partageait avec la plupart de ses compatriotes cette solidité de raison qui fait pardonner l'absence des agréments. C'est de lui que j'eus Buffon et beaucoup d'autres ouvrages; la philosophie, en développant la force de mon âme, et me donnant de la hardiesse dans l'esprit, n'ôtait rien aux scrupules du sentiment et à la susceptibilité de mon imagination, de laquelle j'avais tant à me défendre. La physique d'abord, puis les mathématiques exercèrent pendant quelque temps mon activité; Nollet, Réaumur, Bonnet qui rêve quand les autres décrivent, m'amusèrent à leur tour, ainsi que Maupertuis qui fait des jérémiades, même en décrivant les plaisirs des limaçons; enfin Rivard m'inspira l'envie de devenir géomètre. Guéring, marbrier et arpenteur, homme sage et doux, dans sa simplicité, venant un jour pour entretenir mon père, me trouva tellement collée sur l'in-4° de Rivard, que je ne m'étais pas aperçue de son arrivée. Il entra en conversation avec moi, et m'observa que les *Éléments de Clairaut* me conviendraient beaucoup mieux pour les notions que je désirais prendre; le lendemain il m'apporta l'exemplaire qui était en son pouvoir. Je trouvai véritablement une réduction simple des premiers principes, et combinant à la fois que cet ouvrage m'était utile, et qu'il ne me convenait point d'en priver le propriétaire aussi longtemps que j'aimerais à le conserver, je pris tout uniment le parti de le copier d'un bout à l'autre, y compris ses six planches. Je ris de cette opération, chaque fois que je me la rappelle. Tout autre que moi aurait désiré de faire acheter l'ouvrage; l'idée ne s'en présenta même pas; celle de le copier me vint aussi naturellement que celle de piquer un patron de dessin, et fut presque aussitôt réalisée; c'était un petit in-8°. Je dois avoir encore dans mes paperasses ce plaisant manuscrit. La géométrie m'amusa, tant qu'il ne fut pas besoin d'algèbre; la sécheresse de celle-ci me dégoûta dès que j'eus passé les équations du premier degré; j'envoyai par-delà les ponts la multiplicité des fractions, et je trouvai qu'il valait mieux lire de beaux vers que de me dessécher sur des radicaux. En vain, quelques années après, M. Roland me faisant la cour, tenta de rappeler cet ancien goût; nous fîmes beaucoup de chiffres; mais la raison par X ne me parut jamais assez aimable pour me fixer longtemps.

5 septembre. Je coupe le cahier pour joindre dans la petite boîte ce qui est écrit; car lorsque je vois décréter une armée révolutionnaire, former de nouveaux tribunaux de sang, la disette menacer, et les tyrans aux abois, je me dis qu'ils vont faire de nou-

velles victimes, et que personne n'est assuré de vivre vingt-quatre heures.

La correspondance de Sophie faisait toujours l'un de mes grands plaisirs ; les liens de notre amitié s'étaient resserrés dans les voyages qu'elle avait faits plusieurs fois à Paris. Mon cœur sensible avait besoin, je ne dirai pas d'une chimère, mais d'un objet principal, et surtout de confiance et de communication ; l'amitié me les présentait, je la nourrissais avec délices. Ma façon d'être avec ma mère, si douce qu'elle fût, ne m'aurait pas tenu lieu de cette affection ; elle conservait quelque chose de cette gravité qu'emportait le respect d'une part et l'autorité de l'autre. Ma mère pouvait tout savoir, je n'avais rien à lui cacher ; mais je ne pouvais pas tout lui dire : une mère reçoit des aveux, on ne fait de confidence qu'à son égal.

Aussi sans me demander à lire les lettres que j'écrivais à Sophie, ma mère était bien aise que je les lui laissasse voir, et notre arrangement à cet égard avait quelque chose de plaisant ; nous nous étions entendues sans nous rien dire. Lorsqu'il m'arrivait des nouvelles de ma bonne amie, régulièrement toutes les semaines, je lisais quelques phrases de sa lettre, mais je ne la communiquais point. Lorsque je lui avais écrit, je laissais sur ma table, durant un jour, ma lettre pliée et suscrite sans être cachetée : ma mère ne manquait guère de saisir un instant pour y jeter les yeux, rarement en ma présence ; ou s'il lui arrivait de le faire ainsi, j'avais aussitôt quelque raison de m'éloigner ; qu'elle l'eût fait ou

non, l'intervalle supposé nécessaire pour qu'elle le
fît s'étant écoulé, je fermais ma lettre, non pas toujours sans y avoir ajouté un *post-scriptum*. Il ne lui
est jamais arrivé de me parler de ce qu'elle avait
ainsi lu ; mais je ne manquais pas de faire connaître
par là tout ce que je voulais qu'elle sût de mes
dispositions, de mes goûts, de mes opinions ; je les
exposais avec une liberté que je n'aurais osé prendre
avec elle. Ma franchise n'y perdait rien. J'ai souvent
réfléchi depuis, que, si j'avais été à la place de ma
mère, j'aurais voulu devenir entièrement l'amie de
ma fille ; et si j'ai des regrets aujourd'hui, c'est que
la mienne ne soit pas comme j'étais alors ; nous
irions de pair à compagnon, et je serais heureuse.
Mais ma mère, avec beaucoup de bonté, avait de la
froideur ; elle était plus sage encore que sensible,
plus mesurée qu'affectueuse. Peut-être aussi aperce-
vait-elle chez moi un essor qui me conduirait plus
loin qu'elle ; sa manière me laissait aller sans contrainte et sans familiarité. Elle n'était point cares-
sante, quoique ses yeux respirassent la tendresse et
fussent ordinairement fixés sur moi ; je sentais son
cœur, il pénétrait le mien ; mais la réserve de sa
personne m'en inspirait une que je n'aurais point
eue avec elle ; on eût dit qu'une plus grande distance
se trouvait entre nous, depuis que j'étais sortie de
l'enfance. Ma mère avait une dignité, touchante il
est vrai, mais enfin c'était de la dignité ; les transports de mon âme brûlante en étaient réprimés, et
je n'ai bien connu toute l'étendue de mon attache-

ment pour elle, que par le désespoir et le délire où me jeta sa perte. Nos journées s'écoulaient dans un calme délicieux; j'en passais la plus grande partie à mes études solitaires, toute transportée dans l'antiquité dont je suivais l'histoire et les arts, dont j'examinais les opinions et les préceptes. La messe le matin, quelques heures de lecture commune, les repas et les sorties étaient les seules époques de ma réunion avec ma mère. Les sorties étaient rares; et lorsqu'il venait des visites que je ne goûtais pas, je savais fort bien rester dans mon petit cabinet; et ma bonne mère n'aurait pas voulu me jouer le tour de me le faire quitter. Tous les dimanches et fêtes étaient consacrés à la promenade; souvent elle se faisait au loin; bientôt elle s'y dirigea plus constamment par la préférence que je témoignai pour la campagne sur les jardins parés de la capitale. Je n'étais point insensible au plaisir de paraître quelquefois dans les promenades publiques; elles offraient alors un spectacle très brillant, dans lequel la jeunesse avait toujours un rôle agréable. Les grâces de la personne y recevaient constamment des hommages dont le cœur d'une jeune fille est toujours très avide. Mais ils ne suffisaient point au mien; j'éprouvais, après ces promenades, durant lesquelles mon amour-propre, fort éveillé, était aux aguets de tout ce qui pouvait me faire paraître avec avantage, et m'assurer que je n'avais pas perdu mon temps, un vide insupportable, une inquiétude et un dégoût qui me faisaient payer trop cher les plaisirs de la vanité. Habituée à réfléchir, à me demander compte de mes sensations, je recherchais péniblement les causes de ce malaise, et ma philosophie s'exerçait pleinement.

Est-ce donc pour briller aux yeux, comme les fleurs d'un parterre, et recevoir quelques vains éloges, que les personnes de mon sexe sont formées à la vertu, qu'elles acquièrent des talents? — Que signifie ce désir extrême de plaisir dont je me sens dévorée, et qui ne me rend point heureuse lors même qu'il semblerait devoir être satisfait? Que m'importent les regards curieux, les compliments doucement murmurés, d'une foule que je ne connais point, et qui est peut-être composée de gens que je n'estimerais guère s'ils m'étaient connus? Suis-je donc au monde pour dépenser mon existence en soins frivoles, en sentiments tumultueux? Mon sein s'agitait à ces pensées; mon cœur ému, gonflé, attendri, me faisait verser des larmes abondantes; il s'élevait alors à cette Providence, à ce principe du sentiment et de la pensée qu'il avait besoin de croire et de reconnaître. — O toi! qui m'as placée sur la terre, fais que j'y remplisse ma destination de la manière la plus conforme à ta volonté sainte, et la plus convenable au bien de mes frères! — Cette prière naïve, simple comme le cœur qui la dictait, est devenue ma seule prière; jamais la philosophie dissertante, ni aucune espèce d'égarement, n'a pu en dessécher la source. Du milieu du monde, et du fond d'une prison, je l'ai faite avec le même abandon : je la prononçai avec

transport dans les circonstances brillantes de ma vie;
je la répète dans les fers avec résignation. La campagne me présentait des objets bien plus analogues à
mes habitudes méditatives, à cette disposition recueillie, tendre et mélancolique d'un cœur sensible.
Nous allions souvent à Meudon, c'était ma promenade favorite; je préférais ses bois sauvages, ses
étangs solitaires, ses allées de sapins, ses hautes fu-
taies, aux routes fréquentées, aux taillis uniformes
du bois de Boulogne; aux décorations de Belle-Vue;
aux allées peignées de Saint-Cloud. « Où irons-nous
demain, s'il fait beau? » disait mon père, le soir des
samedis d'été. Puis il me regardait en souriant :
« A Saint-Cloud? Les eaux doivent jouer, il y aura
du monde. — Ah, papa ! si vous vouliez aller à Meudon, je serais bien plus contente. » A cinq heures du
matin, le dimanche, chacun était debout; un habit
léger, frais, très simple, quelques fleurs, un voile de
gaze, annonçaient les projets du jour. Les Odes de
Rousseau, un volume de Corneille ou autre, faisaient
tout mon bagage. Nous partions tous les trois; on
allait s'embarquer au Pont-Royal, que je voyais de
mes fenêtres, sur un petit batelet qui, dans le silence
d'une navigation douce et rapide, nous conduisait
aux rivages de Belle-Vue, non loin de la verrerie dont
on aperçoit, d'une grande distance, l'épaisse et
noire fumée. Là, par des sentiers escarpés, nous
gagnions l'avenue de Meudon, vers les deux tiers de
laquelle, sur la droite, nous remarquâmes une petite maisonnette qui devint l'une de nos stations.

C'était le logis d'une laitière, femme veuve, qui vivait là avec deux vaches et quelques poules. Comme il était pressant de profiter du jour pour la promenade, nous arrêtâmes qu'il nous servirait de pause au retour, et que la ménagère nous y donnerait une jatte de lait fraîchement trait. Cet arrangement fut établi de telle façon que toutes les fois que nous montions l'avenue, nous entrions chez la laitière pour la prévenir que le soir ou le lendemain elle nous verrait, et qu'elle n'oubliât point la jatte de lait. Cette bonne vieille nous accueillait fort bien; le goûter, assaisonné d'un peu de pain bis et de fort bonne humeur, se passait toujours comme une petite fête qui laissait chaque fois quelques souvenirs dans la poche de la laitière. Le dîner se faisait chez l'un des suisses du parc; mais l'envie que j'avais de m'éloigner des lieux fréquentés nous fit découvrir une retraite bien conforme à mes goûts. Un jour, après avoir longtemps marché dans une partie inconnue du bois, nous parvînmes dans un espace solitaire, fort dégagé, auquel aboutissait une allée de grands arbres, sous lesquels on voyait rarement des promeneurs; quelques autres arbres épars sur une pelouse charmante, voilaient, pour ainsi dire, une petite maison à deux étages, fort proprement bâtie. — Qu'est-ce que cela? — Deux jolis enfants jouaient devant la porte ouverte; ils n'avaient ni l'air des villes, ni ces enseignes de la misère, si communes dans les campagnes : nous approchons, nous apercevons, sur la gauche, un jardin potager où travaillait un vieillard. Entrer, converser avec lui, fut bientôt fait; nous apprîmes que ce local s'appelait Ville-Bonne; que celui qui l'habitait était fontainier du Moulin-Rouge, chargé de veiller à l'entretien des canaux qui conduisaient les eaux dans quelques parties du parc; que les faibles appointements de cette place soutenaient en partie un jeune ménage dont nous voyions les petits enfants, et dont lui, vieillard, était le grand-père; que les soins de la famille occupaient la femme, tandis qu'il cultivait ce jardin dont son fils allait vendre les produits à la ville, dans ses moments de loisir. Le jardin était un carré long, divisé en quatre portions, autour desquelles était ménagée une allée assez large; un bassin occupait le centre et fonrnissait des moyens d'arrosement; au fond, une niche d'ifs, sous laquelle était un grand banc de pierre, offrait le repos et l'abri. Des fleurs mêlées au légumes rendaient l'aspect du jardin riant et gracieux; le vieillard, robuste et content, me rappelait celui des bords du Galèze, que Virgile a chanté; il causait avec plaisir et bon sens, et s'il ne fallait que des goûts simples pour apprécier une telle rencontre, mon imagination ne manquait pas d'y joindre tout ce qui pouvait lui prêter des charmes. Nous nous informons si l'on n'est pas dans l'usage de recevoir des étrangers ? « Il n'en vient guère, nous dit le vieillard, ce lieu est peu connu; mais quand il s'en présente, nous ne refusons pas de leur servir ce que renferment la basse-cour et le jardin. » Nous demandons à dîner; on nous donne des œufs frais, des légumes, de la salade, sous un joli berceau de chèvre-feuille derrière la maison. Je n'ai jamais fait de repas plus agréable; mon cœur se dilatait dans l'innocence et la joie d'une situation charmante. Je caressai beaucoup les petits enfants; je témoignai de la vénération au vieillard; la jeune femme parut bien aise de nous avoir reçus : on parla de deux chambres de leur maison dont ils pouvaient disposer pour les personnes qui voudraient les louer durant trois mois, et nous fîmes le projet de les occuper. Ce doux projet n'a point été réalisé; jamais je ne suis retournée à Ville-Bonne, car nous visitions Meudon depuis longtemps lorsque nous fîmes cette découverte, et nous avions adopté une auberge du village pour y coucher lorsque deux fêtes de suite nous permettaient de prolonger notre absence. C'est dans cette auberge, qu'on appelait, je crois, la Reine de France, qu'il nous arriva une chose plaisante. Nous occupions une chambre à deux lits, dans le plus grand desquels je couchais avec ma mère; l'autre, dans un coin de la chambre, servait à mon père seul : il venait de se coucher certain soir, lorsque l'envie d'avoir ses rideaux très exactement fermés, les lui fit tirer si ferme, que le ciel du lit tomba et lui fit une couverture complète; après un petit moment de frayeur, nous nous prîmes tous à rire de l'aventure, tant le ciel avait tombé juste pour envelopper mon père sans le blesser. Nous appelons de l'aide pour le débarrasser : la maîtresse du logis arrive; étonnée à la vue de son lit décoiffé, elle

s'écrie, avec l'air de la plus grande ingénuité : « Ah,
mon Dieu ! comment cela est-il possible ! il y a dix-
sept ans qu'il est posé ; il n'avait jamais bougé ! »
Ce raisonnement me fit plus rire encore que la chute
du ciel de lit ; j'ai trouvé souvent à l'appliquer, ou
plutôt à lui comparer les arguments que j'entendais
faire en société ; et je disais tout bas à ma mère :
« Cela vaut les dix-sept ans du lit pour prouver son
inébranlabilité. »

Aimable Meudon ! combien de fois j'ai respiré sous
tes ombrages, en bénissant l'auteur de mon existence, en désirant ce qui pourrait la compléter un
jour ; mais avec ce charme d'un désir sans impatience, qui ne fait que colorer les nuages de l'avenir
des rayons de l'espoir ! Combien de fois j'ai cueilli
dans tes fraîches retraites, des palmes de la fougère
marquetée, des fleurs de brillants orchis ! Comme
j'aimais à me reposer sous ces grands arbres non
loin de clairières, où je voyais quelquefois passer la
biche timide et légère ! Je me rappelle ces lieux plus
sombres où nous passions les moments de la chaleur ;
là, tandis que mon père couché sur l'herbe, et ma
mère doucement appuyée sur un amas de feuilles
que j'avais préparé, se livraient au sommeil de l'après-
dîner, je contemplais la majesté de tes bois silencieux, j'admirais la nature, j'adorais la Providence
dont je sentais les bienfaits ; le feu du sentiment co-
lorait mes joues humides, et les charmes du Paradis
terrestre existaient pour mon cœur dans tes asiles
champêtres ! Le récit de mes promenades et du

bonheur qu'elles me faisaient goûter avait sa place dans ma correspondance avec Sophie ; quelquefois ma prose était coupée de vers, enfants irréguliers, mais faciles, et parfois heureux, d'une âme pour qui tout était vie, tableau, félicité.

Sophie, comme je l'ai déjà observé, se trouvait jetée dans un monde où elle n'avait point les agréments dont elle me voyait jouir dans ma solitude ; je connus quelques personnes de sa famille, et j'appris, dans leur société, à goûter plus encore le prix de ma retraite.

Elle descendait à Paris, dans ses voyages avec sa mère, chez des cousines qu'on appelait les demoiselles de Lamotte ; c'étaient deux vieilles filles : l'une, dévote atrabilaire, ne quittait point sa chambre, où elle disait des *oremus*, grondait les domestiques, tricotait des bas, et raisonnait assez pertinemment de ses affaires d'intérêt ; l'autre, bonne personne, se tenait au salon, faisait les honneurs du logis, lisait des psaumes, et jouait sa partie : toutes deux mettaient beaucoup d'importance à l'avantage d'être nées demoiselles, concevaient difficilement qu'on pût faire sa société de personnes dont le père n'eût pas été du moins ennobli ; et, sans oser s'en servir, gardaient le sac que leur mère s'était fait porter à l'église, comme un titre de famille. Elles avaient pris auprès d'elles une jeune personne, leur parente, dont elles se proposaient d'augmenter la petite fortune, pourvu qu'elle trouvât à épouser un gentilhomme. Mademoiselle d'Hangard, c'était cette jeune

personne, était une grosse brune, très fraîche, d'une
santé robuste et presque effrayante, dont la tournure
provinciale ne cachait point du tout un caractère un
peu brusque et un esprit fort commun. La pièce la
plus curieuse de la maison était l'avocat Perdu,
homme veuf, qui avait mangé son bien à ne rien
faire, que sa sœur (la mère de ma Sophie) avait mis
en pension chez les cousines, pour qu'il passât décemment les dernières années de sa vie inutile.
M. Perdu, gras et pouponné par merveilles, consacrait la plus grande partie de la matinée à soigner
sa personne, mangeait longuement en médisant des
mets, passait, à disserter au Luxembourg, plusieurs
heures de chaque journée, qu'il terminait par un piquet. Il attachait à la gentilhommerie plus d'importance encore que ses vieilles cousines, et se piquait
d'en avoir les airs, d'en dicter les préceptes. Je ne
l'appelais jamais que le commandeur, quand je parlais à Sophie de son oncle, tant il me paraissait ressembler au commandeur du *Père de famille*. Le
commandeur donc avait toujours avec ses nièces ce
ton de supériorité qu'il prétendait assaisonner de
tous les égards de la politesse; mais ces procédés
étaient bizarres avec mademoiselle d'Hangard, dont
la fraîcheur et la vue habituelle, réveillant son imagination, lui inspiraient je ne sais quoi qu'il n'aurait
osé avouer, et qui lui donnait quelquefois de
l'humeur contre son neveu.

Ce neveu qu'on appelait Selincourt, était un grand
jeune homme, de figure et de voix douces, ressem-

blant un peu à sa sœur Sophie, causant avec esprit, ayant des manières agréables qu'une sorte de timidité ne déparait point ; du moins elle me semblait ainsi, lors même que je m'apercevais qu'elle était plus marquée avec moi. Les vraisemblances et les vœux de la famille paraissaient en faire le prétendant de mademoiselle d'Hangard.

Quant à la société des demoiselles de Lamotte, elle était formée d'un comte d'Essales, devenu chevalier de Saint-Louis au Canada, où il avait épousé la fille du gouverneur, se tenant toujours à cent lieues du canon, ignorant, avantageux, bavard ; il venait faire sa partie avec une marquise de Caillavelle. Madame Bernier, grande janséniste, femme de bon sens d'ailleurs, dont le mari avait quitté le parlement de Bretagne lors de l'affaire de la Chalotais, paraissait, mais plus rarement, dans cette maison avec ses deux filles, la savante et la dévote. Le cœur tendre de celle-ci m'aurait attirée ; mais son col penché portait difficilement une tête si fort absorbée, qu'il n'y avait plus de place pour aucune espèce de raisonnement ; la savante, avec un peu trop de babil, avait du jugement et du goût, assez pour racheter une figure repoussante. M. de Vouglans brochait sur le tout. Je n'ai jamais rencontré d'homme dont la sanguinaire intolérance m'ait plus révoltée ; il se plaisait beaucoup dans l'entretien du père Romain Joly, petit vieux capucin, confesseur de mesdemoiselles de Lamotte. La bonne amie de Sophie figurait plaisamment dans cette société, où l'on gémissait derrière elle de ce qu'une jeune personne si bien élevée n'était pas née demoiselle. Je ne doute même pas que le commandeur n'eût délibéré dans sa sagesse s'il convenait à sa nièce de cultiver semblable liaison. Mais la jeune personne avait un très bon ton, une décence dont les vieilles cousines faisaient grand cas; et à l'exception de quelques tournures de phrases qui sentaient l'esprit, et que le commandeur faisait épiloguer à sa nièce, il ne pouvait se défendre de lui donner quelques éloges. Il lui arrivait même de se charger quelquefois des épîtres de sa nièce dans son absence, et de les apporter lui-même à ma mère; cela serait arrivé bien plus souvent à Sélincourt, si sa sœur avait consenti à le charger de cette commission.

L'insignifiance, les travers de ces personnages, auxquels ressemblaient sans doute beaucoup de gens du monde, me faisaient réfléchir sur le vide des sociétés et l'avantage de n'être point tenue à les fréquenter. Sophie me faisait l'énumération des personnes qu'elle voyait à Amiens, me traçait à peu près leur caractère, me donnait à juger du peu de ressources de la plupart d'entre elles; et, tout compte fait, il se trouvait qu'au bout de l'année j'avais vu dans ma solitude plus de gens de mérite qu'elle n'en avait aperçu dans son tourbillon. Cela n'est pas difficile à concevoir, si l'on se rappelle que mon père n'avait de relations qu'avec des artistes, dont aucun ne venait chez lui habituellement, mais dont plusieurs s'y trouvaient parfois. Ceux qui habitent la capitale, lors même qu'ils ne seraient pas de la première volée, ont une somme de connaissances et un genre de politesse qu'on ne trouvait assurément point ni dans les gentillâtres de province, ni dans les commerçants pressés de faire fortune pour acheter un ennoblissement. La conversation du bon Jollain, peintre de l'académie; de l'honnête Lépine, élève de Pigal; de Desmarteau, confrère de mon père; du fils de Falconet, de d'Hauterne, que ses talents eussent porté de plein vol à l'académie, si sa qualité de protestant ne l'en eût exclu; des Genevois horlogers, Ballexserd et Moré, dont le premier a écrit sur l'éducation physique, valait assurément beaucoup mieux que celle du millionnaire Cannet, qui, voyant les succès de la tragédie de son parent Du Belloy, et calculant le profit qu'il devait en tirer, disait fort sérieusement et avec humeur : « Pourquoi mon père ne m'a-t-il pas appris à composer des tragédies? j'en aurais fait le dimanche ! » Et cependant ces hommes riches, ces pitoyables ennoblis, ces impertinents militaires comme d'Essales, ces pauvres magistrats comme Vouglans, se croyaient les soutiens de la société civile, et jouissaient véritablement de privilèges refusés au mérite ! Je rapprochais ces sottises de l'orgueil humain des tableaux de Pope, retraçant ses effets dans la satisfaction de l'artisan qui étale son tablier comme le roi porte sa couronne; je tâchais de trouver avec lui que tout est bien; mais ma fierté concluait que tout était mieux dans une république.

Il n'est pas douteux que notre situation influe

beaucoup sur notre caractère et nos opinions ; mais
on dirait que dans l'éducation que j'ai reçue, que
dans les idées que j'ai acquises par l'étude, ou avec
le secours du monde, tout avait été combiné pour
m'inspirer l'enthousiasme républicain, en me faisant
juger le ridicule ou sentir l'injustice d'une foule de
prééminences et de distinctions.

Lorsque je me trouvais témoin de cette sorte de
spectacle que présentait souvent la capitale dans les
entrées de la reine ou des princes, je rapprochais
avec douleur ce luxe asiatique, cette pompe insolente de la misère et de l'abjection du peuple abruti
qui se précipitait sur le passage des idoles de ses
mains, en applaudissant sottement au brillant appareil dont il payait les frais de son propre nécessaire.
La dissolution de la cour dans les dernières années
du règne de Louis XV ; ce mépris pour les mœurs
qui gagnait toutes les classes ; ces excès qui faisaient le sujet de toutes les conversations particulières, m'inspiraient de l'indignation et de l'étonnement. Ne voyant point encore les germes d'une révolution, je me demandais comment les choses
pouvaient subsister dans cet état. Je voyais dans
l'histoire s'agiter et tomber tous les empires parve-
nus à ce degré de corruption, et j'entendais les Français rire et chanter de leurs propres maux : je trouvais que leurs voisins, les Anglais, avaient raison de
les regarder comme des enfants.

Les raisonnements de Ballexserd n'ayant pu vaincre, dans mon enfance, la répugnance de mes pa-

rents à me faire inoculer, je tombai malade de la
petite vérole à dix-huit ans. Cette époque m'a laissé
de profonds souvenirs, non par les craintes que
m'ait données la maladie ; j'avais déjà trop de philosophie pour ne pas subir cette épreuve avec constance, mais par l'incroyable et touchante sollicitude
de ma mère. Quelle douleur et quelle activité !
comme l'inquiétude la tenait agitée ! comme la tendresse se peignait dans tous ses soins ! Dans la nuit
même, lorsque je croyais recevoir quelque chose de
ma garde, je trouvais la main, j'entendais la voix de
ma mère ; à chaque instant hors de son lit pour s'ap-
procher de mon chevet, ses yeux avides dévoraient
les gestes, et, pour ainsi dire, les paroles du médecin ; des larmes furtives s'échappaient malgré elle
quand ils se fixaient sur moi, qui cherchais en vain
à la calmer par mon sourire. Elle n'avait jamais eu
la petite vérole, non plus que mon père ; l'un et
l'autre n'auraient pas laissé passer un jour sans baiser mon visage malade, que je voulais leur dérober,
dans la crainte que ces approches ne leur devinssent
funestes. Mon Agathe, désolée d'être retenue par la
clôture, m'envoya l'une de ses parentes, mère aimable de quatre enfants, à qui elle avait inspiré une
partie de son attachement pour moi, et qui s'ob-
stina à me voir et m'embrasser, sans considération
pour elle-même. Il fallut cacher à Sophie, alors à
Paris, l'état de sa bonne amie ; on me supposa
partie subitement pour la campagne, afin de laisser
écouler le temps du danger sans communication ;

mais Selincourt venait s'informer chaque jour, pour sa mère, de mon état : j'entendis, de ma chambre, son exclamation douloureuse, lorsqu'on lui apprit que l'on craignait complication de fièvre putride et de petite vérole. J'eus la fièvre milliaire, et l'irruption qui lui est particulière contrariant l'autre, je n'eus de la petite vérole que des boutons extrêmement gros et rares, qui s'aplatirent insensiblement sans suppuration, et ne laissèrent qu'une peau sèche qui tomba facilement. C'est, me dit le docteur Missa, la petite vérole que les Italiens appellent ravaglioni, boutons de fausse suppuration ; elle ne laisse point de traces ; et véritablement, le poli de la peau ne fut pas même altéré chez moi par cette maladie; mais les ravages de l'humeur me jetèrent, après les dangers, dans une langueur dont je ne sortis qu'au bout de quatre ou cinq mois. Recueillie dans l'état de santé, trop tendre pour être gaie, mais patiente dans la douleur, je ne songe plus en maladie qu'à me distraire de mes propres souffrances, et à rendre agréables les soins pénibles que ceux qui m'environnent sont obligés de me donner : j'abandonne alors les rênes de mon imagination ; je dis des folies, et c'est moi qui fais rire les autres. Le docteur Missa, homme d'esprit, me plaisait beaucoup; il était assez avancé en âge, pour que je ne souffrisse point, avec lui, l'espèce de contrainte où me tenaient les individus de son sexe : nous causions agréablement dans ses visites, qu'il prolongeait volontiers, et nous nous liâmes d'amitié. « L'un ou l'autre de nous, me dit-il un jour, a de grands torts ; je suis venu trop tôt, ou vous êtes venue trop tard. « Quoique Missa m'intéressât par son esprit, son âge m'avait dispensée de m'apercevoir que j'eusse eu tort d'être venue plus tard que lui ; je ne lui répondis que par un sourire. Il élevait des nièces, avec lesquelles il voulut me faire faire connaissance : nous nous vîmes quelquefois ; mais comme elles ne marchaient pas plus sans leur gouvernante que je ne marchais sans ma mère, et que l'état de l'oncle ne leur laissait guère la liberté de soutenir cette liaison, elle ne se forma point, à raison de la difficulté des distances et de nos habitudes réciproques et sédentaires. Missa me gronda beaucoup un jour qu'il trouva, sur mon lit, *la Recherche de la vérité*, du père Mallebranche. « Eh, mon Dieu ! lui dis-je, si tous vos malades s'amusaient à pareille chose, au lieu de s'impatienter contre leurs maux et vous-même, vous n'auriez pas tant à faire. » Quelques personnes se trouvaient dans ma chambre ; on s'entretint de je ne sais quel emprunt, dont l'édit de création ne faisait que de paraître, et auquel tout Paris courait déjà. « Les Français, dit Missa, donnent tout à la confiance. — Dites à la vraisemblance, lui observai-je. — Oui, répliqua Missa ; le mot est juste et profond. — Ne me grondez donc point d'étudier Mallebranche, interrompis-je avec vivacité ; vous voyez bien que je ne perds pas mon temps. »

Missa était alors suivi, dans ses visites, par un jeune médecin nouvellement reçu docteur ; il lui arrivait quelquefois de me l'envoyer à l'avance, attendre son arrivée. Celui-là, pour me servir de son expression, n'aurait pas eu le tort d'être venu trop tôt ; mais quoiqu'il fût assez bien de figure, il avait quelque chose d'important qui me déplaisait. J'ai une aversion naturelle si décidée pour l'affectation et les airs avantageux, que je les prends constamment pour l'enseigne de la médiocrité, même de la sottise, quoiqu'il fût vrai, dans l'ancien régime, qu'ils n'étaient quelquefois qu'un travers de la jeunesse. Bref, loin de me séduire, ils m'indisposent, et je juge toujours en mal les personnes qui les manifestent. C'est tout le souvenir qui m'est resté du jeune docteur, que je n'ai pas revu depuis cette époque, et que je ne verrai probablement jamais.

La campagne étant nécessaire à mon parfait rétablissement, nous allâmes respirer son air bienfaisant auprès de M. et de madame Bernard ; déjà, depuis deux ans, nous passions chez eux, ma mère et moi, presque tout septembre. Leur situation avait encore quelque chose de très propre à nourrir ma philosophie, et à fixer mes méditations sur les vices de l'organisation sociale.

Madame Besnard, dans l'infortune qui lui avait été commune avec ses sœurs, était entrée chez un fermier général, dont elle régissait la maison ; c'était celle du vieil Haudry : là, elle avait épousé un intendant, M. Bernard, avec lequel, retirée depuis longtemps, elle vivait modestement dans la paix et le bonheur.

La fierté, assez déplacée, de madame Phlipon rappelait quelquefois en ma présence, et dans le secret de la famille, combien ce mariage lui avait déplu ; assurément elle avait tort, autant que j'en ai pu juger. M. Bernard avait de l'honnêteté, des mœurs ; elles devaient le rendre d'autant plus recommandable, qu'elles étaient plus rares dans son état ; aussi les procédés les plus délicats ont caractérisé sa conduite à l'égard de sa femme ; il est impossible de porter plus loin la vénération, la tendresse, le dévouement ; c'est dans la douceur d'une union parfaite que tous deux prolongent une carrière, où, nouveaux Philémon et Baucis, ils s'attirent le respect de quiconque peut être témoin de leur simplicité, de leurs vertus : je m'honore de leur appartenir, et je le ferais également, lors même qu'avec leur caractère et leur conduite, M. Bernard eût été laquais.

Le vieil Haudry, artisan de sa fortune, était mort ; il avait laissé de grands biens à un fils, qui, né dans l'opulence, devait les dissiper. Ce fils, déjà veuf d'une femme charmante, faisait beaucoup de dépenses, et passait, suivant l'usage des gens riches, quelques moments au château de Soucy, où se transportait avec lui la manière de vivre de la ville, bien plus qu'il n'y prenait celle qui convient à la campagne. Ses possessions comprenaient plusieurs terres réunies : la plus voisine de Soucy (Fontenay) avait un château antique, dans lequel il aimait à mettre ses habitants ; il y avait logé un notaire, un régisseur, et il engagea M. et madame Bernard à y prendre un

appartement, où ils passaient une partie de la belle
saison. C'était, bien entendu, pour la conservation
des lieux; et il y gagnait encore un air de magnificence dont il était jaloux. M. et madame Bernard,
bien logés, jouissaient de la promenade d'un parc,
dont le négligé faisait un aimable contraste avec les
jardins de Soucy, et me plaisait encore plus que le
luxe qui distinguait le séjour du fermier général.
Lorsque nous étions arrivées chez madame Bernard,
elle désirait que nous allassions faire une visite à
Soucy, où la belle-mère et la belle-sœur d'Haudry se
tenaient avec lui, et faisaient les honneurs de la
maison. Cette visite se rendait modestement avant
dîner; j'entrais, sans nul plaisir, dans le salon où
madame Pénault et sa fille nous recevaient avec une
grande politesse, il est vrai, mais qui sentait un peu
la supériorité. Le ton de ma mère, le caractère même
que je portais, sous l'air d'une timidité qui naît du
sentiment de ce que l'on vaut, et du doute d'être
appréciée, ne permettaient guère de l'exercer; je
recevais des compliments qui me flattaient peu, et
que je relevais avec quelque finesse, lorsque certains
parasites à croix de Saint-Louis, toujours errants
chez l'opulence, comme les ombres sur les bords de
l'Achéron, se mêlaient de les renforcer.

Peu de jours après, ces dames ne manquaient pas
de nous rendre notre visite; elles étaient suivies de
la compagnie qui se trouvait au château : on faisait un but de promenade de la visite à Fontenay :
j'étais alors plus aimable, et je savais mettre dans

ma part de réception, la dose de politesse modeste et digne qui rétablissait l'équilibre. Il arriva, une fois, à madame Pénault de nous inviter à dîner ; je ne fus jamais plus étonnée que c'était, non pas avec elle, mais à l'office. Je sentais bien que M. Bernard y ayant fait autrefois son rôle, je ne devais pas, par égard pour lui, paraître mécontente de m'y trouver ; mais je jugeais aussi que madame Pénault devait arranger les choses différemment, et nous épargner cette politesse malhonnête. Ma grand'tante le voyait du même œil ; mais, pour éviter tout petit choc, nous nous rendîmes à l'invitation. Ce fut un spectacle nouveau pour moi, que celui de ces déités du second ordre ; je ne me doutais pas de ce qu'étaient des femmes de chambre jouant la grandeur. Elles s'étaient préparées pour nous recevoir, et faisaient véritablement bien doublure. Toilette, maintien, petits airs, rien n'était oublié. Les dépouilles encore fraîches de leurs maîtresses, prêtaient à leur parure une richesse que l'honnête bourgeoisie s'interdisait ; la caricature du bon ton y joignait un genre d'élégance aussi étrangère à la modestie bourgeoise qu'au goût des artistes ; cependant, le caquet et la tournure en auraient encore imposé à des provinciales. C'était pis chez les hommes : l'épée de M. le maître, les soins de M. le chef, les politesses et les vêtements brillants des valets de chambre, ne pouvaient racheter la gaucherie des manières, l'embarras du langage, quand ils voulaient le faire paraître distingué, ou la trivialité des expressions, lorsqu'ils

oubliaient de s'observer. La conversation fut toute
remplie de marquis, de comtes, de financiers, dont
les titres, la fortune, les alliances paraissaient être
la grandeur, la richesse et l'affaire de ceux qui s'en
entretenaient. Les superfluités de la première table
refluaient sur cette seconde, avec un ordre, une
propreté qui leur conservaient l'apparence d'une
première apparition, et une abondance qui devait
servir à la troisième table, celle proprement des
domestiques; car ces individus de la seconde s'appelaient des officiers. Le jeu suivit le repas; le taux
en était élevé; c'était celui de la partie ordinaire de
ces demoiselles, qui ne manquaient pas de la faire
chaque jour. J'aperçus un nouveau monde dans
lequel je trouvais la répétition des préjugés, des
vices et des sottises d'un monde qui ne valait guère
mieux, pour paraître davantage. J'avais entendu
parler mille fois de l'origine du vieil Haudry, arrivé
à Paris de son village, parvenu à rassembler des
millions aux dépens du public, ayant marié sa fille
à Montluc, ses petites-filles au marquis Duchillau,
au comte Turpin, et laissé son fils héritier de ses
trésors. Je songeais au mot de Montesquieu, que les
financiers soutiennent l'État, comme la corde soutient le pendu. Je concevais que des publicains, qui
trouvaient moyen de s'enrichir à ce point, et de se
servir de cette opulence pour s'unir à des familles
que la politique des cours faisait regarder comme
essentielles à l'éclat du royaume et utiles à sa
défense, ne pouvaient appartenir qu'à un régime

détestable et une nation bien corrompue. Je ne savais pas qu'il était un régime plus affreux encore et une corruption plus hideuse; mais qui l'aurait imaginé? Tous les philosophes y ont été trompés comme moi. C'est celui du moment actuel.

Le dimanche on dansait, à Soucy, au bel air, sans autre abri que celui des arbres : là, le plaisir effaçait la plus grande partie des distinctions; et dès qu'il était question de valoir par soi-même, je n'avais pas peur de manquer le rang qui pouvait me convenir. Les nouveaux arrivés se demandaient à l'oreille qui j'étais; mais je ne rassasiais personne de ma présence; et, après une heure de délassement, j'échappais aux curieux, en me retirant avec mes parents pour la promenade, dont je n'aurais pas sacrifié les doux instants au plaisir bruyant, et toujours vide pour mon cœur, d'une sorte de représentation. J'apercevais quelquefois Haudry, jeune encore, tranchant du grand seigneur, donnant carrière à ses fantaisies, voulant paraître généreux et noble; il commençait à inspirer de l'inquiétude à sa famille; ses folies préparaient sa ruine : on le plaignait comme étourdi, sans le blâmer comme méchant; c'était un enfant gâté de la fortune, qui, s'il fût né dans la médiocrité, aurait certainement beaucoup mieux valu. Brun de visage, la tête haute, les manières protectrices, avec l'air gracieux, il était peut-être aimable avec ceux qu'il estimait être ses égaux; mais je détestais de le rencontrer, et sa présence me donnait toujours un sérieux très fier.

L'année dernière, sortant de cette belle salle à manger que l'élégant Calonne a fait disposer dans l'hôtel du Contrôle général, occupé depuis par le ministre de l'intérieur, je trouve, sur mon passage, dans le second antichambre, un grand homme, à cheveux blancs, d'un air décent, qui m'aborde avec respect. « Madame, j'espérais parler au ministre lorsqu'il sortirait de table; j'avais à l'entretenir. — Monsieur, vous allez le voir dans l'instant; il a été arrêté dans la pièce précédente, mais il va passer. » Je salue, et je continue mon chemin pour rentrer dans mon appartement. Quelque temps après, Roland y paraît; je lui demande s'il a vu une personne que je lui dépeins, qui paraissait craindre de ne pas le rencontrer? « Oui, c'est M. Haudry. — Quoi! ce ci-devant fermier général, qui a mangé tant de bien? — Lui-même. — Et qu'a-t-il à faire avec le ministre de l'intérieur? — Il a des rapports, à cause de la manufacture de Sèvres, à la tête de laquelle il est placé. » Quel jeu de la fortune! nouveau texte à méditation; j'en avais déjà trouvé un bien grand, lorsque j'entrai, pour la première fois, dans ces appartements qu'habitait madame Necker aux jours de sa gloire; je les occupe pour la seconde fois, et ils ne m'attestent que mieux l'instabilité des choses humaines; mais du moins les revers ne me prendront jamais à l'improviste. — J'étais alors au mois d'octobre; Danton me donnait de la célébrité, en cherchant à diminuer le mérite de mon mari, et il préparait sourdement les calomnies par

lesquelles il voulait nous attaquer tous deux. J'ignorais sa marche, mais j'avais vu celle des choses dans
les révolutions ; je n'ambitionnais que de conserver
mon âme pure, et de voir la gloire de mon mari in-
tacte ; je savais bien que ce genre d'ambition mène
rarement à d'autres succès. Mon vœu est rempli :
Roland, persécuté, proscrit, ne mourra point dans
la postérité ; je suis prisonnière et je périrai probablement victime ; ma conscience me tient lieu de
tout. Il m'arrivera comme à Salomon, qui ne demandait que la sagesse et qui eut encore d'autres
biens ; je ne voulais que la paix des justes, et moi
aussi j'aurai quelque existence dans la génération
future. Mais, en attendant, retournons à Fontenay.
La petite bibliothèque de mes parents m'y fournissait encore quelques ressources ; j'y trouvai tout
Puffendorf, probablement ennuyeux dans son *Histoire universelle*, et plus attachant pour moi dans
ses *Devoirs de l'homme et du citoyen; la Maison
rustique* et divers ouvrages d'agriculture ou d'économie, que j'étudiais faute d'autres, parce qu'il fallait toujours que j'apprisse quelque chose ; les
jolies bagatelles qu'a rimées Bernis, lorsqu'il n'était
pas affublé de la pourpre romaine ; une *Vie de
Cromwel* et mille autres bigarrures. J'ai bien envie
de faire remarquer que, dans cette foule d'ouvrages
que le hasard ou les circonstances avaient déjà fait
passer dans mes mains, et dont j'indique vaguement
ceux que les lieux ou les personnes me rappellent
les premiers, il n'y a point encore du Rousseau :

c'est qu'effectivement je l'ai lu très tard, et bien
m'en a pris, il m'eût rendue folle ; je n'aurais voulu
lire que lui; peut-être encore n'a-t-il que trop fortifié
mon faible, si je puis ainsi parler.

J'ai lieu de présumer que ma mère avait pris quelque soin pour l'écarter; mais son nom ne m'étant
pas inconnu, j'avais cherché ses ouvrages, et je n'en
connaissais que ses *Lettres de la Montagne*, et celle
à Christophe de Beaumont, lorsque je perdis ma
mère, ayant lu alors tout Voltaire et Boulanger, et
le marquis d'Argens, et Helvétius, et beaucoup d'autres philosophes et critiques. Probablement mon
excellente mère, qui voyait bien qu'il fallait laisser
exercer ma tête, ne trouvait pas grand inconvénient
que j'étudiasse sérieusement la philosophie. Ah! mon
Dieu ! que de soins inutiles pour échapper à sa destinée! Le même esprit l'avait dirigée lorsqu'elle avait
empêché que je ne m'adonnasse à la peinture; il la
fit encore s'opposer à ce que j'étudiasse le clavecin,
malgré la plus belle occasion du monde pour cela.
Le voisinage nous avait donné la connaissance d'un
abbé Jeauket, grand musicien, laid comme le péché,
bonhomme, ami de la table; il était né aux environs
de Prague, avait passé plusieurs années à Vienne,
attaché à des grands de la cour, et avait donné
quelques leçons à Marie-Antoinette. Conduit à Lis-
bonne par circonstances, il avait enfin choisi Paris,
pour y manger, dans l'indépendance, les pensions qui
faisaient sa petite fortune. Il désirait extrêmement
que ma mère lui permît de m'enseigner le clavecin;

il prétendait que mes doigts et ma tête auraient
bientôt fait un grand chemin, et que je ne manquerais
pas de m'adonner à la composition : quel dommage,
disait-il, de fredonner sur une guitare avec des
moyens d'inventer et d'exécuter de belles choses sur
le premier des instruments ! — Cet enthousiasme, et
des instances réitérées jusqu'à la supplication, ne
purent vaincre ma mère; quant à moi, toujours
prête à profiter de ce qu'il me serait permis d'apprendre, mais habituée à respecter les décisions de
ma mère, comme à chérir sa personne, je ne demandais jamais rien; d'ailleurs, l'étude, en général,
m'avait offert un champ si vaste, que je né connaissais point les peines de l'oisiveté. Je me disais souvent : lorsque je serai mère à mon tour, ce sera le
cas de faire usage de ce que j'aurai acquis; je ne
pourrai plus étudier; et je me dépêchais d'employer
mon temps, avec crainte d'en perdre une minute.
L'abbé Jeauket voyait de loin en loin des personnes
de bon genre; et lorsqu'il les réunissait, il s'em-
pressait de nous y joindre : j'ai aperçu de cette
manière, parmi quelques individus qui ne valent pas
d'être rappelés, le savant Roussier, l'honnête d'Odi-
mont; mais je n'ai point oublié l'impertinent Paradelle et madame de Puisieux : ce Paradelle était un
grand diable, vêtu en abbé, fat et hâbleur plus qu'aucun sot que j'aie jamais rencontré, qui disait avoir
roulé carrosse sur le pavé de Lyon pendant vingt ans,
et qui, pour ne pas mourir de faim à Paris, faisait
des cours de langue italienne qu'il ne savait guère.

Madame de Puisieux, passant pour l'auteur des *Caractères*, qui porte son nom, conservait à soixante ans, avec un dos voûté, une bouche dégarnie, les petits airs et les prétentions dont l'affectation ne se pardonne guère, même à la jeunesse. Je m'étais figurée qu'une femme auteur devait être un personnage fort respectable, surtout lorsqu'elle avait écrit de la morale : les ridicules de madame de Puisieux me donnèrent à rêver; sa conversation n'annonçait pas plus d'esprit que ses travers ne montraient de jugement; je compris qu'il était possible de faire de la raison pour en montrer, sans en user beaucoup soi-même, et que les hommes qui se moquaient des femmes auteurs, n'avaient peut-être d'autres torts que de leur appliquer exclusivement ce qu'ils partageaient eux-mêmes. C'est ainsi que dans une vie très concentrée je trouvais cependant à fournir mon magasin d'observations; j'étais placée dans la solitude, mais sur les confins du monde, et de manière à distinguer beaucoup d'objets sans être obsédée par aucun. Les concerts de madame Lépine me présentèrent un nouveau point de vue. J'ai déjà dit que Lépine était un élève de Pigalle, auquel il servait de bras droit; il avait épousé à Rome une femme qui, à ce que je présume, avait été cantatrice, que sa famille ici n'avait pas vue d'abord d'un très bon œil, mais qui prouvait, par sa bonne conduite, que ce dédain était mal fondé. Elle avait formé chez elle un concert d'amateurs, composé d'habiles gens, et dans lequel elle n'admettait que ce qu'elle appelait bonne com-

pagnie : il avait lieu tous les jeudis ; ma mère m'y
conduisait assez souvent. C'est là que j'ai entendu
Jarnomick, Saint-George, Dupart, Guérin et beaucoup d'autres ; c'est là que j'ai aperçu de beaux
esprits des deux sexes, mademoiselle de Morville
madame Benoît, Silvain Maréchal, etc., et d'inso-
lentes baronnes, et de jolis abbés, de vieux chevaliers et de jeunes plumets. Quelle plaisante lanterne
magique ! L'appartement de madame Lépine, rue
Neuve-Saint-Eustache, n'était pas fort beau ; la salle
du concert était un peu resserrée, mais elle s'ouvrait
sur une autre pièce dont les grandes portes demeu-
raient ouvertes ; là, rangé en cercle, on avait le
double avantage d'entendre la musique, de voir les
acteurs, et de pouvoir causer dans les intervalles.
Toujours près de ma mère, dans le silence que
l'usage prescrit aux demoiselles, j'étais tout yeux,
tout oreilles ; mais lorsqu'il nous arrivait de nous
trouver dans le particulier avec madame Lépine, je
faisais quelques questions dont les réponses éclairaient mes observations.

Cette dame proposa un jour à ma mère d'aller
dans une assemblée charmante qui se tenait chez un
homme d'esprit que nous avions vu quelquefois chez
elle : il s'y réunissait des personnes éclairées, des
femmes de goût ; on y faisait des lectures agréables ;
c'était vraiment délicieux ! La proposition fut réitérée
avant d'être acceptée : « Voyons cela, disais-je à maman ; je commence à juger assez le monde, pour
présumer que ce doit être, ou fort aimable, ou très

ridicule ; et dans la dernière supposition, il y a toujours de quoi s'amuser une fois. » La partie est arrêtée. Le mercredi était le jour des assemblées littéraires de M. Vâse ; nous nous rendons chez lui, à la barrière du Temple, avec madame Lépine. Nous montons au troisième étage, nous parvenons dans un appartement assez vaste, meublé suivant l'ordonnance ; des chaises de paille, serrées sur plusieurs rangs, attendaient les spectateurs et commençaient à être occupées ; des flambeaux de cuivre, fort sales, éclairaient avec des chandelles ce réduit dont la grotesque simplicité ne démentait point la rigueur philosophique et la pauvreté d'un bel esprit. Des femmes élégantes, de jeunes filles, quelques douairières, force petits poètes, des curieux ou des intrigants formaient la société.

Le maître du logis, placé devant une table qui faisait bureau, ouvrit la séance par la lecture d'une pièce de vers de sa façon ; elle avait pour sujet un joli petit sapajou, que la vieille marquise de Préville portait toujours dans son manchon, et qu'elle fit voir à toute la compagnie ; car elle était présente et crut devoir exposer aux regards empressés de chacun le héros de la pièce. Les bravos et les applaudissements rendirent hommage à la verve de M. Vâse, qui, fort content de lui-même, voulait céder sa place à M. Delpêches, je crois, qui composait, pour le théâtre d'Audinot, de petits drames comiques, sur lesquels il avait coutume de prendre les avis de la société, c'est-à-dire l'encouragement de ses éloges ;

mais il fut empêché ce jour-là, je ne sais si ce fut par un mal de gorge, ou le manque de quelques vers dans plusieurs scènes. Imbert prit donc le fauteuil; Imbert, l'auteur du *Jugement de Pâris*, lut une bagatelle agréable, aussitôt portée aux nues. La récompense était là : mademoiselle de la Cossonière vint, après lui, lire des *Adieux à Colin;* ils étaient, sinon fort ingénieux, du moins assez tendres. On sut d'abord qu'ils s'adressaient à Imbert prêt à partir pour un voyage; les compliments tombèrent à foison : Imbert acquitta sa muse et lui-même, en embrassant toutes les femmes de la société. Cette cérémonie, leste et gaie, pourtant avec décence, ne plut point du tout à ma mère, et me sembla si étrange, que j'en eus l'air embarrassé. Après je ne sais quelle épigramme ou quatrain peu remarquable, un homme à grande déclamation, lut des vers à la louange de madame Benoît. Elle était là; il faut bien dire un mot d'elle pour ceux qui n'ont pas lu ses romans, déjà morts longtemps avant la Révolution, et sur lesquels reposeront des monceaux de cendres, quand on trouvera mes Mémoires.

Albine était née à Lyon, suivant ce que j'ai lu dans l'*Histoire des femmes illustres françaises*, par une société de gens de lettres; histoire où j'ai été tout étonné de trouver des femmes que je voyais par le monde, comme celle-ci, comme madame de Puisieux, madame Champion et autres, dont quelques-unes vivent peut-être encore à l'heure où j'écris, ou n'ont quitté cette demeure terrestre que depuis peu d'années.

Mariée au dessinateur Benoît, elle avait été avec lui à Rome, et y avait mérité l'association à l'académie des Arcades; veuve nouvellement, encore en deuil de son mari, elle était fixée à Paris; elle y faisait des vers et des romans, quelquefois sans les écrire; donnait à jouer, et voyait des femmes de qualité qui payaient en présents d'argent ou de chiffons le plaisir d'avoir à leur table une femme bel esprit.

Madame Benoît avait été belle; les soins de la toilette et le désir de plaire, prolongés au delà de l'âge qui assure d'y réussir, lui valaient encore quelques succès. Je fus moins frappée de l'encens poétique qui lui était prodigué, et des expressions des sage Benoît, chaste Benoît, plusieurs fois répétées dans ces vers, qui lui faisaient porter de temps en temps devant ses yeux un modeste éventail, tandis que quelques hommes applaudissaient avec transports à des éloges qu'ils trouvaient sans doute bien appliqués. Je me rappelai ce que mes lectures m'avaient mise à portée de juger de la galanterie; ce que les mœurs du siècle et les désordres de la cour devaient y ajouter de corruption du cœur, de fausseté de l'esprit; je voyais des hommes efféminés prodiguer leur admiration à des vers légers, à des talents futiles. Je sentais les atteintes du dégoût et de la misanthropie au milieu d'objets qui éveillaient mon imagination, et je rentrais dans ma solitude avec une douce mélancolie. Nous ne retournâmes point chez M. Vâse; j'en avais assez d'une fois, et l'embrassade d'Imbert, l'éloge de madame Benoît auraient guéri ma mère de l'envie de m'y conduire davantage. Le concert du baron de Back, très plaisant, mais parfois aussi très ennuyeux par les prétentions de ce mélomane, ne nous vit guère non plus, malgré les billets, les liaisons que la politesse de madame Lépine nous faisait souvent offrir. La réserve fut la même à l'égard de celui, très nombreux, connu sous le nom des amateurs. Nous y fûmes une fois, accompagnées d'un M. Boyard de Creusy, qui s'était amusé à faire une méthode de guitare dont il avait prié ma mère de permettre qu'il m'offrît un exemplaire; il avait les manières extrêmement honnêtes; je le cite, parce qu'il a eu le bon esprit de penser que dans une situation que le vulgaire regardait encore comme élevée, je verrais avec plaisir les personnes à qui je n'avais pas été inconnue dans ma jeunesse. Il s'est présenté chez moi lorsque j'étais au ministère, et mon accueil a dû lui prouver que j'attachais du prix et de l'agrément au souvenir d'un temps dont je puis m'honorer, comme de toutes les autres époques de ma vie.

Quant aux spectacles, c'était bien pis; ma mère n'y allait jamais : je fus conduite, une seule fois, de son vivant, à l'Opéra et aux Français ; j'avais alors seize ou dix-sept ans. *L'Union de l'Amour et des Arts*, par Floquet, ne me présenta rien, ni dans la musique, ni moins bien, encore, dans le drame, qui fût capable de me faire illusion, et de soutenir l'idée que je m'étais formée d'un spectacle enchanteur : la froideur

du sujet, le décousu des scènes, le peu d'à-propos
des ballets me déplurent ; le costume des danseurs
me choqua davantage ; ils portaient encore des pa-
niers ; je n'ai jamais rien vu de si ridicule : aussi la
critique de Piron des merveilles de l'opéra me pa-
raissait-elle bien supérieure à ce spectacle. Je vis,
aux Français, *l'Écossaise;* ce n'était pas non plus
très propre à m'enthousiasmer ; le jeu de la Du-
mesnil seul me ravit. Il prit quelquefois fantaisie à
mon père de me faire entrer à certains spectacles de
foire ; leur médiocrité me dégoûtait. Je me trouvais
donc prémunie contre le ridicule du bel esprit, précisément comme les enfants de Lacédémone étaient
prémunis contre l'ivresse, par le spectacle de ses
excès ; et mon imagination ne reçut pas les grands
ébranlements que la séduction des spectacles aurait
pu produire, si j'avais assisté à leurs plus belles
représentations ; ce que j'en avais vu me faisait me
contenter de lire les chefs-d'œuvre des grands
maîtres, et d'en savourer à loisir toutes les beautés.

Un jeune homme, fort assidu aux concerts de madame Lépine, avait imaginé de venir de sa part, chez
ma mère, s'informer de nos santés, lorsqu'une
absence un peu longue pouvait faire supposer qu'elles
étaient peut-être altérées. Un ton honnête, une vivacité agréable, de l'esprit, et surtout la rareté des
visites faisaient pardonner cette petite tournure
assez adroitement prise pour avoir entrée dans la
maison ; et enfin Lablancherie hasarda sa déclaration. Mais puisque me voici arrivée à l'histoire des

prétendants, il faut les faire défiler en masse; expression mignonne qui pourra servir de date à mon écrit et rappeler les jours fameux où l'on ordonne tout en masse, en dépit de la plus grande subdivision possible des goûts et des volontés. On n'a point oublié le colosse espagnol, aux mains d'Esaü, ce M. Mignard si poli, dont le nom contrastait plaisamment avec la figure. Après avoir confessé de lui-même qu'il ne pouvait plus rien m'apprendre sur la guitare, il avait demandé la permission de venir quelquefois m'entendre; et il se présentait à des intervalles fort éloignés, sans parvenir toujours à nous rencontrer. Flatté du talent de sa jeune écolière, le regardant comme son ouvrage, et partant de ce principe pour s'attribuer une sorte de droit ou d'excuse, s'étant annoncé comme un noble de Malaga que les malheurs avaient obligé de faire ressource de son savoir en musique, il commença par perdre la tête, et finit par déraisonner pour se justifier à lui-même ses prétentions, d'après quoi il s'arrêta à la résolution de me faire demander en mariage, n'ayant pourtant pas le courage de s'exprimer en personne. Les représentations de celui qu'il avait chargé de cette commission n'ayant pu le faire changer de dessein, elle fut remplie; il s'ensuivit la recommandation de ne plus remettre les pieds à la maison, accompagnée de la politesse qu'on doit aux malheureux. Les plaisanteries de mon père m'apprirent ce qui s'était passé; il aimait à m'entretenir des prières qui lui étaient adressées à mon sujet; et comme il était un peu glorieux, il n'épargnait point les personnages qui prêtaient au ridicule. Le pauvre Mozon était devenu veuf; il s'était fait extirper sa petite loupe, ornement de sa joue gauche; il songeait à prendre cabriolet : j'avais quinze ans; il se trouvait rappelé pour me perfectionner; son imagination s'échauffa ; la bonne opinion de son art ne lui manquait pas; il aurait estimé Marcel fort raisonnable : artiste pour artiste, pourquoi ne se serait-il pas mis sur les rangs? Il fit exposer ses vœux, et fut congédié comme Mi-gnard.

Du moment où une jeune fille atteint l'âge qui annonce son développement, l'essaim des prétendants s'attache à ses pas, comme celui des abeilles bour-donne autour de la fleur qui vient d'éclore.

Élevée d'une manière austère et vivant très retirée, je ne pouvais inspirer qu'un seul projet; et le carac-tère respectable de ma mère, l'apparence de quelque fortune, la qualité de fille unique, pouvaient le rendre très séduisant pour bien des gens.

Ils se présentèrent en foule; et, dans la difficulté d'avoir une entrée, la plupart prenaient le parti d'é-crire à mes parents. Mon père m'apportait toujours les lettres de cette nature. Fort indépendamment de l'énoncé de l'état et de la fortune, la manière dont elles étaient tournées influençait d'abord mon opinion; je me chargeais de tracer le brouillon de la réponse que mon père copiait très fidèlement; je lui faisais con-gédier les demandeurs avec dignité, sans espoir et sans offense. La jeunesse de mon quartier passa ainsi en revue ; je n'eus pas de peine à faire goûter mes refus pour le plus grand nombre. Mon père n'avait guère égard qu'à la richesse ; il avait des prétentions pour moi : ainsi, quiconque était trop nouvellement établi, et dont l'avoir actuel ou les espérances très prochaines n'assuraient pas une grande alliance, n'obtenait point son suffrage ; mais aussi, lorsque ces données étaient favorables, il voyait avec peine que je ne voulusse pas me déterminer. Ici commencèrent à se développer des différences qui n'ont plus fait que s'accroître entre mon père et moi. Il aimait, il estimait le commerce, parce qu'il le regardait comme la source de la richesse ; je le détestais parce qu'il était à mes yeux celle de l'avarice et de la friponnerie.

Mon père sentait bien que je pouvais agréer ce qui tient à des métiers proprement dits, et son amour-propre ne lui eût pas non plus permis d'y songer ; mais il ne concevait pas que l'élégant joaillier, qui ne touche que de belles choses sur lesquelles il fait de gros gains, ne pût me convenir, lorsqu'il se présentait avec une maison déjà bien fondée, qui devait devenir brillante. Cependant l'esprit du bijoutier, comme celui du petit mercier, au-dessus duquel il se croit, et du riche marchand de draps qui s'estime plus qu'eux tous, me semblait tout entier dans la convoitise de l'or, le calcul d'en amasser, la ruse d'en multiplier les moyens ; il est étranger aux idées relevées, aux sentiments délicats par lesquels j'appréciais l'existence.

Occupée dès mon enfance à considérer les rapports de l'homme en société, nourrie de la plus pure morale, familiarisée avec les grands exemples, n'aurai-je vécu avec Plutarque et tous les philosophes que pour m'unir à un marchand, qui ne jugerait ni ne sentirait rien comme moi?

On a vu que ma sage maman voulait que je ne fusse pas plus embarrassée à la cuisine qu'au salon, et au marché qu'à la promenade; je l'accompagnais encore, après mon retour du couvent, dans les acquisitions de ménage qu'elle faisait souvent elle-même; et définitivement elle me chargeait quelquefois de les faire en m'envoyant avec une bonne. Le boucher, qui avait sa pratique, perdit une seconde femme, et se trouva, jeune encore, avec une fortune de cinquante mille écus qu'il se proposait d'augmenter. J'ignorais parfaitement ces particularités, n'apercevant que l'avantage d'être bien servie, avec force honnêtetés; et je m'étonnais beaucoup de voir ce personnage se présenter fréquemment le dimanche à la promenade où nous étions, en bel habit noir et fine dentelle, devant ma mère, à qui il faisait une profonde révérence sans l'aborder. Ce manège dura tout un été; je fus indisposée; chaque matin le boucher envoyait s'informer de ce qu'on pouvait désirer, et faisait offrir les objets de sa compétence : ce soin très direct commença à faire sourire mon père, qui, voulant s'amuser, fit passer près de moi une demoiselle Michon, personne grave et dévote, le jour qu'elle vint cérémonieusement faire la demande au nom du boucher. « Vous savez, ma fille, me dit-il gravement, que j'ai pour principe de ne point gêner votre inclination : voici les propositions qui me sont faites à votre sujet, » et il répète ce que mademoiselle Michon lui avait exprimé. Je me pinçai les lèvres, un peu piquée de ce que la bonne humeur de mon père me donnait la charge d'une réponse qu'il aurait dû faire pour moi. » Vous n'ignorez pas, mon papa, lui répliquai-je en le parodiant, que je m'estime fort heureuse dans ma situation présente, et que j'ai la ferme résolution de ne point la quitter de quelques années ; vous pouvez établir sur cette disposition tout ce que vous croirez convenable, et je me retirai. — Mais vraiment, me dit ensuite mon père dans le particulier, voilà une fort bonne façon d'éloigner tout le monde, que cette raison que tu as été chercher. — J'ai payé votre malice, mon papa, par une généralité très convenable dans la bouche d'une jeune fille, et je vous ai laissé la charge d'un refus en règle que je ne dois pas prendre sur moi. — C'est fort bien se tirer d'affaire ; mais dis-moi donc ce qui te conviendra ? — Ce pour quoi vous m'avez élevée en m'apprenant à réfléchir, et en me laissant contracter des habitudes studieuses. Je ne sais quel est l'homme à qui je me donnerai, mais ce ne sera jamais que celui avec lequel je pourrai communiquer et partager mes sentiments comme mes pensées. — On trouve, dans le commerce, des hommes qui ont de la politesse et de l'instruction. — Oui, mais non pas de celles à mon usage : leur politesse consiste en quelques phrases ou révérences ; leur savoir se rapporte toujours au coffre-fort, et ne m'aiderait guère pour l'éducation de mes enfants. — Tu les élèverais toi-même. — Cette tâche me paraîtrait rude si elle n'était partagée par celui qui leur aurait donné le jour. — Crois-tu que la femme de Lempereur ne soit pas heureuse ? ils viennent de quitter le commerce ; ils achètent de grandes charges ; ils ont un bel état de maison et voient chez eux bonne société. — Je ne suis pas juge du bonheur d'autrui, et je n'attache point le mien à l'opulence ; je ne conçois de félicité dans le mariage que par la plus intime union du cœur ; je ne puis me lier qu'à qui me ressemble, et encore faut-il que mon mari vaille mieux que moi ; car la nature et les lois lui donnant de la supériorité, j'en aurais honte s'il ne la méritait véritablement. — Il te faudra quelque avocat ? Les femmes ne sont pas trop heureuses avec ces gens de cabinet ; ils ont de la morgue et fort peu d'argent. — Mais, mon Dieu ! mon papa, je n'apprécie qui que ce soit par sa robe ; je ne vous dis point que je veux telle ou telle profession, mais un homme que je puisse aimer. — Mais, à t'entendre, cet homme-là ne peut point se trouver dans le commerce ? — Ah !... j'avoue que cela me paraît bien difficile : je n'y ai aperçu personne de mon goût, et l'état en soi me répugne. — C'est pourtant chose fort douce que d'être tranquille dans son appartement, tandis que le mari fait de bonnes affaires. Vois madame d'Argens ; elle connaît les diamants aussi bien que son mari, elle conclut aussi

des marchés avec les particuliers; elle continuerait
le commerce lors même qu'elle deviendrait veuve:
leur fortune est considérable; ils sont de cette compagnie qui vient d'acheter Bagnolet. Tu as de l'intelligence; tu connais même cette partie depuis que tu
as lu le traité que j'ai sur les pierres précieuses; tu
inspirerais de la confiance; tu ferais ce que tu voudrais : tu aurais une vie agréable, si tu avais voulu
de Delorme, Dabreuil, ou Lobligeois! — Tenez, papa,
j'ai trop bien vu qu'on ne réussissait dans le
commerce qu'en vendant cher ce qu'on avait acheté
bon marché; qu'en surfaisant beaucoup et ran-
çonnant le pauvre ouvrier; je ne saurai jamais me
prêter à rien de semblable, ni respecter celui qui
s'en occupe du matin au soir : or, je veux être honnête femme; et comment serais-je fidèle à l'homme
dont je ne tiendrais nul compte, en admettant que
j'eusse pu l'épouser? Vendre des diamants ou des
petits pâtés me semble à peu près la même chose,
si, ce n'est que ceux-ci ont leur prix fait, qu'on y
trompe peut-être moins, mais qu'on se salit davantage; je ne me soucie pas plus de l'un que de l'autre.
— Crois-tu donc qu'il n'y ait point d'honnêtes gens
dans le commerce ? — Je ne veux pas décider cela;
mais je suis persuadée qu'il n'y en a guère; et encore
ces honnêtes gens-là n'ont point tout ce qu'il me
faut dans un mari. — Tu t'es rendue bien difficile;
et si tu ne trouves pas ta chimère ? — Je mourrai
fille. — Cela serait peut-être plus dur que tu ne
penses; au reste, tu as le temps d'y songer; mais

l'ennui vient un jour, la foule n'y est plus, et tu sais la fable ! — Oh ! je me vengerai à mériter le bonheur, de l'injustice qui m'en tiendrait privée. — Te voilà dans les nues ; il y fait beau quand on peut y monter, mais il n'est pas aisé de s'y tenir : songe toujours que j'aimerais à avoir des petits-enfants avant d'être trop vieux. »

Je prenais alors un peu de mélancolie en considérant mon entourage, où je n'apercevais rien à la ronde capable de s'assortir à mes goûts : ce sentiment n'était pas durable ; je me sentais un bonheur actuel, et je couvrais l'avenir d'une espérance vague ; c'était la plénitude d'un bien-être qui reflue jusqu'au futur en délivrant de toute inquiétude. « Sera-ce pour cette fois, mademoiselle, me dit un jour mon père, avec une gravité feinte et l'air de satisfaction qu'il avait toujours quand il recevait quelque demande ? lisez cette lettre. » Elle était fort bien écrite pour la peinture et pour le style, et me fit monter le rouge au visage. M. Morizot de Rozain exprimait d'assez belles choses ; mais il faisait remarquer que son nom se trouvait dans le nobiliaire de sa province : il me parut fat ou maladroit de faire parade d'un avantage que je n'avais point, et qu'on ne devait pas présumer que je cherchasse. « Il n'y a point encore là sujet d'examen, dis-je en secouant la tête ; cependant il faut faire causer le personnage ; encore une ou deux lettres, et j'aurai vu le fond du sac ; je vais préparer une réponse en conséquence. » Toutes les fois qu'il s'agissait d'écrire, mon père était d'une docilité charmante, et me copiait sans difficulté. Je m'amusais à faire le papa; je traitais mes propres intérêts avec tout le sérieux que la chose méritait, et enfin, comme pour moi-même, dans le style et la sagesse de la paternité. Il y eut jusqu'à trois lettres explicatives de M. de Rozain; je les ai gardées longtemps, parce qu'elles étaient fort bien faites! elles m'ont prouvé qu'il ne suffisait pas encore de l'esprit pour me convenir, s'il n'y avait supériorité de jugement, et cette âme que rien ne supplée ni ne dépeint, mais dont l'accent se fait d'abord sentir. D'ailleurs, Rozain n'avait rien que le titre d'avocat; ma fortune présente ne pouvait suffire à deux, et il n'offrait point la réunion de qualités qui pût faire désirer de surmonter cet obstacle.

En annonçant la levée en masse de mes prétendants, je n'ai pas promis de les nommer tous, et l'on m'en tiendra quitte aisément; je n'ai voulu faire connaître que la singularité de cette situation qui me faisait rechercher de beaucoup de gens dont je ne connaissais pas toujours même la figure. Je remarquais bien quelquefois, à l'église ou à la promenade, de nouveaux visages dont j'étais observée ou suivie, et je me disais en moi-même : « J'aurai bientôt quelque réponse à faire pour mon papa ! » Mais je n'ai jamais vu d'extérieur qui m'ait séduite ou frappée.

J'ai dit que Lablancherie avait eu l'espoir de s'introduire à la maison, et de sentir apparemment qu'avant de se déclarer, il fallait chercher à se faire goûter. Fort jeune encore, Lablancherie avait déjà voyagé, beaucoup lu, et même imprimé : son ouvrage ne valait pas grand'chose; mais il y avait force morale, et de saines idées. Lablancherie, petit, brun et assez laid, ne disait rien du tout à mon imagination; mais son esprit ne me déplaisait point, et je croyais m'apercevoir que ma personne lui plaisait beaucoup. Un soir, revenant avec ma mère de visiter nos grands parents, nous trouvâmes mon père un peu rêveur : « J'ai du nouveau, nous dit-il en souriant; Lablancherie sort d'ici, où il a passé plus de deux heures; il m'a fait ses confidences; et comme elles vous regardent, mademoiselle, il faut bien vous en faire part (la conséquence n'était pas trop rigoureuse, mais enfin mon père avait coutume de la tirer). Il t'aime, et s'est offert pour mon gendre; mais il n'a rien, et ce serait une folie que je lui ai fait sentir. Il suit le barreau ; il aurait le projet d'acheter quelque charge de magistrature : sa légitime ne serait pas suffisante pour cela; il s'est imaginé que s'il pouvait nous convenir, la dot de sa femme suppléerait à ce qui lui manque, et que ma fille étant seule, le jeune ménage pourrait demeurer avec nous dans les premières années. Il m'a dit sur tout cela de fort belles choses qui s'arrangent très bien dans de jeunes cervelles; mais il faut du plus solide à des parents prudents. Qu'il commence un cabinet, ou achète une charge; qu'il se fasse un état enfin, nous verrons après; il sera temps pour le mariage ensuite; ce serait une extravagance que de se marier préliminairement. D'ailleurs, resterait à examiner la personne; mais de bonnes informations seraient bientôt prises. J'aimerais mieux qu'il ne fût pas gentilhomme et qu'il eût une quarantaine de mille écus. » Quelques questions de ma mère, et de sages réflexions sur tout ce qu'il fallait envisager avant de se prévenir pour personne, me dispensèrent de rien dire, mais non de rêver.

Les propositions du jeune homme n'étaient pas déraisonnables : je me sentais disposée à le voir et l'étudier avec plus d'intérêt et de curiosité. Les occasions n'en furent pas fréquentes; plusieurs mois s'écoulèrent; Lablancherie partit pour Orléans, et je ne le revis que deux ans après. Dans cette intervalle, je fus sur le point d'épouser le médecin Gardanne; une de nos parentes avait pressé ce mariage. Madame Desportes, née Provençale, avait été mariée à Paris dans le commerce; demeurée veuve très jeune, avec une fille unique, elle avait continué de faire ce commerce de bijoux que mon père trouvait si agréable. De l'esprit, de l'honnêteté, beaucoup d'adresse et un excellent ton la faisaient généralement considérer; on eût dit qu'elle ne se chargeait d'affaires que pour obliger les personnes qui s'adressaient à elle. Sans sortir de son appartement, fort bien tenu, et où elle recevait une société décente, dont faisaient quelquefois partie les individus mêmes qui cherchaient des acquisitions pour satisfaire leur luxe ou l'usage, elle maintenait sa petite fortune et son aisance sans perte et sans accroissement. Très avancée en âge, elle était secondée par sa fille, dont le tendre attachement lui avait fait rejeter tout établissement, pour demeurer avec sa mère dans l'union la plus intime.

Gardanne était du pays de madame Desportes; l'esprit naturel, la vivacité méridionale, de bonnes études et l'extrême envie de réussir promettaient que ce jeune docteur pousserait assez loin un chemin déjà bien commencé. Madame Desportes, qui l'accueillait avec cette bonté protectrice qui seyait à son caractère, à son âge, et qu'elle avait l'art de rendre aimable, imagina d'en faire le mari de sa petite cousine : elle mourut avec ce projet, que sa fille résolut d'exécuter.

Gardanne souhaitait et craignait de se lier; il ne s'était point, comme ma tête romantique, attaché à l'unique idée des convenances personnelles; il comptait tout. J'avais seulement vingt mille livres en mariage; mais les espérances rachetaient la modicité de la dot; les conditions pécuniaires furent faites avant que je ne susse rien; le marché était conclu lorsqu'on me parla d'un médecin à épouser. L'état me convenait; il promettait un homme éclairé; mais il fallait connaître sa personne. On arrangea une promenade au Luxembourg; la pluie devait prendre en chemin et survint, ou bien on la craignit : on se réfugia chez une amie de madame Desportes, mademoiselle de la Barre, qui fut ravie de la circonstance, et nous offrit une collation, durant laquelle son médecin et son compatriote vint tout juste lui faire une visite.

On s'examine beaucoup de part et d'autre, sans avoir, pour mon compte, l'air d'y regarder, mais sans laisser rien échapper néanmoins. Ma cousine était triomphante, comme si elle eût dit : « Je ne l'avais pas annoncée jolie: mais que vous en semble ? » Ma bonne mère avait l'air tendre et rêveur; mademoiselle de la Barre faisait de l'esprit, et merveilleusement les honneurs de ses confitures et de mille bonbons; le médecin babillait assez, croquait des sucreries, disant, moitié par une galanterie qui sentait un peu les bancs de l'école, qu'il aimait beaucoup la douceur, à quoi la jeune fille observa d'une voix timide, avec quelque rougeur et un léger sourire, qu'on accusait les hommes de l'aimer beaucoup, parce qu'ils avaient grand besoin qu'on en usât toujours avec eux. Le fin docteur parut émoustillé de l'épigramme. Mon père aurait volontiers déjà donné sa bénédiction; il était si poli que j'en enrageais. Le médecin se retira le premier, pour faire ses visites du soir; nous retournâmes comme nous étions arrivés, et voilà ce qu'on appelait une entrevue. Mademoiselle Desportes, grande observatrice des formes, avait ainsi tout arrangé, parce que dans une maison qui n'est point ouverte, et où se trouve une jeune fille, un homme qui a des vues de mariage ne doit mettre le pied que quand il est accepté; mais aussi cela fait, le contrat doit se dresser d'abord, et la célébration suivre immédiatement: c'était la loi et les prophètes. Un médecin dans son costume n'est jamais séduisant pour une jeune personne; je n'ai su, dans aucun temps de ma vie, me représenter l'amour en perruque. Gardanne avec ses trois marteaux, son air doctoral, son accent du midi, ses sourcils noirs très rapprochés, avait l'air beaucoup plus propre à conjurer la fièvre qu'à la donner. Mais je sentais cela, sans faire alors cette réflexion; j'avais, du mariage, des idées si austères, que je ne voyais pas dans sa proposition le plus petit mot pour rire. « Eh bien, me demanda doucement ma bonne mère, comment trouves-tu cette personne; te conviendra-t-elle ? — Maman, je ne puis savoir cela si vite. — Mais tu peux bien dire si elle t'inspire de la répugnance ? — Ni répugnance ni goût; l'une ou l'autre pourrait naître. — Comment ! il faut pourtant savoir que répondre si l'on vient faire la demande en règle. — Et cette réponse engagera-t-elle ? — Mais quand on a donné sa parole à un honnète homme, assurément il faut la tenir. — Et s'il déplaît ? — Une fille raisonnable, qui ne se détermine point par caprice, dès qu'elle a pesé les motifs d'une si grande résolution, ne revient point après l'avoir prise. — Il s'agit donc de se décider sur cette entrevue ? — Ce n'est pas cela précisément : les relations de M. Gardanne avec la famille permettent de juger son existence, ses mœurs; quelques informations pourront aider à estimer son caractère; ainsi, voilà les bases principales pour établir une détermination; la vue de la personne n'est plus que pour de légères convenances. — Ah ! maman, je ne suis pas pressée de me marier. — Je le crois, mon enfant; mais tu es destinée à t'établir, et tu es à l'âge le plus convenable pour cela: tu as refusé beaucoup de partis dans le commerce, tu parais décidée à ne point vouloir d'un mari qui soit dans cet état; le parti qui se présente te convient par tous les rapports extérieurs; prends garde à ne point le rejeter légèrement. — Il me semble que j'ai le temps d'y songer; M. Gardanne lui-même n'est peut-être pas décidé; car enfin il ne m'avait jamais vue. — J'en conviens; mais si tu n'as que cette excuse, elle pourrait n'être pas de longue durée; au reste, je n'exige pas une réponse à cet instant; tu feras tes réflexions, et tu me les communiqueras dans deux jours. » En me disant ces mots, ma mère me baisa le front et me laissa rêver.

La raison et la nature se réunissent si bien pour convaincre une jeune fille sage et modeste qu'elle doit se marier, que la délibération à cet égard ne peut jamais s'établir que sur le choix du sujet. Je réfléchis que mon acceptation provisoire ne saurait m'engager absolument; qu'il était absurde de me supposer liée, parce que j'aurais consenti à voir chez mon père l'homme qui se présenterait pour m'épouser; et je sentais fort bien que s'il me déplaisait, aucune considération ne me déciderait à terminer. J'arrêtai donc en moi-même de ne pas dire non, et de me réserver l'examen.

Nous étions sur le point de partir pour la campagne où nous devions passer quinze jours; je trouvais qu'il n'aurait pas été digne de remettre le voyage dans l'attente d'un épouseur; ma mère était de mon avis; mais, avant notre départ, mademoiselle de la Barre arrive un beau jour dans le grand costume, faire ce qu'on appelait la demande au nom du docteur. Mes parents répondirent les généralités d'usage quand on accepte, avec le sous-entendu de la réflexion: on réclama la permission pour le demandeur de présenter ses devoirs en personne; elle fut accordée. Mademoiselle Desportes, toujours mesurée, conclut qu'elle devait l'amener, et une collation de famille, où mademoiselle de la Barre et une de mes parentes se trouvèrent aussi, signala l'entrée cérémonieuse du personnage dans la maison paternelle. Nous partîmes le lendemain pour la campagne, afin d'y passer précisément le temps de ce qu'on appelle les informations. Cette seconde entrevue ne me toucha guère plus que la première; mais je vis dans Gardanne un homme d'esprit avec lequel une femme qui pense pouvait vivre; et, dans mon expérience, je calculais que dès qu'il était possible de raisonner et de s'entendre, il y avait fonds pour le bonheur en mariage. Ma mère craignait d'apercevoir chez lui les indices d'un caractère impérieux; cette idée ne me frappait point: habituée à m'étudier moi-même, à régler mes affections, à commander à mon imagination; pénétrée de la rigueur et de la sublimité des devoirs d'épouse, je ne voyais pas du tout ce qu'un caractère un peu plus ou un peu moins doux aurait à faire avec moi et pourrait exiger de plus que moi-même. Je raisonnais en philosophe qui calcule, et en solitaire qui ne connaît ni les hommes ni les passions. Je prenais mon cœur paisible et affectueux, généreux et franc, pour la mesure commune de la moralité de mon espèce. J'ai commis cette faute pendant longtemps; elle a été la source unique de mes erreurs. Je me hâte de le faire observer; c'est donner à l'avance la clef de mon secrétaire. Je portai à la campagne une sorte d'inquiétude; ce n'était pas cette douce agitation que son ravissant spectacle avait coutume de m'inspirer, et par laquelle je savourais plus voluptueusement encore ses charmes touchants. Je me sentais à la veille d'une situation nouvelle; j'allais quitter, peut-être, mon excellente mère, mes études chéries, mon aimable retraite, une sorte d'indépendance enfin, pour un état que je ne définissais pas bien; j'éprouvais le désir et la crainte de l'incertitude. Mademoiselle Desportes m'avait fait promettre de lui donner de mes nouvelles; j'acquittai ma parole; mais sur la fin de la quinzaine, j'appris qu'elle avait un grand chagrin. Mon père, qui prenait les choses à la lettre, n'aurait pas cru bien marier sa fille et remplir les devoirs de la paternité, s'il n'eût pris, en toute règle, ce qu'il appelait des informations. Gardanne était présenté par une de nos parentes qui le connaissait d'origine et d'habitude; tous les renseignements possibles avaient été donnés; n'importe, mon père avait écrit, dès le commencement de l'affaire, en Provence, à trois ou quatre personnes, pour s'informer des plus petites particularités concernant la famille et la personne du docteur : sa vigilance ne se borna pas là dans notre absence; il employa de petits moyens pour juger par ses domestiques ou ses fournisseurs, de l'humeur et de la façon de vivre de son gendre futur : ce n'est pas tout, il alla lui rendre visite; et, avec une adresse égale à celle qu'il employait dans ses informations, laissant voir à tout le monde pourquoi il les prenait, il voulut lui paraître bien instruit; il lui cita fort gauchement, comme un homme qu'il devait considérer, un compatriote avec lequel il était brouillé; il joignit à ses remarques des conseils prématurés, avec l'accent paternel. Gardanne reçut à la fois, et des lettres de son pays où on le plaisantait des recherches auxquelles il donnait lieu, et des avis de l'examen scrupuleux qui se faisait autour de lui, et enfin l'exhortation pédagogue de son beau-père prétendu. Désolé, piqué, aigri, il va chez mademoiselle Desportes, se plaint, avec la vivacité méridionale, des procédés étranges d'un homme dont la fille très désirable a le tort d'avoir un père si singulier; mademoiselle Desportes, aussi vive et très fière, ne trouve pas bon que l'on soit assez peu épris de sa cousine pour se plaindre de ces petits désagréments, et le reçoit assez mal. Du moment où ces détails parvinrent à ma connaissance, je saisis avec empressement l'occasion de sortir de mon incertitude, et j'écrivis que j'espérais à mon retour ne plus revoir la personne. Ainsi se dénoua un mariage que l'on se proposait tellement de précipiter, que Gardanne avait compté terminer dans la huitaine qui aurait suivi mon retour : je m'applaudis d'échapper à un lien qu'on aurait voulu serrer si brusquement; ma mère, effrayée de la vivacité du docteur, respira comme délivrée de craintes, en s'affligeant un peu d'autre part; mon père tâcha de dissimuler quelque honte ou dépit sous le voile d'une grande dignité; ma cousine conserva toute la sienne en éloignant le docteur de sa maison.

La santé de ma mère vint insensiblement à s'altérer; elle avait eu une attaque de paralysie qu'on avait adoucie à mes yeux du nom de rhumatisme, d'accord avec elle, qui ne s'abusait point, et qui voulait que je ne prisse pas d'inquiétude. Sérieuse et taciturne, elle perdait chaque jour de sa vivacité; elle aimait à se concentrer, et m'obligeait à sortir quelquefois avec ma bonne, sans vouloir quitter son appartement. Elle me parlait souvent de mon établissement, et regrettait que je ne pusse me décider pour les partis qui se présentaient. Un jour entre autres elle me pressait avec mélancolie pour accepter un honnête commerçant de bijoux qui m'avait demandée : « Il a pour lui, me disait-elle, la réputation d'une grande probité, des mœurs réglées et douces, une fortune agréable qui peut devenir brillante; et cet accessoire fait partie du mérite d'un homme médiocre. Tu le conduirais. — Eh! maman, je ne veux point du tout d'un homme que je conduise; ce serait un trop grand enfant. — Mais sais-tu qu'on pourrait te trouver bien singulière; car enfin, tu ne voudrais pas non plus d'un maître? — Entendons-nous, chère maman; je ne veux point d'un homme qui me commande, il ne m'apprendrait qu'à résister; mais je ne veux pas non plus avoir besoin de gouverner un mari. Ou je me suis bien trompée, ou ces individus qui ont cinq pieds de haut, avec de la barbe au menton, ne manquent guère de faire sentir qu'ils sont les plus forts. — J'entends; tu voudrais subjuguer quelqu'un qui se crût bien le maître en faisant ta volonté. — Ce n'est pas cela non plus; ma raison a bien assez à faire de moi-même. Je veux inspirer quelqu'un digne de mon estime, tel que je puisse m'honorer de mes complaisances, et qu'il trouve son bonheur à faire le mien, suivant ce que sa sagesse et son affection lui montreront de convenable. — Le bonheur, mon enfant, ne se compose pas toujours de cette perfection que tu imagines; s'il n'existait point sans elle, il serait nul dans tous les mariages. — Je n'en connais pas non plus que j'envie. — Soit; mais, dans ces mariages que tu n'envies point, il peut cependant y en avoir de préférables à demeurer toujours fille. Je puis mourir plus tôt que tu n'imagines; tu resterais seule avec ton père; il est encore jeune, et tu ne te représentes point tous les chagrins que ma tendresse pour toi redoute : combien je serais tranquille, si je te laissais unie à un honnête homme avant de quitter ce monde! » Ces dernières idées m'accablèrent de douleur : ma mère semblait lever un voile redoutable sur un avenir sombre et effrayant que je n'avais pas même soupçonné : je n'avais jamais songé que je dusse la perdre; le seul aperçu de cette perte, dont elle me parlait comme si elle eût été prochaine, me pénétra de terreur; un frisson terrible se promenait à la surface de mon corps; je fixai sur elle des yeux égarés, dont son sourire fit couler des pleurs. « Eh quoi! tu t'alarmes, comme s'il ne fallait pas, dans les résolutions à prendre, calculer les possibles! Je ne suis point malade, mais c'est dans l'état de santé qu'il faut s'occuper du contraire; l'occasion présente m'y engage particulièrement. Un bon et digne homme t'offre sa main; tu as passé vingt ans; tu ne verras plus autant de prétendants qu'il s'en est présenté; ne refuse pas un mari qui te chérira et avec qui tu seras heureuse. — Oui, maman, m'écriai-je avec un profond soupir, d'un bonheur comme le vôtre! » Ma mère se troubla, ne me répondit rien, et ne m'ouvrit plus la bouche de ce mariage ni d'aucun autre, du moins pour me presser. Le mot m'avait échappé comme s'échappe l'expression d'un sentiment vif que l'on n'a point réfléchi; l'effet qu'il produisit m'avertit de sa trop grande justesse.

Je m'apercevais que mon père avait perdu, par degré, ses habitudes laborieuses; les affaires de sa communauté l'ayant d'abord distrait, lui donnèrent ensuite le besoin de quitter plus souvent son logis; insensiblement la dissipation l'entraîna; tout ce qui faisait au dehors spectacle ou événement l'attirait; le goût du jeu s'en mêla; des liaisons, faites au café, le conduisirent ailleurs; l'appât de la loterie le séduisit. L'envie de faire fortune lui ayant fait tenter des entreprises de commerce, étrangères à son art, et qui n'avaient pas été toujours heureuses, cette envie, lorsqu'il perdit l'habitude de l'occupation, lui fit faire des sacrifices au hasard. A mesure qu'il exerçait moins son talent, il en perdait une partie; ses facultés diminuèrent, et, dans une vie moins réglée, sa vue baissa, sa main perdit de sa fermeté. Ses jeunes gens, moins surveillés par leur maître, le remplaçaient toujours plus mal; bientôt il fallut diminuer leur nombre, parce que la vogue dut se porter ailleurs. Ces changements s'opérèrent par degrés imperceptibles, et leur effet devint très sensible avant qu'on eût calculé toute sa portée. Ma mère, très rêveuse, commençait à me dire quelquefois, à moitié, ses inquiétudes; je craignais de les exciter, en lui parlant de ce qu'elle et moi ne pouvions changer. Je mettais mes soins à lui faire goûter toute la douceur qui dépendait de moi; elle était devenue très paresseuse à marcher; je faisais le sacrifice de la quitter pour sortir avec mon père, que je priais de me conduire à la promenade; il ne me cherchait plus, comme autrefois, pour m'avoir avec lui; mais il avait encore du plaisir à m'accompagner, et je le ramenais avec une sorte de triomphe à cette bonne maman, dont je voyais tout l'attendrissement quand nous étions réunis. Nous n'y gagnions pas toujours; car pour ne point refuser à sa fille, et ne pas manquer à ses autres plaisirs, lorsque mon père m'avait déposée au logis, il sortait de nouveau, pour un instant, disait-il; mais au lieu de revenir souper, il oubliait l'heure et rentrait à minuit. Nous avions pleuré en silence; et s'il m'arrivait à son retour de lui présenter notre chagrin, il prenait les choses légèrement, en écartant mes douces plaintes par des plaisanteries, ou il se retirait avec le silence du mécontentement. Le bonheur domestique s'ensevelissait sous ces nuages; mais la paix n'était point altérée, et des yeux indifférents n'auraient point aperçu les changements qui se faisaient chaque jour.

Ma mère souffrait beaucoup depuis plus d'un an d'une sorte d'enchifrènement, qui ressemblait à un rhume de cerveau, et dont les médecins n'avaient pu deviner la cause; après divers remèdes, ils conseillèrent surtout l'exercice, qu'elle n'aimait plus guère, et le bon air de la campagne. Nous étions à la veille des fêtes de Pentecôte de l'année 1775; il fut décidé que nous irions passer ces fêtes à Meudon. Je ne m'éveillai point, le matin du dimanche, comme j'avais coutume de faire lorsqu'il s'agissait de ces parties champêtres; j'étais accablée d'un sommeil pénible et interrompu de rêves sinistres; il me semblait que nous revenions à Paris par eau, battus de l'orage, et qu'au sortir de la galiote où nous étions, un cadavre que l'on en tirait s'opposait à notre passage : ce spectacle me glaçait d'effroi; je cherchais ce qu'était ce triste cadavre. — Au même instant, ma mère me touchant légèrement les jambes sur mon lit, et m'appelant de sa voix douce, fit évanouir mon songe; je fus ravie de la voir, comme si elle m'eût tirée du dernier péril : je tendis mes bras vers elle, et je l'embrassai avec attendrissement, en lui disant qu'elle me faisait grand bien de m'éveiller. Je saute à bas du lit, nous faisons nos dispositions, nous sommes partis. Le temps était beau, l'air calme, un petit batelet nous eut bientôt conduits à notre destination, et les délices de la campagne me rendirent ma sérénité. Ma mère se trouvait bien du voyage; elle reprit quelque activité; ce fut le second jour que nous découvrîmes Ville-Bonne et le Fontainier du Moulin-Rouge. J'avais promis à mon Agathe d'aller la voir le lendemain des fêtes; nous étions de retour le mardi soir : ma mère s'était proposée de m'accompagner au couvent; mais l'exercice des jours précédents l'ayant un peu fatiguée, elle changea de dessein au moment du départ, et me fit accompagner par ma bonne. Je voulus rester alors; elle insista pour que j'acquittasse ma parole, ajoutant que je savais bien qu'elle restait volontiers seule, et que si je voulais faire un tour au Jardin du Roi, je pourrais en prendre le plaisir.

Je vis Agathe; je la quittai promptement. « Pourquoi partir si vite, me disait-elle; tu es donc attendue? — Non; mais je me sens pressée de retourner près de maman. — Tu m'as dit qu'elle se portait bien? — C'est vrai; elle ne m'attend pas non plus, et je ne sais quoi me tourmente, j'ai besoin de la revoir. » En disant ces mots, mon cœur se gonflait malgré moi.

On imaginera peut-être que ces circonstances sont ajoutées par l'effet d'un sentiment qui se réfléchit, et qui prête sa teinte aux objets qui l'ont précédé; je ne suis qu'historien fidèle, et je rapporte des faits que l'événement seul m'a rappelés ensuite.

En méditant ce qui pouvait donner lieu à ce qu'on appelle des pressentiments, j'ai cru qu'ils se réduisaient à cet aperçu rapide de gens qui ont l'esprit vif et le sentiment exquis, d'une foule de choses imperceptibles qu'on ne saurait même désigner, qui sont plutôt senties que jugées.

Plus est vif l'intérêt que nous inspire un objet, plus nous avons de ces aperçus physiques, si je puis ainsi dire, qui s'appellent ensuite des pressentiments, et que les anciens regardaient comme des augures ou des avis des dieux.

Ma mère était pour moi l'objet le plus chéri; elle approchait de sa fin, sans qu'aucun signe extérieur l'annonçât à des yeux vulgaires : mon attention n'avait rien distingué qui me fît juger ce coup affreux; mais il y avait sans doute en elle des altérations légères, qui m'agitaient à mon propre insu. Je ne pouvais pas dire que je fusse inquiète, je n'aurais su de quoi; mais je me sentais troublée; mon cœur se serrait parfois lorsque je la fixais, et j'éprouvais loin d'elle un malaise qui ne me permettait pas d'y rester. Je quittai Agathe d'un air si singulier, qu'elle me pria de lui donner de mes nouvelles : je revins précipitamment, malgré les observations de ma bonne, qui trouvait que l'heure

aurait été bien agréable pour une promenade au
Jardin du Roi : j'approche de la maison; je trouve
à la porte une jeune fille du voisinage, qui s'écrie,
en me voyant : « Ah! mam'selle, votre maman s'est
trouvée bien mal; elle est venue chercher ma mère,
qui a monté dans son appartement avec elle. »
Frappée de terreur, je jette quelques sons inarti-
culés; je vole, me précipite; je trouve ma mère dans
un fauteuil, la tête abandonnée, les bras tombants,
l'œil égaré, la bouche entr'ouverte : à ma vue, son
visage se ranime; elle veut parler; sa langue
enchaînée, profère difficilement des mots impar-
faits : elle veut dire qu'elle m'attend avec impatience; elle fait effort pour soulever ses bras; un
seul obéit à l'impulsion de sa volonté : elle porte sa
main sur mon visage, essuie, de ses doigts, les
larmes qui le couvrent, les passe doucement sur
mes joues, comme pour me calmer; l'intention du
sourire se dessine dans sa physionomie; elle essaye
de parler... inutiles tentatives! la paralysie épaissit
sa langue, accable sa tête, anéantit la moitié de son
corps. L'eau de mélisse, le sel dans la bouche, les
frictions ne produisaient aucun effet; en un instant,
j'avais expédié du monde pour chercher le médecin
et mon père; j'avais, avec la rapidité de l'éclair, été
prendre moi-même deux grains d'émétique chez
l'apothicaire le plus voisin : le médecin était arrivé,
ma mère était au lit; les remèdes s'administraient et
les progrès du mal se faisaient avec une effroyable
rapidité; les yeux étaient fermés, la tête penchée sur

la poitrine, ne pouvait plus se lever; une respiration forte et précipitée, annonçait l'accablement universel; cependant, elle entendait ce qu'on lui disait; et lorsqu'on lui demandait si elle souffrait, elle portait la main gauche sur son front, comme pour indiquer le siège de la douleur. J'étais dans une activité inexprimable; j'ordonnais tout, et je l'avais toujours fait avant qu'on l'eût exécuté; je paraissais ne pas quitter le chevet du lit, et je préparais ce qui était nécessaire. A dix heures du soir, je vois que le médecin prend à part quelques femmes et mon père; je veux savoir ce qu'il propose; on me dit qu'on est allé chercher l'extrême-onction : je crois rêver; un prêtre arrive, il prie, je tiens machinalement un flambeau; droite au pied du lit, sans répondre et sans céder à ceux qui veulent me déplacer, les yeux fixés sur ma mère mourante et adorée; absorbée dans un sentiment unique, qui suspend enfin toutes mes facultés, le flambeau s'échappe de ma main; je tombe sans connaissance : on m'enlève; je me retrouve, après quelque temps, dans le salon voisin de sa chambre, environnée de personnes de ma famille; je tourne les yeux vers la porte; je me lève, on me retient; je fais des gestes suppliants pour obtenir la permission de retourner... Un silence triste, une opposition morne et constante me contrarient continuellement; je retrouve des forces; je prie, j'éclate, on est impitoyable; j'entre dans une espèce de rage... A l'instant, mon père paraît; il est blême et silen-

cieux : on a l'air de lui faire une demande tacite;
il répond par un mouvement des yeux, qui fait jeter
des hélas! gémissants. Je me dérobe à la surveillance de mes gardiens frappés : je sors impétueuse-
ment : ma mère!... elle n'était plus! Je soulève
ses bras; je ne puis le croire; j'ouvre et referme
alternativement ces yeux qui ne me reverront plus,
et qui se fixaient sur moi avec tant de tendresse :
je l'appelle; je me jette sur son lit avec transport;
je pose mes lèvres sur les siennes; je les entr'ouvre;
je cherche à aspirer la mort; j'espère la gagner
avec mon souffle et pouvoir expirer sur l'heure. Je
ne sais pas bien ce qui suivit; je me souviens que,
sur le matin, je me vis chez un voisin, où parut
M. Bernard, qui me fit porter dans une voiture
et emmener chez lui. J'arrive; ma grand'tante
m'embrasse en silence, me met devant une petite
table, et me sert quelque chose à boire, en me
priant beaucoup de le prendre; je veux la satisfaire,
et je m'évanouis. On me met au lit; j'y ai passé
quinze jours entre la vie et la mort, dans des convulsions effrayantes. La souffrance physique dont
je me rappelle, est celle d'un étouffement continuel;
ma respiration n'était qu'une sorte de hurlement,
qu'on entendait de la rue, à ce qui m'a été dit
depuis : j'avais éprouvé une révolution dont je n'ai
pu revenir que par la force de ma constitution et
l'excès des soins qui m'ont été prodigués. Mes respectables parents s'étaient retirés dans de petits
cabinets, pour me loger commodément; ils sem-

blaient avoir pris une vigueur nouvelle pour me
rappeler à la vie, et ils ne permettaient pas qu'une
main mercenaire me présentât rien ; ils voulurent
me servir eux-mêmes, et ne souffrirent d'être
secondés, dans les soins immédiats, que par
madame Trude, née Robineau, jeune femme, ma
cousine, qui venait tous les soirs pour demeurer la
nuit près de moi, couchée dans mon lit, et toute
occupée de prévoir et d'adoucir les accès convul-
sifs dans lesquels je tombais souvent.

Huit jours s'étaient écoulés ; je n'avais pas trouvé
de larmes ; les grandes douleurs n'en ont point.

. . . .

(J'en verse en ce moment qui sont amères et brû-
lantes, car je crains un mal encore plus grand que
celui dont je souffre : j'avais réuni tous mes vœux pour
le salut de ce que j'aime ; il est plus incertain que
jamais ! Les calamités s'étendent comme un nuage
obscur et terrible prêt d'envelopper tout ce qui me fut
cher, et je travaille avec peine à distraire mon attention du présent en m'obligeant de retracer le passé.)

Une lettre de Sophie vint rouvrir la source des
pleurs ; la voix de l'amitié, ses tendres expressions
rappelèrent mes esprits, amollirent mon cœur ; elles
produisirent un effet que les bains et l'art des médecins avaient inutilement sollicité ; ce fut une révolution nouvelle ; je pleurai, je fus sauvée. L'étouffement diminua, tous les accidents s'affaiblirent, et
les convulsions devinrent plus rares ; mais toute
impression pénible me rendait leur accès.

Mon père se présenta devant moi dans le triste costume qui attestait notre perte commune, mais inégalement sentie; il entreprit de me consoler, en me représentant que la Providence disposait encore des choses pour le mieux jusque dans le malheur; que ma mère avait achevé son ouvrage dans ce monde, l'éducation de sa fille, et que s'il avait fallu perdre l'un des auteurs de mes jours, il était bon que le ciel m'eût laissé celui qui pouvait être plus utile à ma fortune. — Assurément ma perte était irréparable, même à cet égard, ainsi que les événements l'ont prouvé; mais je ne me fis point cette réflexion, je ne sentis que la sécheresse de la prétendue consolation si mal appropriée à ma façon d'être; je mesurai, pour la première fois peut-être, tout ce qui se trouvait entre mon père et moi; il me semble qu'il déchirait le voile respectueux sous lequel je le considérais; je me trouvai tout à fait orpheline, puisque ma mère n'était plus, et que mon père ne m'entendrait jamais; un nouveau genre de douleur oppressa mon cœur déchiré; je retombai dans l'état du plus violent désespoir. Les pleurs de ma cousine, la tristesse de mes bons parents m'offraient encore des sujets d'attendrissement; ils eurent leur influence, et je fus arrachée aux dangers qui menaçaient mes jours. Hélas! s'ils se fussent terminés alors! c'était mon premier chagrin; de combien d'épreuves n'a-t-il pas été suivi !

Ici finit l'époque douce et brillante de ces années tranquilles, passées dans la paix et le charme d'affections heureuses et d'études chéries, semblables à ces belles matinées du printemps, où la sérénité du ciel, la pureté de l'air, la vivacité du feuillage, le parfum des plantes enchantent tout ce qui respire, développent l'existence, et donnent le bonheur en le promettant. '

Ma mère n'avait pas plus de cinquante ans, lorsqu'elle me fut si cruellement ravie; un abcès dans la tête, formé sans qu'on sût comment, et qu'on ne reconnut que par sa mort, expliqua l'enchifrènement étrange dont elle avait été si longtemps incommodée; la seconde attaque de paralysie n'eût probablement pas été mortelle sans cet incident. Sa physionomie douce et fraîche n'avait point annoncé sa fin prématurée; la mélancolie, même l'abattement que je lui trouvais depuis quelque temps, s'expliquaient à mes yeux par des causes morales qui ne m'étaient que trop sensibles.

Nos dernières promenades à la campagne avaient paru la ranimer; le jour même qu'elle me fut enlevée, je l'avais laissée bien portante à trois heures de l'après-midi : je revins à cinq heures et demie, elle était frappée; à minuit, je ne l'avais plus. Faibles jouets que nous sommes de l'impitoyable destin! pourquoi des sentiments si vifs et des projets si grands sont-ils liés à une si fragile existence? Ainsi fut arrachée du monde l'une des meilleures et des plus aimables femmes qui l'aient jamais habité. Rien de brillant ne la faisait remarquer; mais tout la rendait chère quand on l'avait connue. Sage et calme, tendre sans passion, son âme pure et tranquille respirait comme s'écoule le fleuve docile qui baigne avec une égale complaisance le pied du rocher qui le tient captif et le vallon qu'il embellit. Sa perte subite m'a fait connaître les déchirements de la douleur et les transports les plus violents. « Il est beau d'avoir de l'âme; il est malheureux d'en avoir autant », disait tristement à mes côtés l'abbé Legrand, qui vint me voir chez mes grands-parents. On s'empressa, lorsque mon état fut amélioré, de faire venir, ou de recevoir successivement les différentes personnes de ma connaissance, pour me familiariser avec les objets extérieurs. Je paraissais ne pas exister dans le monde où l'on me voyait; concentrée dans ma douleur, je ne m'apercevais guère de ce qui se passait autour de moi; je ne parlais point, ou bien, répondant à mes pensées au lieu de saisir celles des autres, j'avais l'air d'avoir l'esprit aliéné; puis l'image chérie que j'avais toujours présente, ranimant parfois l'affreux sentiment de sa perte, des cris s'échappaient tout à coup, mes bras étendus se raidissaient, et je perdais connaissance. Incapabe d'aucune application, j'avais pourtant de bons intervalles où je sentais la tristesse de mes parents, leurs bontés, les tendres soins de ma cousine, et où je cherchais à diminuer leur sollicitude. L'abbé Legrand eut l'esprit de juger qu'il fallait beaucoup me parler de ma mère pour me rendre capable de songer à autre chose; il m'entretint d'elle, et m'amena insensiblement à des réflexions, à des idées qui, sans lui être étrangères, éloignaient la considération habituelle de sa perte. Dès qu'il me crut en état de jeter les yeux sur un livre, il imagina de m'apporter l'*Héloïse* de J.-Jacques, et sa lecture fut véritablement ma première distraction. J'avais vingt et un ans, j'avais beaucoup lu, je connaissais un assez grand nombre d'écrivains, historiens, littérateurs et philosophes ; mais Rousseau me fit alors une impression comparable à celle que m'avait faite Plutarque à huit ans ; il sembla que c'était l'interprète de sentiments que j'avais avant lui, mais que lui seul savait m'expliquer.

Plutarque m'avait disposée pour devenir républicaine ; il avait éveillé cette force et cette fierté qui en font le caractère ; il m'avait inspiré le véritable enthousiasme des vertus publiques et de la liberté ; Rousseau me montra le bonheur domestique auquel je pouvais prétendre. Dans le siècle corrompu où je devais vivre, j'apportai de longue main tout ce qui devait me rendre capable de grands sacrifices et m'exposer à de grands malheurs. La mort ne sera plus pour moi que le terme des uns et des autres. Je l'attends, et je n'aurais point songé à remplir le court intervalle qui nous sépare de ma propre histoire, si la calomnie ne m'avait traduite sur la scène, pour attaquer plus grièvement ceux qu'elle voulait perdre.

Je ne rentrai pas chez mon père sans éprouver tout ce que fait ressentir la présence des lieux qu'on habitait avec un objet qui n'est plus ; on avait pris

la précaution maladroite de soustraire le portrait de
ma mère, comme si ce vide ne devait pas me rappeler plus douloureusement que son image, la perte
que j'avais faite ; je le demandai sur-le-champ, il me
fut rendu. Les soins domestiques me regardant
seule, je m'en occupai ; mais ils n'étaient pas nombreux dans un ménage de trois personnes. Je n'ai
jamais compris qu'ils pussent absorber une femme
qui a de l'ordre et de l'activité, quelque considérable
que fût sa maison ; car dès lors il y a plus de monde
pour les partager ; il ne s'agit que d'une sage répartition et d'un peu de vigilance. Je me suis trouvée à
cet égard dans plusieurs situations différentes : rien
ne se faisait chez moi que je ne l'eusse ordonné, et
lorsque ces soins m'occupaient davantage, ils ne me
prenaient guère plus de deux heures par jour. On a
toujours du loisir quand on sait s'occuper ; ce sont
les gens qui ne font rien qui manquent de temps
pour tout. Au reste, il n'est pas surprenant que les
femmes qui rendent ou reçoivent des visites inutiles,
et qui se croiraient mal parées si elles n'avaient
consacré beaucoup de temps à leur miroir, trouvent
les journées longues par l'ennui, et trop courtes
pour leurs devoirs ; mais j'ai vu ce qu'on appelle de
bonnes femmes de ménage, insupportables au
monde et même à leurs maris, par une précaution
fatigante de leurs petites affaires : je ne connais rien
de si dégoûtant que ce ridicule, et de si propre à
rendre un homme épris de toute autre que de sa
femme. Je veux qu'une femme tienne ou fasse tenir

en bon état le linge et les hardes, nourrisse ses enfants, ordonne ou même fasse sa cuisine, sans en parler, et avec une liberté d'esprit, une distribution de ses moments qui lui laissent la faculté de causer d'autre chose, et de plaire enfin par son humeur, comme par les grâces de son sexe. J'ai eu occasion de remarquer qu'il en était à peu près de même dans le gouvernement des États, comme dans celui des familles : ces fameuses ménagères, toujours citant leurs travaux, en laissent beaucoup en arrière, ou les rendent pénibles pour chacun ; ces hommes publics si bavards et tant affairés, ne font bruit des difficultés que par leur maladresse à les vaincre ou leur ignorance pour gouverner.

Mes études me devinrent plus chères que jamais ; elles faisaient ma consolation : livrée plus encore à moi-même, et souvent mélancolique, je sentis le besoin d'écrire. J'aimais à me rendre compte de mes idées ; l'intervention de ma plume m'aidait à les éclaircir : lorsque je ne l'employais pas, je rêvais plus encore que je ne méditais ; avec elle, je contenais mon imagination et je suivais des raisonnements. J'avais déjà commencé quelques recueils ; je les augmentai sous le titre d'*Œuvres de loisirs et réflexions diverses*. Je n'avais d'autre projet que de fixer ainsi mes opinions et d'avoir des témoins de mes sentiments, que je pourrais comparer un jour les uns aux autres, de manière que leurs gradations ou leurs changements me servissent à moi-même d'instruction et de tableau. J'ai un assez gros paquet

de ces œuvres de jeune fille, entassé dans le coin
poudreux de ma bibliothèque, ou peut-être dans un
grenier. Jamais je n'eus la plus légère tentation de
devenir auteur un jour; je vis de très bonne heure
qu'une femme qui gagnait ce titre perdait beaucoup
plus qu'elle n'avait acquis. Si ses ouvrages sont
mauvais, on se moque d'elle, et l'on fait bien ; s'ils
sont bons, on les lui ôte. Si l'on est forcé de reconnaître qu'elle en a produit la meilleure partie, on
épluche tellement son caractère, ses mœurs, sa conduite et ses talents, que l'on balance la réputation
de son esprit par l'éclat que l'on donne à ses défauts.

D'ailleurs, ma grande affaire, c'était mon bonheur,
et je n'ai jamais vu que le public se mêlât de celle-là,
pour quelqu'un, sans la gâter. Je ne trouve rien de
si doux que d'être apprécié à sa valeur par les
gens avec lesquels on vit; et rien de si vide que
l'admiration de quelques personnages qu'on ne doit
point rencontrer.

Ah, mon Dieu ! qu'ils m'ont rendu un mauvais
service ceux qui se sont avisés de lever le voile sous
lequel j'aimais à demeurer ! Durant douze années
de ma vie, j'ai travaillé avec mon mari, comme j'y
mangeais, parce que l'un m'était aussi naturel que
l'autre. Si l'on citait un morceau de ses ouvrages,
où l'on trouvât plus de grâces, de style, si l'on
accueillait une bagatelle académique dont il se plaisait à envoyer le tribut aux sociétés savantes, dont
il était membre, je jouissais de sa satisfaction, sans
remarquer plus particulièrement si c'était ce que

j'avais fait, et il finissait souvent par se persuader
que véritablement il avait été dans une bonne veine,
lorsqu'il avait écrit tel passage qui sortait de ma
plume. Au ministère, s'il s'agissait d'exprimer des
vérités grandes ou fortes, j'y mettais toute mon âme ;
il était tout simple que son expression valût mieux
que les efforts d'esprit d'un secrétaire. J'aimais mon
pays ; j'étais enthousiaste de la liberté : je ne connaissais point d'intérêt ni de passions qui pussent
entrer en balance avec eux ; mon langage devait être
pur et pathétique, c'était celui du cœur et de la
vérité. L'importance du sujet me pénétrait si bien,
que je ne faisais aucun retour sur moi-même. Une
fois seulement je m'amusai de la singularité des
rapprochements. C'était en écrivant au pape pour
réclamer les artistes français emprisonnés à Rome.
Une lettre au pape, au nom du conseil exécutif de
France, tracée secrètement par une femme, dans
l'austère cabinet qu'il plaisait à Marat d'appeler un
boudoir, me parut chose si plaisante, que je ris
beaucoup après l'avoir faite. Le plaisir de ces contrastes se trouvait dans le secret même ; mais il fut
nécessairement moins parfait dans une situation qui
n'était plus celle d'un particulier, et où l'œil d'un
commis signale les écritures dont il fait des copies.
Il n'y a pourtant de singulier dans tout cela que la
rareté ; pourquoi une femme ne servirait-elle pas de
secrétaire à son mari, sans qu'il en eût moins de
mérite ? On sait bien que les ministres ne peuvent
tout faire par eux-mêmes, et certes ! si les femmes

de ceux de l'ancien régime, ou même de tous ceux du nouveau, eussent été capables de faire des projets de lettres, de circulaires ou d'affiches, elles eussent mieux fait d'y employer leur temps que de solliciter ou d'intriguer pour le tiers et le quart. Si ceux qui m'ont pénétrée eussent jugé les faits ce qu'ils étaient, ils m'auraient épargné une sorte de célébrité que je n'ai point enviée : au lieu de passer aujourd'hui mon temps à détruire le mensonge, je lirais un chapitre de Montaigne, je dessinerais une fleur, ou jouerais une ariette et j'adoucirais la solitude de ma prison, sans m'appliquer à faire ma confession. Mais j'anticipe sur un temps auquel je n'étais pas encore arrivée. Je ne commande pas ma plume, elle m'entraîne où il lui plaît, et je la laisse aller.

Mon père chercha de bonne foi, dans les premiers jours de son veuvage, à garder plus assidûment son logis ; mais il s'y ennuyait, et dès que le goût de son art ne prévenait point cette maladie, tous mes efforts ne pouvaient la guérir. Je voulais causer avec lui ; nous avions peu d'idées communes et probablement il inclinait alors pour un genre dans lequel il n'aurait pas voulu que j'eusse versé. Je faisais souvent son piquet ; il était peu réveillant pour lui de le faire avec sa fille ; d'ailleurs, il n'ignorait pas que je détestais les cartes, et quelque envie que j'eusse de lui persuader que j'y trouvais du plaisir, quelque soin que je prisse pour goûter effectivement celui de l'amuser, il ne doutait pas que ce ne fût de ma part une complaisance.

J'aurais voulu lui rendre sa maison agréable; je n'avais pas de moyens pour cela, je n'avais de liaisons qu'avec de grands-parents qu'on allait voir et qui ne se déplaçaient point. Il aurait fallu qu'il se formât lui-même une société chez lui; mais il en avait une ailleurs et il sentait bien qu'il n'eût pas été convenable de me donner celle-là. Serait-il vrai que ma mère aurait eu tort de se concentrer et de ne pas rendre sa maison assez vivante pour captiver son mari?

Ma mère ne pouvait attirer chez elle que des gens qui lui ressemblassent, et ceux-là n'eussent point été à la mesure de mon père; d'autre part, ceux qu'il aurait goûtés pour une société journalière eussent été à charge à ma mère et incompatibles avec la manière dont elle voulait m'élever. Elle dut donc s'en tenir à la famille et à ces liaisons superficielles qui donnent des connaissances sans former d'habitudes.

Tout alla bien tant que mon père, avec un état agréable, trouva dans sa maison le travail et les jouissances qui lui étaient nécessaires. Mais quelques circonstances ralentirent son ardeur pour l'occupation; le désir de devenir riche le jeta dans quelques entreprises hasardeuses: dès lors tout fut perdu. L'amour du travail est la vertu de l'homme en société. Devenu veuf à l'instant où il aurait eu besoin de nouvelles chaînes dans sa maison, mon pauvre père joua pour réparer son défaut de gain ou ses dépenses et sans cesser d'être honnête homme, craignant de faire tort à qui que ce fût, il se ruinait à petit bruit. Mes parents, bonnes personnes, sans finesse dans les affaires, très confiants d'ailleurs dans l'attachement de mon père pour moi, ne lui avaient point demandé d'inventaire après la mort de sa femme; mes intérêts leur paraissaient trop bien placés dans ses mains; ils auraient cru lui faire injure. Je pouvais pressentir le contraire, mais j'aurais trouvé indécent de le révéler, je me tus et me résignai. Me voilà donc seule au logis, partagée entre les petits ouvrages de mains et l'étude, dont je me détournais quelquefois pour répondre à ceux qui se fâchaient de trouver trop rarement mon père; il n'avait plus que deux élèves qui suffisaient à son travail; un seul mangeait avec lui. Ma bonne était une petite femme de cinquante-cinq ans, maigre et alerte, vive et gaie, qui m'aimait beaucoup, parce que je lui rendais la vie douce : elle m'accompagnait toutes les fois que je sortais sans mon père; et mes courses se bornaient à la demeure de mes grands-parents et à l'église. Je n'étais pas redevenue dévote, mais ce que je ne devais plus à la tranquillité de ma mère, je continuais de le devoir au bon ordre de la société et à l'édification de mon prochain : dans ce principe, je portais à l'église, sinon la tendre piété d'autrefois, du moins autant de décence et de recueillement.

Les dangers que j'avais courus avaient fait un certain bruit; apparemment qu'on trouvait rare ou beau qu'une jeune fille fût au péril de perdre la vie de regret de la mort de sa mère. Je reçus des témoi-

gnages d'intérêt qui me furent doux; M. de Boismorel fut un des premiers qui m'en donna; je ne
l'avais pas vu depuis ses visites chez ma bonne
maman. Je m'aperçus de l'impression que lui
firent les changements qui s'étaient opérés dans ma
personne depuis ce temps-là. Il revint en mon
absence; il entretint longuement mon père, qui lui
parla sans doute de mes goûts, montra la petite
retraite où je passais mes jours; on jeta les yeux
sur mes livres; mes œuvres étaient sur ma table,
elles excitèrent sa curiosité; mon père le mit à
même de la satisfaire en livrant mes cahiers.

Grand déplaisir et grandes plaintes de ma part,
lorsqu'à mon retour je trouvai qu'on avait violé mon
asile: mon père prétendait qu'il n'eût rien fait de
pareil à l'égard de toute autre personne moins grave et
moins digne de considération que M. de Boismorel.
Je reçus, dès le lendemain, une belle lettre de M. de
Boismorel, trop bien tournée pour qu'elle ne lui
valût pas le pardon d'avoir profité de l'indiscrétion
de mon père; et j'y gagnai l'offre de tout ce que
pouvait contenir sa bibliothèque. Je ne la reçus pas
avec indifférence : de ce moment, nous entrâmes
en correspondance; je goûtais, pour la première
fois, avec réflexion, le plaisir très doux que la sensibilité, l'amour-propre, nous font trouver à être
appréciés par ceux au jugement desquels nous
mettons du prix.

M. de Boismorel ne demeurait plus dans l'enceinte
de Paris; son goût pour la campagne et le soin de

ne pas trop éloigner sa mère du séjour de la capitale, lui avaient fait acheter, au-dessous de Charenton, le Petit-Bercy, belle maison dont le jardin s'étendait jusque sur les bords de la Seine. Il nous invita beaucoup à en faire un but de promenade, témoignant le plus grand empressement à nous y recevoir. Je me rappelais de l'ancien accueil de sa mère; je n'étais nullement tentée de l'affronter de nouveau, et je résistai longtemps à mon père. Il insista, et comme je ne voulais pourtant pas m'opposer aux parties qu'il prenait fantaisie de faire avec moi, nous allâmes un jour à Bercy. Mesdames de Boismorel étaient dans le salon d'été: la présence de la bru, dont j'avais entendu vanter l'amabilité, m'inspira tout à coup l'espèce d'aise dont j'avais besoin pour ne pas altérer la mienne. La mère, dont on se rappelle le ton, que les années n'avaient pas rendu plus humble, parut cependant bien plus honnête, avec une jeune personne qui avait l'air de se sentir, qu'elle n'avait été avec l'enfant qu'elle jugeait sans conséquence. « Comme elle est bien, votre chère fille, monsieur Phlipon! mais savez-vous que mon fils en est enchanté? Dites-moi donc, mademoiselle, ne voulez-vous point vous marier? — D'autres y ont déjà songé pour moi, madame, mais je n'ai pas encore trouvé de raisons de me déterminer. — Vous êtes difficile, je le crois! N'auriez-vous point de répugnance pour un homme d'un certain âge? — La connaissance que j'aurais d'une personne pourrait seule motiver le goût, l'éloignement ou l'exception. — Ces sortes de

mariages ont plus de solidité; un jeune homme
échappe souvent lorsque l'on croit se l'être attaché.
— Et pourquoi, ma mère, dit M. de Boismorel qui
venait d'entrer, ne voudriez-vous pas que mademoiselle eût la confiance de le captiver tout entier?
—Elle est mise avec goût, dit madame de Boismorel
à sa bru. — Ah! très bien, et avec une décence!
réplique la jeune femme, de ce ton de suavité qui
n'appartient qu'aux dévots, car elle était de leur
classe; et ses petits papillons sur son agréable visage
de trente-quatre ans en étaient l'étiquette. — Quelle
différence, continua-t-elle, de ce fatras de plumes,
des têtes folles! Vous n'aimez pas les plumes
mademoiselle? — Je n'en porte jamais, madame,
parce que fille d'artiste et sortant à pied, elles me
paraîtraient annoncer un état et une fortune que je
n'ai pas. — Mais, dans une autre situation, en porte-
riez-vous? —Je l'ignore; j'attache peu d'importance
à ces détails, je ne les mesure pour moi que par les
convenances, et je me garde bien de juger personne sur les premiers aperçus de sa toilette. »

Le mot était sévère; mais je le prononçais avec
tant de douceur que la pointe en était émoussée.
« Philosophe! » dit la jeune femme, avec un soupir,
comme si elle eût reconnu que je n'étais point de son
bord.

Après l'examen fort scrupuleux de ma personne,
assaisonné de belles choses du genre de celles que
je viens de citer, M. de Boismorel mit fin à l'inventaire, en nous proposant de visiter son jardin et sa

bibliothèque : j'admirai du premier sa situation, et il m'y fit remarquer un superbe cèdre du Liban ; je parcourus l'autre avec intérêt, et j'y désignai les ouvrages, même les collections que je désirais qu'il me prêtât, comme *Bayle*, entre autres, et les *Mémoires* des académies. Les dames nous invitèrent à dîner pour un jour fixé ; nous y fûmes, et je jugeai bien, par deux ou trois hommes d'affaires qui faisaient avec nous les convives, que les dames avaient assorti mon père sans me compter. Mais M. de Boismorel eut recours, comme l'autre fois, à la bibliothèque et au jardin où nous causions agréablement : il avait mis son fils de la partie ; c'était un jeune homme de dix-sept ans, assez laid, et plus singulier qu'aimable. La grande société qui arriva dans la soirée, et sur laquelle je jetai mon coup d'œil observateur, ne me parut pas fort attachante, malgré ses titres ; les filles d'un marquis, des conseillers, un prieur et quelques vieilles baronnes causèrent avec plus d'importance, et tout aussi platement que des dames de charité, des marguilliers et des bourgeois. Ces points de vue du monde, que je saisissais à la dérobée, me dégoûtaient de lui, m'attachaient toujours plus à ma façon d'être. M. de Boismorel ne perdait point une occasion d'entretenir une liaison sur laquelle, peut-être, il établissait quelque projet ; il avait soin de disposer les choses de manière que nous nous trouvassions en partie carrée, les deux pères et les deux enfants. Ce fut ainsi qu'il me fit assister à la séance publique de l'Académie française de la Saint-Louis suivante. Ces séances étaient alors le rendez-vous de la belle compagnie, et elles présentaient tous les contrastes que nos mœurs et nos folies ne pouvaient manquer de produire. Le matin du jour de Saint-Louis, on célébrait, dans la chapelle de l'Académie, une messe que chantaient les acteurs de l'Opéra, à la suite de laquelle un orateur du beau monde prononçait le panégyrique du saint roi. L'abbé de Besplas remplit cette fonction; je l'écoutai avec grand plaisir; il avait semé son discours de traits hardis de philosophie, et de satires indirectes qu'il fut obligé de retrancher quand il livra le discours à l'impression.

M. de Boismorel, qui avait des relations avec lui, espéra vainement d'obtenir une copie fidèle dont il m'aurait fait part; l'abbé de Besplas, attaché à la cour comme aumônier de Monsieur, fut trop heureux d'acheter le pardon de sa hardiesse, par le sacrifice absolu des traits qu'elle lui avait dictés. Le soir, la séance d'Académie ouvrait la carrière aux beaux esprits les premiers en titre du royaume; aux grands seigneurs qui aimaient à mettre leurs noms sur leur liste, à se montrer dans le fauteuil aux yeux du public; enfin, aux amateurs qui venaient écouter les uns, voir les autres, se montrer à tous; et aux jolies femmes qui étaient sûres de s'en faire remarquer.

J'observai d'Alembert, dont le nom, les mélanges et les discours encyclopédiques excitaient ma curiosité; sa petite figure et sa voix grêle me firent penser que les écrits d'un philosophe étaient meilleurs à connaître que son masque. L'abbé Delille confirma

la remarque pour les gens de lettres; il lut, d'une voix
maussade, des vers charmants. L'éloge de Catinat, par
Laharpe, était l'objet du prix, et méritait bien de le
remporter.

Aussi simple à l'Académie qu'à l'église, et que je le
suis demeurée depuis au spectacle, je ne me mêlais
point aux bruyants applaudissements donnés avec
transport aux belles choses, et souvent avec vanité à
celles que chacun veut avoir le mérite d'avoir remar-
quées; j'étais extrêmement attentive; j'écoutais sans
m'occuper des regardants; et lorsque j'étais touchée,
je pleurais, sans savoir même si cela paraîtrait singulier à quelqu'un. J'eus lieu de m'apercevoir que
c'était une nouveauté, car, au sortir de la séance,
M. de Boismorel me donnant la main, je vis des
hommes qui me montraient les uns aux autres avec
un sourire que je n'étais point assez vaine pour croire
admiratif, mais qui n'était pas désobligeant; et j'entendis parler de ma sensibilité. J'éprouvai je ne sais
quel mélange de surprise et d'une douce confusion;
je fus bien aise d'échapper enfin à la foule et à leurs
regards.

L'éloge de Catinat inspira à M. de Boismorel l'idée
d'un pèlerinage intéressant; il me proposa d'aller
visiter Saint-Gratien, où ce grand homme a fini ses
jours dans la retraite, loin de la cour et des honneurs;
c'était une promenade philosophique entièrement de
mon goût. M. de Boismorel vint, avec son fils, un
jour de Saint-Michel, prendre mon père et moi; nous
nous rendîmes dans la vallée de Montmorency, sur

les bords de l'étang qui l'embellit; nous gagnâmes
Saint-Gratien, et nous reposâmes à l'ombre des arbres
que Catinat avait plantés de sa main ; après un dîner
frugal, nous passâmes le reste du jour dans le parc
délicieux de Montmorency; nous vîmes la petite
maison qu'avait habitée Jean-Jacques, et nous
jouîmes de tout l'agrément d'une belle campagne,
quand on est plusieurs à la contempler du même œil.
Dans l'un de ces moments de repos où l'on considère
en silence la majesté de la nature, M. de Boismorel
tira de sa poche un manuscrit de sa main; il nous
lut un morceau qu'il avait extrait, et qui était alors
peu connu ; c'est ce trait de Montesquieu, trouvé à
Marseille par le jeune homme dont il avait délivré le
père, et se dérobant aux actions de grâces de ceux
qu'il avait obligés.

Pénétrée de la générosité de Montesquieu, je n'admirai pas exclusivement son obstination à nier qu'il
fût le libérateur chéri de cette famille transportée :
l'homme généreux ne cherche jamais la reconnaissance ; mais s'il est beau de se dérober à ses témoignages, il est grand d'en recevoir l'expression : je
crois même que c'est un nouveau service à rendre
aux gens très sensibles que l'on a obligés, car c'est
pour eux une manière de s'acquitter.

Il ne faut pourtant pas croire que je fusse parfaitement à l'aise de la réunion de mon père et de
M. de Boismorel ; il n'y avait point entre eux de parité
personnelle, et cela me faisait souffrir : son fils me
regardait beaucoup, et ne me plaisait point ; je lui

trouvais l'air de la curiosité plutôt que celui de l'intérêt ; d'ailleurs, trois ou quatre années de moins que moi le mettaient à une distance considérable. Son père le reconnut bien, et j'appris dans la suite qu'il avait dit une fois au mien, en lui serrant la main : « Ah ! si mon enfant était digne du vôtre ! je pourrais paraître singulier, mais je m'estimerais trop heureux. » Je ne me doutais de rien de semblable ; je ne calculais même point les différences ; je les sentais, et elles m'empêchaient de rien imaginer ; je trouvais dans les procédés de M. de Boismorel ceux d'un homme sage et sensible, qui estimait ma personne, et protégeait mon goût, pour ainsi dire. Sa correspondance lui ressemblait ; elle avait le caractère d'une gravité douce ; elle portait le cachet d'un esprit au-dessus des préjugés, et d'une amitié respectueuse. Je devins, par lui, au courant de ce qu'on appelait les nouveautés dans le monde savant et littéraire. Je le voyais rarement, mais j'avais de ses nouvelles toutes les semaines ; et pour éviter les fréquents messages de ses domestiques près de moi, comme les grandes courses d'un commissionnaire que j'aurais envoyé à Bercy, il faisait déposer les livres qui m'étaient destinés, chez le portier de sa sœur, madame de Favières, où je les envoyais prendre. M. de Boismorel, qui aimait beaucoup les lettres, et qui, par effet de prévention, s'imaginait que je devais être employée dans leur empire, ou peut-être aussi pour m'éprouver, m'invitait à choisir un genre et à travailler : je regardai cela d'abord comme un compliment ; mais en revenant à la charge, il me donna lieu de lui développer mes principes à ce sujet, mon éloignement très raisonné de me mettre jamais en scène d'aucune manière, et mon amour très désintéressé pour l'étude que je voulais faire servir à mon bonheur, sans l'intervention d'aucune espèce de gloire qui ne me paraissait propre qu'à la troubler. Après lui avoir sérieusement exposé ma doctrine, je mêlai à mes raisonnements des vers qui venaient au bout de ma plume, et dont les idées étaient meilleures que l'expression ; je me souviens qu'en parlant des dieux et de la dispensation qu'ils faisaient des biens et des devoirs, je disais :

> Aux hommes ouvrant la carrière
> Des grands et des nobles talents,
> Ils n'ont mis aucune barrière
> A leurs plus sublimes élans.
> De mon sexe faible et sensible,
> Ils ne veulent que des vertus ;
> Nous pouvons imiter Titus,
> Mais dans un sentier moins pénible.
> Jouissez du bien d'être admis
> A toutes ces sortes de gloire ;
> Pour nous le temple de mémoire
> Est dans le cœur de nos amis.

M. de Boismorel me répondait quelquefois dans la même langue ; ses vers ne valaient guère mieux que les miens, mais nous n'y mettions pas plus d'importance l'un que l'autre. Un jour il vint me confier qu'il désirait employer à l'égard de son fils, dont l'application se ralentissait beaucoup, un moyen de le ranimer.

Ce jeune homme était lié tout naturellement avec son contemporain et son cousin-germain de Favières, conseiller au parlement à vingt et un ans, étourdi comme on l'est à cet âge, avec toute la confiance d'un magistrat qui s'estime par sa robe, sans connaître ses obligations; avec la liberté, peut-être même les travers naissants, d'un riche et unique héritier.

La Comédie italienne ou l'Opéra occupaient les deux cousins, bien plus que Cujas et Bartole pour l'un, et les mathématiques qu'avait commencées l'autre. « Il faut, me dit M. de Boismorel, que vous fassiez à mon fils une mercuriale sage et pénétrante, comme vous saurez la puiser dans votre âme, qui excite son amour-propre et réveille des généreuses résolutions. — Moi, monsieur! moi? (je ne pouvais en croire mes oreilles) et de quel air, je vous prie, pourrai-je, moi, prêcher monsieur votre fils? — Vous prendrez la tournure qu'il vous plaira; vous ne paraîtrez point; nous ferons venir cela comme une lettre de quelqu'un qui le voit de près, qui connaît ses déportements, qui s'intéresse à lui, et qui l'avertit du danger : je saurai faire remettre la lettre dans un moment où elle puisse avoir tout son effet; il faut seulement qu'il ne m'y reconnaisse pas : je lui ferai savoir à quel médecin il aura obligation, quand il en sera temps. — Oh! il ne faudrait jamais me nommer! mais vous avez des amis qui feraient cela mieux que moi. — Je crois tout le contraire, et je vous demande cette grâce. — Eh bien, je renonce à l'amour-propre, pour vous prouver le désir de vous obliger; je ferai un projet dont vous me direz votre avis, et que vous corrigerez. »

Le soir même, je fis une lettre assez piquante, un peu ironique, telle que je la jugeais convenable pour chatouiller l'amour-propre, encourager la raison d'un jeune homme qu'il faut entretenir de son bonheur, quand on veut le rappeler à des habitudes sérieuses. M. de Boismorel fut enchanté, et me pria de la faire parvenir sans y rien changer. Je l'envoyai à Sophie, pour qu'elle la mît à la poste à Amiens, et j'attendis, avec curiosité, de savoir ce qu'aurait fait ma prédication.

M. de Boismorel m'écrivit bientôt, pour me donner des détails qui m'intéressèrent infiniment; il avait réuni beaucoup de circonstances qui rendirent la chose plus frappante : le jeune homme fut touché; il imagina que le célèbre Duclos était l'auteur de la remontrance, et il alla pour le remercier : trompé dans sa conjecture, il s'adresse à un autre ami de son père, et ne devina pas mieux; mais enfin l'étude reprit quelque empire.

Il n'y avait pas très longtemps que ceci s'était passé, lorsque M. de Boismorel allant, avec son fils, par un jour de chaleur, de Bercy à Vincennes, où il me savait chez mon oncle, et m'apportait les *Géorgiques* traduites par l'abbé Delille, reçut un coup de soleil. Il le traita légèrement; les maux de tête se firent sentir, la fièvre survint, puis le coma : il mourut dans la force de l'âge, après quelques jours de maladie. Il n'y avait guère plus de dix-huit mois que nous étions en correspondance; je l'ai pleuré plus amèrement, je crois, que n'a fait son fils même; et je ne me le rappelle jamais, sans éprouver ce douloureux regret, ce sentiment de vénération et de tendresse, qui accompagne la mémoire d'un homme juste.

Lorsque mon chagrin fut un peu adouci, je le célébrai dans une romance que personne n'a jamais vue, que je chantai sur ma guitare, et que j'ai oubliée et perdue. Je n'ai plus entendu parler de sa famille; seulement mon père étant allé faire une visite de circonstance, le jeune de Boismorel, qu'on appelait Roberge, lui dit d'un ton fort dégagé, qu'il avait trouvé et jeté dans un coin, pour les lui rendre, s'il le souhaitait, mes lettres à son père, parmi lesquelles il avait reconnu l'original d'une certaine épître qui lui était parvenue. Mon père savait fort bien ce qui s'était passé; il répondit peu de chose, trouva que le jeune homme paraissait piqué : d'où je conclus qu'il était un sot, et ne m'en embarrassai guère; je ne sais si j'ai bien deviné.

A quelque temps de là, madame de Favières vint chez mon père, pour le charger de quelque acquisition de bijoux, ou d'objets de son art; j'étais dans ma petite cellule, je l'entendis dans la pièce voisine : « Vous avez, monsieur Phlipon, une fille charmante; mon frère m'a dit que c'était une des femmes d'esprit qu'il connût qui en eût davantage; prenez bien garde

au moins qu'elle ne donne dans le bel esprit, ce
serait détestable. Ne frise-t-elle pas un peu le pédan-
tisme? C'est à craindre; je crois en avoir entendu
dire quelque chose. Elle est bien de figure; fort
bonne à voir. » Voilà, me dis-je dans mon coin, une
impertinente madame, qui ressemble bien à sa mère :
Dieu me préserve de voir son visage et de lui montrer le mien!

Mon père, qui savait fort bien que je devais entendre, s'abstint de m'appeler, puisque je ne paraissais pas; et je n'ai jamais entendu la voix de madame
de Favières que ce jour-là.

Je n'ai encore dit qu'un mot de mon excellente
cousine Trude. C'était une de ces âmes que le ciel
forma, dans sa bonté, pour l'honneur de l'espèce
humaine, et la consolation des malheureux : généreuse par instinct, aimable sans culture, je ne lui ai
connu de défauts que l'excès même de la délicatesse
et l'amour-propre de la vertu. Elle aurait cru manquer à ses devoirs, si elle eût agi de manière que
quelqu'un pût douter qu'elle les eût remplis. C'était le
moyen de demeurer complètement victime du plus
extravagant mari. Trude était une espèce de rustre,
aussi fou dans ses idées, qu'emporté dans son caractère, et grossier dans ses procédés. Il faisait le commerce de la miroiterie, comme tous les Trude, de
père en fils, depuis quelques générations; et c'était
lui que j'avais l'honneur d'avoir pour cousin du côté
de ma mère. Actif par tempérament, laborieux par
boutades, soutenu par les soins et l'intelligence

d'une femme douce et sage, il faisait une assez bonne maison, et devait au mérite de son épouse d'être bien accueilli dans sa propre famille, qui l'aurait rejeté s'il eût été seul.

Ma mère aimait beaucoup sa petite cousine, qui la révérait singulièrement, et s'attacha vivement à moi.

Elle me le prouva, comme on a vu, à la mort de ma mère : occupée, dans le jour, de sa maison, de son mari, elle voulait être ma garde de nuit; elle venait de loin pour en faire les fonctions, et les remplit constamment tant que je fus en danger. Cette circonstance dut nous lier davantage, et nous nous vîmes souvent. Son mari prit la fantaisie de venir plus souvent encore, et sans sa femme : je le tolérai d'abord à cause d'elle, malgré mon ennui; il me devint insupportable, et j'usai de tous les ménagements nécessaires avec une mauvaise tête, pour lui faire sentir que le titre de parent et de mari de ma bonne amie ne suffisait point pour autoriser ses fréquentes visites, qui ne pouvaient plus être motivées par l'état de souffrance et de maladie, suite de mon chagrin.

Mon cher cousin vint un peu moins souvent; mais il s'établissait en visite pour trois ou quatre heures, quoique je pusse faire, même écrire, en lui disant que j'étais pressée : lorsque je l'invitais décidément à se retirer, comme il fallut le lui dire nettement, il était chez lui de si mauvaise humeur, et faisait un tel train à sa femme, qu'elle me priait d'avoir patience pour sa tranquillité. C'était surtout les dimanches et fêtes que j'avais à soutenir cette corvée : quand il faisait beau, j'échappais et donnais rendez-vous à sa femme chez mes vieux parents; car la recevoir chez moi avec lui, pour un peu de temps, ce n'était pas la voir, mais être témoin des scènes que son bourru de mari ne manquait pas de lui faire. Dans l'hiver, je pris un autre parti; aussitôt après le dîner, je donnais la clef des champs à ma bonne, qui m'enfermait à double tour et à triple barrière; je demeurais parfaitement seule et tranquille jusqu'à huit heures du soir. Trude était venu, n'avait trouvé personne qui lui répondît, était revenu, et s'était quelquefois promené deux heures aux environs de la maison, à la pluie ou à la neige, pour attendre le moment d'entrer. Me faire céler, lorsque j'y étais véritablement avec quelqu'un, était à peu près impossible; refuser absolument ma porte, en déterminant mon père à rompre avec le personnage (ce qui eût été difficile, parce qu'il n'avait point d'enfant, et que mon père trouvait bon de le ménager), c'était en revenir à l'extrémité que craignait sa femme, renoncer à notre liaison, et l'exposer à de nouvelles disgrâces.

Je ne connais rien de pire que d'avoir affaire à un fou; il n'est point de moyen avec lui que de le lier; tout le reste est inutile. Ce maussade cousin était pour moi un vrai fléau; et la plus grande preuve de ce que vaut sa femme, c'est que j'aie pu m'empêcher de le jeter par les fenêtres; mais il serait revenu par le grenier. Cependant, il faut être juste; Trude n'était point sans une sorte d'honnêteté : plus fou que bête, on eût dit qu'il savait jusqu'à quel point il pouvait extravaguer impunément ; jamais son grossier langage ne fut indécent. Lorsque sa femme venait à la promenade avec moi, il nous épiait ; et si nous étions abordées ou saluées d'un homme quelconque, il devenait inquiet et furieux jusqu'à ce qu'il se fût assuré de qui ce pouvait être. On croit peut-être qu'il était jaloux envers sa femme ; c'était vrai jusqu'à certain point : mais il l'était à mon sujet bien davantage. Malgré les bizarreries de sa situation, la douceur de madame Trude était accompagnée de gaieté : elle pleurait un jour, et réunissait ses amis le lendemain ; elle donnait à manger de loin en loin, et ces repas de famille étaient suivis de danses, une ou deux fois dans l'hiver. Sa cousine était toujours l'héroïne de la fête, et son mari en était plus aimable durant quelques jours. Je fis connaissance, chez elle, de deux personnes que je veux citer : l'une était l'abbé Bexon, petit bossu plein d'esprit, grand ami de François de Neufchâteau et de Masson de Morvilliers, auteur d'une histoire de Lorraine, qui n'a pas eu de grands succès, dont Buffon employait la plume, comme celle de quelques autres, pour préparer des matériaux et des esquisses, auxquels il mettait ensuite sa touche et son coloris. Bexon, appuyé par Buffon son protecteur, et quelques femmes de qualité dont il avait connu les parentes à Remiremont, lieu de son origine et d'un chapitre de nobles chanoinesses, devint grand chantre de la Sainte-Chapelle de Paris.

Il prit avec lui sa mère et sa sœur, qui fourniraient à un épisode, si j'avais le goût d'en faire qui ne tinsse pas nécessairement au sujet.

Le pauvre hère mourut trop tôt pour le bien de sa grande sœur aux yeux noirs quêtant des adorateurs, et aux belles épaules qu'elle aimait à montrer. Il vint me voir deux fois chez mon père, et fut si transporté de trouver, sur ma table, Xénophon en in-folio, qu'il voulait m'embrasser dans son extatique ravissement. Comme il n'y avait pas de quoi, à mon avis, je le calmai si bien, par ma froideur, qu'il ne fit que de l'esprit sans transports, et je ne le revis plus que chez ma cousine.

L'autre personne était l'honnête Gibert : grave dans ses mœurs, infiniment doux dans ses manières, marié jeune à une femme qui avait eu plus de figure que de douceur, il en avait un fils unique, dont l'éducation l'occupait chèrement. Employé dans l'administration des postes, il consacrait quelques instants de loisir à la musique et à la peinture.

Gibert avait tous les caractères d'un homme juste et vrai ; il ne les a jamais démentis. Ses torts sont ceux du jugement ; l'amitié, chez lui, est une sorte de fanatisme, et l'on est tenté de respecter ses erreurs en les plaignant. Gibert était lié, depuis l'enfance, avec un homme pour lequel il professait autant de vénération que d'attachement ; il vantait son mérite dans l'occasion, et il était glorieux d'en être l'ami. Gibert désira faire ma connaissance ; sa femme et lui vinrent chez mon père : je leur rendis visite ; et

comme ils n'allaient pas souvent ensemble, il revint
seul de loin en loin. Je le reçus toujours avec plaisir
et distinction, et nous contractâmes, avec le temps,
une véritable liaison d'amitié. Gibert ne tarda pas
beaucoup à me parler de son phénix; il semblait
qu'il ne serait heureux que lorsque son ami et moi
pourrions nous admirer réciproquement; enfin, il
nous réunit à dîner chez lui. Je vis un homme dont
l'excessive simplicité allait jusqu'à la négligence;
parlant peu, ne fixant personne, il eût été difficile à
juger, sur une entrevue, pour quiconque n'aurait
jamais entendu faire mention de lui; et j'avoue que,
malgré mon goût tout particulier pour le ton modeste, celui de cet homme était si humble, que je
l'aurais volontiers pris au mot sur son propre compte.
Cependant, comme il ne manquait ni de jugement, ni
de quelques connaissances, on lui savait plus de gré
d'en montrer lorsqu'il venait à les faire entrevoir, et
l'on finissait, comme Gibert, par lui en croire beaucoup plus qu'il n'en avait effectivement. Sa femme,
peu signifiante, mais sensible, rappelait toujours
l'*intenti que ora tenebant* de Virgile, quand elle
regardait parler son mari. Ce n'est pourtant pas
un être tout à fait ordinaire que celui qui sait en
imposer ainsi, même à ceux qui le fréquentent, sur
la mesure de son mérite effectif; il faut qu'il soit
grand en quelque chose, du moins en dissimula-
tion; et, si les circonstances l'intéressent à la pousser aussi loin qu'il soit possible dans les affaires
importantes, il peut devenir, de faux sage qui usur-

pait l'estime, scélérat aux dépens de ses contemporains. L'histoire en fera juger par la suite. Je vis peu l'ami de Gibert ; il abandonna une place lucrative, et la France même, pour aller s'établir en Suisse, où le portaient ses goûts champêtres, où l'appelait la liberté. Laissons-le partir ; il ne reviendra que trop. C'est ainsi que j'ai connu Pache ; car il faut bien le nommer ; c'est de lui dont il est question. On verra comment, plus de dix ans après, Gibert l'amena chez moi, le fit connaître à mon mari, qui le crut un homme probe par excellence ; l'annonça comme tel dans un instant où son suffrage pouvait faire une réputation, et devint la cause de son entrée au ministère, où il ne fit que des sottises, qui lui valurent de passer à la mairie, où il n'autorisa que des horreurs.

Madame Trude désira vivement de faire un voyage près d'une parente qui lui était chère ; il s'agissait d'une absence de quinze jours ou trois semaines. Son mari trouvait de l'inconvénient à ce que le comptoir fût aussi longtemps sans représentation ; au reste, la chose lui paraissait faisable, si je consentais à venir quelquefois, dans le milieu du jour, occuper cette place. Ma cousine souhaitait que j'eusse cette complaisance ; me l'exprimer, était assez me faire juger que je ne pouvais la refuser, et mon amitié pour elle s'y prêta sans hésiter. Je fus donc, sept à huit fois, de midi à six heures, prendre la place de madame Trude dans son comptoir : son mari, joyeux et fier, se conduisait fort bien, vaquait aux affaires du dehors, et parut sentir tout le mérite de mon procédé. Il était dit qu'il devait se trouver dans ma vie, qu'en dépit de mon aversion pour le commerce, j'aurais du moins vendu des lunettes et des verres de montre. La situation n'était pas plaisante : Trude était logé rue Montmartre, près de la rue Ticquetonne, où doit être encore son successeur : je n'imagine rien d'infernal comme le bruit des voitures éternellement roulantes dans ce lieu-là, entendu d'une boutique toute ouverte ; j'y serais devenue sourde, comme l'est aujourd'hui ma pauvre cousine. Quittons son triste ménage, dont nous verrons le sort, et rappelons mon autre parente.

J'allais chez mademoiselle Desportes une ou deux fois toutes les semaines, le jour où elle réunissait constamment la société : j'aurais des tableaux à faire, si les originaux en valaient la peine ; mais quand j'aurais dépeint des conseillers au Châtelet, comme le petit Mopinot, prétendant à l'esprit avec des épigrammes ; le dévot de La Presle, bonhomme, qui n'avait que le tort d'être bilieux et janséniste ; une douairière qui cachait le goût du plaisir sous une dévotion facile, telle que madame de Blancfumé ; un vieil et riche célibataire, trop dégoûtant pour être nommé ; un brave homme, raisonnant et réglé comme une horloge, tel que l'employé Baudin ; et une foule d'autres individus de différentes nuances, sans plus de valeur ; j'aurais perdu mes couleurs et mon temps. J'aimais pourtant à rencontrer le père Rabbe, oratorien très fin, respectable par son âge, aimable par la politesse de son esprit; et le docteur Coste, médecin provençal, qui s'amusait à imiter Perrault sans élever un Louvre, et qui disait du mal du mariage, comme le diable grimace devant un bénitier.

Mademoiselle Desportes avait hérité de sa mère, de la délicatesse et de la fierté; l'art de faire valoir sa petite fortune dans le commerce, sans paraître s'en mêler, et de traiter, sur le ton de la confiance et de l'égalité, avec les particuliers riches ou titrés qui s'adressaient à elle. Mais comme ce genre est véritablement étranger au commerce qui se soutient par l'active cupidité, elle vit diminuer encore son héritage, et finit par renoncer au commerce, en retranchant beaucoup de sa dépense.

Son caractère, ses mœurs, le ton de décence qui régnait chez elle, l'attachement qu'elle me témoignait, avaient fait désirer à ma mère que je la cultivasse; c'était là qu'elle m'envoyait souvent. Un piquet à écrire faisait le fond de la société, dont les autres membres causaient et travaillaient; mademoiselle Desportes me plaçait assez souvent au jeu, que je n'aimais point, pour exercer, je crois, ma complaisance; mais le secours d'un partenaire et la permission de rire de mes distractions, en rendaient l'exercice moins pénible.

Il faut bien que je fasse passer sur la scène, à son tour, un vieillard arrivé de Pondichéry, que je vis beaucoup, et avec intérêt, durant près d'un an. Mon père avait connu, je ne sais comment, par affaires je crois, et puis avait reçu à titre d'ami, un officier réformé, devenu commis sans place, qui s'appelait Demontchery : c'était un homme de trente-six ans, ayant les manières polies, le ton du cœur, ces grâces que donne l'usage du monde, et peut-être la fleur de la galanterie. Demontchery cultivait mon père, mais entrait rarement chez ma mère, qui n'aurait pas souffert d'assiduités. Il professait franchement pour moi, respect, estime, etc., et l'ambition de solliciter ma main, si la fortune cessait de lui être contraire. Elle l'envoya droit aux grandes Indes ; il donna de ses nouvelles, et ne cachait point ses vœux pour des succès qui lui permissent de revenir avec avantage. Mais, simple capitaine de cipayes, et trop galant homme pour entendre rien à acquérir, il n'était pas, je crois, fort avancé lorsqu'il revint, après sept ans d'absence, et qu'accourant chez mon père, il me vit mariée depuis quinze jours ; j'ignore ce qu'il est devenu, et ce qu'il m'eût inspiré si j'avais dû penser à lui. Durant son séjour à Pondichéry, il fit connaissance d'un M. de Sainte-Lette, l'un des membres du conseil, et le chargea de lettres pour mon père, lorsque le conseil députa Sainte-Lette à Paris, en 1776, pour quelque affaire importante.

Sainte-Lette avait plus de soixante ans ; c'était un homme que la vivacité de l'esprit et l'emportement des passions avaient égaré dans sa jeunesse, où il dissipa sa fortune à Paris. Il était passé en Amérique ; il y était demeuré à la Louisiane, directeur de la traite avec les sauvages, durant treize ans ; de là,

jeté en Asie, employé dans l'administration à Pondichéry, il cherchait à réunir les moyens de vivre un
jour, ou de mourir en France avec son ami de
jeunesse, M. de Sévelinges, dont je dirai quelque
chose. Une voix grave et solennelle, distinguée par
l'accent que donnent l'expérience et le malheur,
soutenue par l'expression facile d'un esprit exercé,
me frappa dans Sainte-Lette à son abord. Demontchery lui avait parlé de moi ; c'était probablement ce
qui lui inspirait le désir de faire connaissance. Mon
père le reçut bien ; je l'accueillis avec empressement,
parce qu'il m'intéressa bientôt ; sa société me fut
très agréable ; il recherchait la mienne, et, pendant
tout le temps que dura son voyage, il ne passait
point quatre ou cinq jours sans me rendre visite.

Les gens qui ont beaucoup vu sont toujours bons
à entendre, et ceux qui ont beaucoup senti ont
toujours vu plus que d'autres, lors même qu'ils
auraient moins voyagé que n'avait fait Sainte-Lette.
Il avait ce genre d'acquit que donne l'expérience bien
plus que celui des livres ; moins savant que philosophe, il raisonnait d'après le cœur humain, et il
avait conservé de sa jeunesse le goût de la poésie
légère, dans laquelle il avait écrit de jolies choses.
Il me donna plusieurs de ces morceaux ; je lui com-
muniquai quelques-unes de mes rêveries, et il me
répéta plusieurs fois, d'un ton prophétique, c'est-
à-dire persuadé : « Mademoiselle ; vous avez beau
vous en défendre, vous finirez par faire un ouvrage!
— Ce sera donc sous le nom d'autrui? lui répliquai-

je, car je me mangerais les doigts avant de me faire auteur. »

Sainte-Lette rencontra chez mon père une personne dont j'avais fait connaissance depuis quelques mois, et qui devait puissamment influer sur le sort de ma vie, quoique je ne le prévisse guère alors. J'ai déjà dit que Sophie, plus distraite que moi par les habitudes de la société, était loin d'y trouver de l'avantage ; elle m'avait parlé quelquefois d'un homme de mérite, fixé à Amiens par sa place, et qui allait souvent chez sa mère lorsqu'il demeurait à sa résidence ; ce qui n'était pourtant pas très commun, parce qu'il venait à Paris tous les hivers, et faisait souvent dans l'été de plus longs voyages. Elle me l'avait cité, parce que, dans la foule insignifiante dont elle était environnée, elle distinguait avec plaisir un individu dont la conversation instructive lui paraissait toujours nouvelle ; dont les manières austères, mais simples, inspiraient de la confiance, et qui, sans être aimé de tout le monde, parce que sa sévérité, parfois caustique, déplaisait à beaucoup de gens, était généralement considéré. Sophie lui avait aussi parlé de sa bonne amie ; d'ailleurs, il n'était bruit dans sa famille que de l'intimité, de la constance d'une liaison de couvent, qui prenait avec les années certain caractère respectable ; enfin il avait vu mon portrait que madame Cannet avait mis chez elle en évidence. « Pourquoi donc, disait-il souvent, ne me faites-vous pas connaître cette bonne amie? Je vais à Paris tous les ans ; n'aurai-je point une lettre pour elle? » Il obtint cette

commission désirée, au mois de décembre 1775 ; j'étais
encore en deuil de ma mère, et dans cette douce mélancolie qui succède aux violents chagrins. Quiconque se présentait de la part de Sophie ne pouvait
manquer d'être bien reçu. « Cette lettre te sera remise, m'écrivait ma bonne amie, par le philosophe
dont je t'ai fait quelquefois mention, M. Roland de la
Platière, homme éclairé, de mœurs pures, à qui l'on
ne peut reprocher que sa grande admiration pour les
anciens aux dépens des modernes qu'il déprise, et le
faible de trop aimer à parler de lui. » Ce portrait est
moins qu'une ébauche ; mais le trait se trouvait juste
et bien saisi. Je vis un homme de quarante et quelques années, haut de stature, négligé dans son
attitude, avec l'espèce de raideur que donne l'habitude du cabinet ; mais ses manières étaient simples et faciles, et, sans avoir le fleuri du monde,
elles alliaient la politesse de l'homme bien né à la
gravité du philosophe. De la maigreur, le teint acci-
dentellement jaune, le front déjà peu garni de cheveux
et très découvert, n'altéraient point des traits régu-
liers, mais les rendaient plus respectables que sé-
duisants. Au reste, un sourire extrêmement fin et
une vive expression développaient sa physionomie et
la faisaient sortir comme une figure toute nouvelle,
quand il s'animait dans le récit, ou à l'idée de quelque chose qui lui fût agréable. Sa voix était mâle,
son parler bref, comme celui d'un homme qui
n'aurait pas la respiration très longue ; son discours
plein de choses, parce que sa tête était remplie

d'idées, occupait l'esprit plus qu'il ne flattait l'oreille ;
sa diction était quelquefois piquante, mais revêche
et sans harmonie. C'est un agrément rare et bien
puissant, je crois, sur les sens, que le charme de la
voix ; il ne tient pas seulement à la qualité du son,
il résulte encore de cette délicatesse de sentiments
qui varie les expressions et modifie l'accent.

On m'interrompt, pour m'apprendre que je suis
comprise dans l'acte d'accusation de Brissot, avec
tant d'autres députés qu'on vient d'arrêter nouvellement. Les tyrans sont aux abois ; ils croient com-
bler le précipice ouvert devant eux en y précipitant
les honnêtes gens ; mais ils tomberont après. Je ne
crains point d'aller à l'échafaud en si bonne compagnie ; il y a honte de vivre au milieu des scélérats.

Je vais expédier ce cahier, quitte à suivre sur un
autre, si l'on m'en laisse la faculté.

Vendredi 4 octobre, anniversaire de ma fille qui a
aujourd'hui douze ans.

Lorsqu'à l'ouverture de mon adolescence j'éprouvais cette sorte d'agitation que donne le désir de
plaire, j'étais émue au son de ma propre voix ;
j'avais besoin de la modifier pour me plaire à moi-
même. Je conçois que l'exquise sensibilité des Grecs
leur fit attacher beaucoup de prix à toutes les parties de l'art de la parole ; je comprends aussi que le
sans-culottisme fasse dédaigner ces grâces et nous
conduise à une grossièreté féroce, tout aussi éloignée
de la précision des Spartiates dans leur langage plein
de sens, que de l'éloquence des Athéniens aimables.

Cette beauté de l'organe de la voix très différente de sa force, n'est pas plus commune dans les orateurs qui font profession de l'exercer, que dans la foule qui compose les sociétés. Je l'ai cherchée dans nos trois assemblées nationales; je ne l'ai trouvée parfaite chez personne : Mirabeau lui-même, avec la magie imposante d'un noble débit, n'avait pas un timbre flatteur, ni la prononciation la plus agréable. Les Clermonts en approchaient davantage. « Où donc était votre modèle, » pourrait me demander quelqu'un ? Je répondrais comme ce peintre à qui l'on demandait où il prenait cet air charmant qu'il donnait aux têtes créées par son pinceau : « Là-dedans, » disait-il, en mettant le doigt sur son front; je porterais le mien à mes oreilles. J'ai peu fréquenté le spectacle; mais j'ai cru m'apercevoir que ce mérite y était également difficile à trouver. Larive, le seul peut-être à citer, laissait encore quelque chose à désirer.

Mais nous avons laissé jadis Lablancherie à Orléans ou ailleurs; il faut couler à fond ce personnage.

De retour peu après la mort de ma mère, il apprit cet événement en venant pour la voir, et il manifesta une surprise, une douleur qui me touchèrent et me plurent. Il revint me faire des visites; je le voyais avec intérêt. Mon père, qui, dans ces commencements, s'imposait la loi de rester près de moi lorsqu'il y venait quelqu'un, trouva que l'emploi de duègne n'était pas amusant, et qu'il serait plus commode pour lui d'interdire tout abord à quiconque n'aurait pas la gravité d'âge nécessaire à ses yeux pour dispenser de sa présence, et me laisser à ma bonne, à moi-même. Il m'annonça qu'il comptait prier Lablancherie de ne plus revenir; je ne répliquai pas le plus petit mot, quoique j'en ressentisse quelque chagrin; je m'occupais de celui que je supposais qu'il éprouverait à cette défense; je pris la résolution de la lui adoucir, en lui faisant moi-même cette injonction; car la tournure de mon père me faisait craindre qu'il ne la rendît désobligeante. Lablancherie m'intéressait, et j'imaginais que je pourrais bien l'aimer; la tête seule travaillait, je crois, mais elle était en chemin. J'écrivis donc une belle lettre qui donnait à Lablancherie son congé, qui lui ôtait tout espoir de me répondre, mais qui ne devait pas détruire celui d'avoir plu, s'il en était flatté.

Cette glace rompue donna cours à des idées mélancoliques et douces, dont mon bonheur n'était pas autrement troublé. Sophie vint à Paris; elle y fit quelque séjour avec sa mère et sa sœur Henriette, qui, se trouvant alors à notre niveau, par les années que nous avions gagnées, et le calme qu'elle avait acquis, devint aussi ma bonne amie. Les agréments de sa vive imagination jetaient partout des étincelles et animaient les liaisons dont elle faisait partie.

J'allais souvent au Luxembourg, avec mes amies et mademoiselle d'Hangard; j'y rencontrai Lablancherie : il me saluait respectueusement, et je rendais le salut avec quelque émotion. « Tu connais donc ce monsieur, me dit un jour mademoiselle d'Hangard, qui avait d'abord pris son salut pour elle? — Oui; et toi-même? — Oh! certainement; mais je ne lui ai jamais parlé. Je vois mesdemoiselles Bordenave dont il a demandé la cadette en mariage. — Y a-t-il long-temps? — Un an, six mois, dix-huit peut-être; il avait trouvé moyen de s'introduire dans la maison; il y allait de temps en temps, définitivement il a fait sa déclaration : ces demoiselles sont riches, la cadette est jolie; lui n'a pas le sou, et il cherche une héritière; car il a fait semblable demande d'une autre personne de leur connaissance, à ce qu'elles ont appris : on l'a éconduit; nous l'appelons l'amou-reux des onze mille vierges. — D'où le connais-tu? — De l'avoir vu au concert de madame Lépine. » Et je me mordis les lèvres, en gardant le reste, bien piquée d'avoir cru que j'étais aimée d'un homme qui, sans doute, n'avait demandé ma main que parce que j'étais fille unique; piquée bien plus en-core de lui avoir fait une belle lettre qu'il ne méri-tait point. Matière à méditation pour exercer ma pru-dence une autre fois !

Quelques mois s'étaient écoulés, lorsqu'un jour un petit savoyard vint dire à ma bonne que quel-qu'un demandait à lui parler, je ne sais où : elle sort, rentre, et me dit que M. Lablancherie l'avait chargée de me supplier de le recevoir. C'était un dimanche; j'attendais de mes parents : « Oui, lui ré-pliquai-je, qu'il vienne, mais à l'instant; puisqu'il vous attend près de la maison, allez le trouver, et le faites entrer. » Lablancherie arrive; j'étais au coin de mon feu. « Je n'osais, mademoiselle, me présenter chez vous, depuis la défense que vous m'en aviez faite; je désirais extrêmement de vous entretenir, et je ne puis vous exprimer ce que m'a fait éprouver la lettre chère et cruelle que vous m'adressâtes alors. Ma situation a varié depuis cette époque; j'ai maintenant des projets auxquels vous pourriez n'être pas étrangère. » Il me développa aussitôt l'idée d'un ouvrage de critique et de morale par lettres, dans le genre du *Spectateur*, m'invitant à traiter ainsi quelque sujet. Je le laissai parler sans l'interrompre; j'attendais même encore, après qu'il eut fait une petite pause, pour qu'il achevât de défiler son chapelet. Quand il eut tout dit, je m'exprimai à mon tour, et je lui observai, avec calme et politesse, que j'avais pris le soin de l'avertir moi-même de discontinuer ses visites, parce que les sentiments qu'il avait déclarés à mon père à mon sujet, me faisant supposer qu'il mettait de l'intérêt à les continuer, j'avais voulu lui marquer ma reconnaissance pour cette attention; qu'à mon âge la vivacité de l'imagination se mêlait de presque toutes les affaires, et en changeait quelquefois la face; mais que l'erreur n'était pas un crime, et que j'étais revenue de la mienne de trop bonne grâce pour qu'elle dût l'occuper; que j'admirais ses projets littéraires, sans vouloir y prendre part d'aucune manière, non plus qu'à ceux de personne; que je me bornais à des vœux pour les succès de tous les auteurs du monde, ainsi que pour les siens dans tous les genres; que c'était pour le lui dire que j'avais consenti à le recevoir, afin qu'il se dispensât de toute tentative semblable par la suite; d'après quoi, je le priais de terminer là sa visite. La surprise, la douleur, l'agitation, tout ce qui convient en pareil cas allait être déployé; je l'arrêtai, en disant à Lablancherie que j'ignorais si mesdemoiselles Bordenave et d'autres, auxquelles il s'était adressé à peu près dans le même temps, s'étaient exprimées à son égard avec une égale franchise; mais que la mienne était sans bornes, et que les résolutions qu'elle peignait n'admettaient point d'explication. Je me levai au même instant; je fis la révérence, et ce geste de la main qui indique la porte à ceux qu'on veut voir partir. Le cousin Trude arrivait; jamais je ne vis son rude visage avec plus de plaisir. Lablancherie fila sa retraite en silence; je ne l'ai plus revu; mais qui n'a pas entendu parler, depuis ce temps-là, de l'agent général de la correspondance pour les sciences et les arts?

Celui-ci hors de scène, retournons à Sainte-Lette et Roland.

Nous étions arrivés à la fin de l'été 1776; j'avais vu plusieurs fois, depuis huit ou neuf mois, M. Roland: ses visites n'étaient pas fréquentes, mais il les faisait longues, comme les gens qui, n'allant pas pour se montrer à tel lieu, mais parce qu'ils se plaisent à y être, s'y arrêtent autant qu'ils le peuvent. Sa conversation, instructive et franche, ne m'en-

nuyait jamais, et il aimait à se voir écouter avec
intérêt, chose que je sais fort bien faire, et qui m'a
valu peut-être encore plus d'amis que l'avantage de
m'énoncer moi-même avec quelque facilité. Je l'avais
connu à son retour d'Allemagne; maintenant il se
disposait à faire le voyage d'Italie; et dans les dispositions d'ordre, dont ne manquent guère de s'occuper les gens sensés à la veille d'une longue absence,
il m'avait choisie pour la dépositaire de ses manuscrits, desquels je demeurais maîtresse, s'il lui arrivait malheur. Je fus sincèrement touchée de cette
marque d'estime toute particulière, et je la reçus
avec actions de grâces. Le jour de son départ, il
dîna chez mon père avec Sainte-Lette; en me
quittant, il me demanda la permission de m'embrasser; et, je ne sais comment, mais cette politesse
ne s'accorde jamais sans rougeur pour une jeune
personne. « Vous êtes heureux de partir, lui dit
Sainte-Lette, de sa voix grave et solennelle; mais
dépêchez-vous de revenir, pour en demander autant. »

Durant le séjour de Sainte-Lette en France, son
ami Sévelinges devint veuf; il alla le trouver à Sois-
sons, sa résidence, pour partager sa douleur, et
l'amena à Paris, pour l'en distraire. Ils vinrent me
voir ensemble. Sévelinges était un homme de cin-
quante-deux ans, gentilhómme peu fortuné; il remplissait en province une place de finance, et cultivait
les lettres en philosophe qui connaît leurs douceurs.
Ayant fait ainsi sa connaissance, je demeurai en

relation avec lui au départ de Sainte-Lette, qui trouvait, disait-il, quelque plaisir, en quittant la France, à penser que son ami n'y perdrait pas l'avantage de correspondre avec moi. Cet intéressant vieillard s'embarqua peut-être pour la cinq ou sixième fois de sa vie. Un ulcère à la tête, dont il s'était déjà ressenti, s'ouvrit lorsqu'il était en mer : il arriva malade à Pondichéry, où il mourut six semaines après son retour. Nous apprîmes sa mort par Demontchéry. Sévelinges le regretta vivement ; il m'écrivait de temps en temps ; et ses lettres, aussi bien peintes qu'agréablement dictées, me faisaient grand plaisir ; elles portaient un caractère de philosophie douce et d'une sensibilité mélancolique pour lesquelles j'ai eu beaucoup de penchant. J'ai remarqué à ce sujet que Diderot avait dit, avec assez de justesse, qu'un grand goût suppose un grand sens, des organes délicats et un tempérament un peu mélancolique.

Mon père, dont les dispositions heureuses s'altéraient insensiblement, trouva qu'il était assez inutile de faire de l'esprit qui coûtait des ports de lettres : je comptai mon chagrin au petit oncle qui m'autorisa à lui faire adresser les lettres de Sévelinges, qu'il avait vu à la maison. Mes manuscrits me revinrent, avec quelques observations critiques dont je fus très glorieuse ; car je n'imaginais pas que mes œuvres valussent l'examen ; c'étaient, à mes propres yeux, des rêveries assez sages, mais communes, sur des choses qu'il me semblait que chacun doit savoir ; je ne pensais pas qu'elles eussent d'autre mérite que l'originalité d'avoir été faites par une jeune fille. J'ai conservé longtemps la plus entière bonhomie sur mon propre compte; il a fallu le train de la révolution, le mouvement des affaires, la variété de mes situations, la fréquence des comparaisons dans une grande foule et parmi les gens estimés par leur mérite, pour me faire apercevoir que le gradin où je me trouvais n'était pas fort surchargé de monde. Au reste, et je me dépêche de l'observer, cela m'a prouvé bien plus la pauvreté de l'espèce dans mon pays, qu'inspiré une haute idée de moi-même. Ce n'est pas l'esprit qui manque, il court les rues; c'est la justesse du jugement et la force du caractère. Sans ces deux qualités, cependant, je ne reconnais point ce qu'on peut appeler un homme. En vérité, Diogène avait bien raison de prendre une lanterne! Mais une révolution peut en tenir lieu : je ne connais pas de toise plus exacte ou de meilleure pierre de touche.

L'Académie de Besançon avait proposé pour sujet de prix la question de savoir : *Comment l'éducation des femmes pouvait contribuer à rendre les hommes meilleurs?* Mon imagination se mit en campagne; je pris la plume, et je fis un discours que j'envoyai incognito, et qui, comme on peut le croire, ne fut pas jugé digne du prix. Il ne s'en trouva point qui remportât cet honneur. Le sujet fut proposé de nouveau; je n'ai pas su ce qui en était résulté l'année suivante.

Je fis passer ce discours à M. Sévelinges, mais

après l'avoir expédié à Besançon ; Sévelinges me fit
des remarques uniquement sur le style : ma tête
s'était refroidie ; je trouvai mon ouvrage excessivement défectueux par le fond, et je m'amusai à en
faire une critique, comme s'il eût été d'un autre
dont j'eusse voulu me bien moquer. On peut appeler
cela se chatouiller pour se faire rire, ou se donner
des soufflets pour s'échauffer les joues ; mais assurément on ne rit pas tout seul de meilleur cœur et plus
innocemment. Six mois, un an et plus s'écoulèrent
dans cette correspondance d'esprit, au milieu de
laquelle cependant diverses idées prenaient place.
Sévelinges paraissait s'inquiéter de ma situation,
et s'ennuyer d'être seul ; il faisait beaucoup de
réflexions sur les charmes d'une société pensante ;
nous raisonnâmes longuement sur ce sujet. Je ne
sais pas bien ce qui s'ensuivit dans sa tête, mais il
fit un voyage à Paris, et se présenta chez mon père
incognito, comme pour affaire. Ce qu'il y eut de
très plaisant, c'est que je ne le reconnus pas, quoique
ce fût moi qui le reçus. Mais l'air excessivement
mortifié dont il me quitta m'ayant frappée, réveilla
dans mon souvenir l'idée de ses traits ; je trouvai,
après qu'il fut parti, que cet inconnu lui ressemblait
beaucoup, et je m'assurai bientôt par ses lettres que
c'était effectivement lui. Cette singularité me fit une
impression fort peu agréable, et que je ne saurais
définir ; notre correspondance se ralentit ; elle cessa
dans la suite, comme je le dirai.

J'allais quelquefois à Vincennes : le réduit canonial

de mon oncle était fort joli, la promenade charmante, sa société douce; mais quoiqu'il eût l'agrément d'avoir sa maison bien tenue par mademoiselle d'Hannaches, il commençait à éprouver qu'il fallait le payer de toutes les tracasseries de l'humeur et de la sottise d'une vieille fille à prétention. Le château de Vincennes était habité par nombre de personnes que la cour y gratifiait d'un logement : là, c'était un vieux censeur royal, Moreau de la Garve; ici, un esprit, madame de Puisieux précisément; plus loin est une comtesse de Laurencier; plus bas, une veuve d'officier, et ainsi du reste; sans compter le lieutenant de roi Rougemont, que Mirabeau a fait connaître, et dont la face bourgeonnée et la bêtise insolente faisaient le composé le plus dégoûtant. Une compagnie d'invalides, des officiers de laquelle les femmes faisaient partie de la société, formaient, avec tout ce monde et le chapitre, sans compter les prisonniers du donjon, six cents habitants dans la seule enceinte du château. Mon oncle était reçu partout, ne se présentait souvent nulle part, et ne voyait chez lui qu'un petit nombre de personnes. Mais, au retour de la promenade, on s'arrêtait ordinairement le soir au pavillon du pont sur le parc, où se réunissaient les femmes, C'est là que je trouverais encore des tableaux à peindre, si j'avais le temps d'en faire; mais les heures me talonnent, le chemin qui me reste à parcourir est bien long; je saute donc à pieds joints sur beaucoup de choses. Il y en aurait pourtant de jolies à dire sur les bals de l'allée des

Voleurs; sur les courses de d'Artois; sur les folies de Seguin, caissier du duc d'Orléans, dont on célébrait la fête (de Seguin) par des illuminations, et qui fit banqueroute peu après; et les agréables promenades du bois, et la belle vue du haut parc sur la Marne, pour laquelle nous franchissions une brèche du mur, et ces ermites du bois placés d'une manière si pittoresque, dans l'église desquels était un tableau précieux pour l'art, curieux pour le sujet, où l'on voyait des milliers de diables tourmenter les damnés d'autant de façons; et mes lectures avec mon oncle, surtout celle des tragédies de Voltaire dont nous déclamions un jour, chacun à notre tour, quelques rôles, lorsqu'à l'instant du plus grand pathétique, mademoiselle d'Hannaches, qui filait en silence, se mit à crier de sa voix grêle, contre les poules, avec lesquelles nous eûmes envie de l'envoyer; et ces concerts boiteux d'après souper, où, sur la table qu'on venait de desservir, des étuis de manchons servaient de pupitre au bon chanoine Bareux, en lunettes, faisant ronfler sa basse tandis que j'égratignais un violon, et tandis que mon oncle détonnait sur la flûte. Ah! je reviendrai sur ces douces scènes, si l'on me laisse vivre; mais il faut rentrer au logis, toutefois après avoir parlé d'un certain hâbleur qui eut quelque nom.

Les manuscrits que m'avait laissés M. Roland me le firent mieux connaître durant les dix-huit mois qu'il passa en Italie que n'eussent pu faire de fréquentes visites. C'étaient des voyages, des réflexions, des projets d'ouvrages, des anecdotes qui lui étaient personnelles; une âme forte, une probité austère, des principes rigoureux, du savoir et du goût s'y montraient à découvert.

Né dans l'opulence, d'une famille ancienne, distinguée dans la robe par son intégrité, il avait vu, jeune encore, la fortune s'évanouir par le défaut d'ordre d'une part, et de l'autre les excès de la dépense. Le dernier de cinq frères à qui l'on fit prendre parti dans l'Église, il avait, seul et sans secours, quitté la maison paternelle à l'âge de dix-neuf ans, pour ne point s'engager dans les ordres, ni dans le commerce auquel il répugnait également. Arrivé à Nantes de son premier vol, il s'y était placé chez un armateur pour s'instruire de différentes choses, avec le projet de passer aux Indes. Les arrangements étaient pris; un crachement de sang survint et lui fit défendre la mer s'il n'y voulait périr. Il se rendit à Rouen, où M. Godinot, son parent, inspecteur des manufactures, lui proposa d'entrer dans cette partie d'administration : il s'y détermina, s'y distingua bientôt par son activité, son travail, et s'y trouva enfin utilement placé. Les voyages et l'étude partageaient son temps et remplissaient sa vie. Avant de partir pour l'Italie, il avait amené chez mon père son frère le plus chéri, bénédictin, alors prieur au collège de Cluny à Paris; c'était un homme d'esprit, de mœurs douces et d'un caractère aimable. Il venait me voir quelquefois et me communiquer les notes que son frère lui faisait passer; car, à mesure qu'il voyageait, il couchait ses observations par écrit. Cet ouvrage, plein de choses, ne manque que d'une meilleure rédaction pour être le premier en rang dans les Voyages de l'Italie. Le refondre a été l'un de nos projets depuis que nous sommes unis, mais je voulais voir aussi l'Italie; le temps et les événements nous ont entraînés d'un autre côté.

Au retour de M. Roland, je me trouvai un ami; sa gravité, ses mœurs, ses habitudes, toutes consacrées au travail, me le faisaient considérer comme un philosophe qui n'existait que par la raison. Une sorte de confiance s'établit; et par le plaisir qu'il trouva près de moi, il contracta par degrés le besoin d'y venir toujours plus souvent. Il y avait près de cinq ans que j'avais fait sa connaissance lorsqu'il me déclara des sentiments tendres; je n'y fus pas insensible, parce que j'estimais sa personne plus qu'aucune que j'eusse connue jusqu'alors. Je lui dis franchement que sa recherche m'honorait, et que j'y répondrais avec plaisir; mais que je ne me croyais pas un bon parti pour lui. Je lui développai alors, sans réserve, l'état de la maison : elle était ruinée. J'avais échappé, par des comptes que je pris enfin sur moi de demander à mon père, au risque d'éprouver sa disgrâce, cinq cents livres de rente qui faisaient, avec ma garde-robe, tout le reste de cette apparente fortune dans laquelle j'avais été élevée.

Mon père était jeune; ses erreurs pouvaient l'entraîner à contracter des dettes que son impuissance

à les remplir rendrait déshonorantes. J'étais trop
fière pour vouloir m'exposer à la malveillance d'une
famille qui ne s'honorerait point de mon alliance,
ou à la générosité d'un époux qui n'y trouverait que
des chagrins : je conseillai M. Roland, comme aurait
pu faire un tiers étranger, pour le dissuader de songer à moi. Il persista ; je fus touchée, et je consentis
à ce qu'il fît auprès de mon père les démarches nécessaires ; mais, préférant de s'exprimer par écrit, il
fut résolu qu'il ne s'ouvrirait que par lettre lorsqu'il
serait retourné à sa résidence ; et nous passâmes le
reste du temps de son voyage d'alors à Paris à nous
voir tous les jours ; je le considérai comme l'être
auquel je devais unir ma destinée, et je m'attachai à
lui. Dès qu'il fut retourné à Amiens, il écrivit à mon
père pour lui exposer ses vœux et ses desseins. Mon
père trouva la lettre sèche ; il n'aimait pas la raideur de
M. Roland, ne se souciait guère d'avoir pour gendre
un homme austère dont les regards lui paraissaient
ceux d'un censeur ; il lui répondit avec dureté, impertinence, et me montra le tout quand il eut fait
partir sa réponse. Je pris sur-le-champ ma résolution.
J'écrivis à M. Roland que l'événement n'avait que
trop justifié mes craintes à l'égard de mon père ;
que je ne voulais pas lui causer d'autres disgrâces ;
que je le priais d'abandonner son projet. Je déclarai
à mon père ce que sa conduite m'avait mis dans le cas
de faire ; j'ajoutai qu'après cela il ne serait point
étonné que je prisse une situation nouvelle et que
je me retirais dans un couvent. Mais comme je lui

savais quelques dettes pressantes, je lui laissai la portion d'argenterie qui m'appartenait, pour y satisfaire ; je louai un petit appartement à la Congrégation, et j'y établis ma retraite, bien décidée à réduire mes besoins sur mes revenus. Je le fis. J'aurais à donner des détails très piquants sur cet état où je commençai d'user des ressources d'une âme forte. Je calculai sévèrement ma dépense, en mettant de côté pour des cadeaux à faire aux gens de service de la maison. Des pommes de terre, du riz, des haricots cuits dans un pot avec quelques grains de sel et un peu de beurre, variaient mes aliments et faisaient ma cuisine sans me prendre beaucoup de temps. Je sortais deux fois la semaine : l'une pour visiter mes grands-parents ; l'autre pour me rendre chez mon père, donner un coup d'œil à son linge, emporter ce qu'il était nécessaire de lui raccommoder. Le reste du temps, fermée sous mon toit de neige, comme je l'appelais, car je logeais près du ciel, et c'était dans l'hiver, sans vouloir faire de société habituelle avec les dames pensionnaires, je me livrais à l'étude ; je fortifiais mon cœur contre l'adversité, je me vengeais à mériter le bonheur, du sort qui ne me l'accordait pas. Tous les soirs, la sensible Agathe venait passer une demi-heure près de moi ; les douces larmes de l'amitié accompagnaient les effusions de son cœur ; un tour de jardin, aux heures où chacun était retiré, faisait ma promenade solitaire ; la résignation d'un esprit sage, la paix d'une bonne conscience, l'élévation d'un caractère qui défie l'infortune, ces habitudes laborieuses qui font couler si rapidement les heures, ce goût délicat d'une âme saine qui trouve dans le sentiment de l'existence et celui de sa propre valeur des dédommagements inconnus au vulgaire, tels étaient mes trésors. Je n'étais pas toujours sans mélancolie, mais elle avait ses charmes; et si je n'étais point heureuse, j'avais en moi tout ce qu'il fallait pour l'être; je pouvais m'enorgueillir de savoir me passer de ce qui me manquait d'ailleurs.

M. Roland, étonné, affligé, continua de m'écrire en homme qui ne cessait point de m'aimer, mais que la conduite de mon père avait blessé; il vint au bout de cinq ou six mois, et s'enflamma en me revoyant à la grille où je conservais cependant le visage de la prospérité. Il voulut me sortir de cette clôture, m'offrit de nouveau sa main, me fit presser de l'accepter par son frère le bénédictin. Je réfléchis profondément à ce que je devais faire. Je ne me dissimulai point qu'un homme qui aurait eu moins de quarante-cinq ans n'aurait pas attendu plusieurs mois pour me déterminer à changer de résolution; et j'avoue bien que cela même avait réduit mes sentiments à une mesure qui ne tenait rien de l'illusion; je considérai, d'autre part, que cette instance, aussi très réfléchie, m'assurait que j'étais appréciée, et que s'il avait vaincu sa susceptibilité aux désagréments extérieurs que pouvait offrir mon alliance, j'en étais d'autant plus assurée d'une estime que je n'aurais pas de peine à justifier. Enfin, si le mariage était,

comme je le pensais, un lien sévère, une association
où la femme se charge, pour l'ordinaire, du bonheur
des deux individus, ne valait-il pas mieux exercer
mes facultés, mon courage, dans cette tâche honorable, que dans l'isolement où je vivais. Je devins la
femme d'un véritable homme de bien qui m'aima
toujours davantage à mesure qu'il me connut mieux.
Mariée dans tout le sérieux de la raison, je ne trouvai
rien qui m'en tirât ; je me dévouai avec une plénitude
plus enthousiaste que calculée. A force de ne considérer que la félicité de mon partenaire, je m'aperçus qu'il manquait quelque chose à la mienne : je
n'ai pas cessé un seul instant de voir dans mon
mari l'un des hommes les plus estimables qui existent, et auquel je pouvais m'honorer d'appartenir ;
mais j'ai senti souvent qu'il manquait entre nous de
parité ; que l'ascendant d'un caractère dominateur,
joint à celui de vingt années plus que moi, rendait
de trop l'une de ces deux supériorités. Si nous
vivions dans la solitude, j'avais des heures quelquefois pénibles à passer ; si nous allions dans le monde,
j'y étais aimée de gens dont je m'apercevais que
quelques-uns pourraient trop me toucher : je me
plongeai dans le travail de mon mari, autre excès
qui eut son inconvénient ; je l'habituai à ne savoir
se passer de moi pour rien au monde, ni dans aucun
instant.

La première année de mon mariage se passa toute
entière à Paris, où Roland était appelé par les intendants du commerce qui voulaient faire de nouveaux

règlements de manufactures, règlements que Roland combattit de toutes ses forces, par les principes
de liberté qu'il portait partout. Il faisait imprimer
la description, qu'il avait faite pour l'Académie, de
quelques arts, et il mettait au net ses manuscrits
sur l'Italie; il me fit son copiste et son correcteur
d'épreuves; j'en remplissais la tâche avec humilité,
dont je ne puis m'empêcher de rire, lorsque je me la
rappelle, et qui paraît presque inconciliable avec un
esprit aussi exercé que je l'avais; mais elle coulait de
mon cœur. Je respectais si franchement mon mari,
que je supposais aisément qu'il voyait mieux que
moi; et j'avais tant de crainte d'une ombre sur son
visage, il tenait si bien à ses opinions, que je n'ai
acquis qu'après assez longtemps la confiance de le
contredire. Je suivis alors un cours d'histoire naturelle et un cours de botanique; c'était l'unique et
laborieuse récréation de mes occupations de secrétaire et de ménagère; car, vivant en hôtel garni,
puisque notre domicile n'était point à Paris, et
m'étant aperçue que la délicate santé de mon mari
ne s'accommodait pas de toutes les cuisines, je prenais le soin de lui préparer moi-même les plats qui
lui convenaient. Nous passâmes quatre années à
Amiens; j'y fus mère et nourrice, sans cesser de
partager le travail de mon mari, qui s'était chargé
d'une partie considérable de la nouvelle encyclopé-
die. Nous ne quittions le cabinet que pour des promenades hors de la ville; je fis un herbier des plantes de la Picardie, et l'étude de la botanique aquatique

donna lieu à l'*Art du tourbier*. Des maladies fréquentes me donnèrent des inquiétudes pour la conservation de Roland; mes soins ne lui furent pas
inutiles, ce fut un nouveau lien; il me chérissait
pour mon dévouement; je m'attachais à lui par le
bien que je lui faisais.

Il avait connu en Italie un jeune homme dont il
estimait beaucoup l'âme douce et honnête, et qui,
revenu avec lui en France, où il s'adonna à l'étude
de la médecine, devint notre ami particulier. C'est
Lanthenas, que j'aurais estimé davantage, si la révolution, cette pierre de touche des hommes, en le
poussant dans les affaires, n'eût mis à découvert la
faiblesse de son caractère et sa médiocrité. Il a des
vertus privées, mais sans agréments extérieurs; il
convenait beaucoup à mon mari; il s'attacha beaucoup à nous deux ; je l'aimai, le traitai comme mon
frère, je lui en donnai le nom. Son attachement, son
honnêteté ne se sont de longtemps démenties : il
voulut venir demeurer avec nous; Roland l'agréait;
je m'y opposai, comme à un sacrifice. C'était un bon
et tendre frère, il ne pouvait être autre pour mon
cœur, et ce sentiment me rendait d'autant plus libre
et franche dans l'intimité établie entre nous trois.
Lanthenas fut, comme le vulgaire, content de ce
qu'il a. Sous le dernier ministère de mon mari, son
âme qui n'avait encore été mise à aucune épreuve,
fut épouvantée des grands mouvements que prenait
la révolution. Il ne voulut être à aucune des extré-
mités; ses opinions prirent une nouvelle teinte;

son cœur l'empêchait d'être féroce comme les Montagnards ; mais il n'osa plus voir comme nous : il prétendit se mettre entre le côté droit, dont il blâmait les passions, et le côté gauche, dont il ne pouvait approuver les excès ; il fut moins que rien et se fit mépriser des deux parts.

Sophie épousa, pendant mon séjour à Amiens, le chevalier de Gomicourt, qui vivait à six lieues de là, en fermier, dans sa terre. Henriette, qui avait aimé M. Roland, et à qui sa famille aurait voulu la marier, approuva hautement la préférence qu'il m'avait donnée, avec cette touchante sincérité qui honore son caractère et cette générosité d'âme qui la fait aimer. Elle se maria au vieux de Vouglans, quoiqu'il eût soixante-quinze ans. Toutes deux sont veuves : Sophie est redevenue dévote et sa poitrine attaquée la rend très languissante et fait craindre pour ses jours, nécessaires à deux jolis enfants. Les différences de notre moral, quant au caractère et aux opinions, ont, avec l'éloignement et les affaires, relâché notre liaison sans la rompre. Henriette, libre, toujours vive et affectueuse, est venue me voir dans ma captivité, où elle aurait voulu prendre ma place pour assurer mon salut.

Roland avait désiré, au commencement de notre mariage, que je visse peu mes bonnes amies ; je me pliai à ses vœux et je ne repris la liberté de les fréquenter davantage que lorsque le temps eût inspiré à mon mari assez de confiance pour lui ôter toute inquiétude de concurrence d'affection. C'était mal vu ; le mariage est grave et austère ; si vous ôtez à une femme sensible les douceurs de l'amitié avec des personnes de son sexe, vous diminuez un aliment nécessaire.

Nous étions passés dans la généralité de Lyon en 1784 ; nous nous fixâmes à Villefranche, dans la maison paternelle de M. Roland, où vivait encore sa mère, de l'âge du siècle, et son frère aîné, chanoine et conseiller. J'aurais de nombreux tableaux à faire des mœurs d'une petite ville et de leur influence ; des chagrins domestiques d'une vie compliquée avec une femme respectable par son âge, terrible par son humeur, et entre deux frères dont le cadet avait la passion de l'indépendance et l'aîné l'habitude et les préjugés de la domination.

Durant deux mois de l'hiver nous demeurions à Lyon, que j'ai bien connu et dont j'aurais beaucoup à dire : ville superbe par sa situation et son matériel, florissante par ses manufactures et son commerce, intéressante par ses antiquités et ses collections, brillante par sa richesse, dont l'empereur Joseph fut jaloux et qui s'annonçait comme une magnifique capitale ; aujourd'hui vaste tombeau où s'agitent les victimes d'un gouvernement cent fois plus atroce que le despotisme même sur les ruines duquel il s'est élevé. Nous allions à la campagne dans l'automne et après la mort de madame la Platière, ma belle-mère, nous y passâmes la plus grande partie de l'année. La paroisse de Thézée, à deux lieues de Villefranche, où existe le Clos la Platière, est un pays aride par le

sol, riche par ses vignes et ses bois; c'est la dernière région du vignoble avant les hautes montagnes
du Beaujolais. C'est là que mes goûts simples se
sont exercés dans tous les détails de l'économie
champêtre et vivifiante; c'est là que j'ai appliqué,
pour le soulagement de mes voisins, quelques connaissances acquises; je devins le médecin du village,
d'autant plus chéri qu'il donnait des secours, au lieu
de demander des rétributions, et que le plaisir d'être
utile rendait ses soins aimables. Comme l'homme
des champs donne aisément sa confiance à qui lui
fait du bien! On dit qu'il n'est point reconnaissant;
il est vrai que je ne prétendais pas que personne me
fût obligé, mais on m'aimait, et lorsque je faisais
des absences, j'étais pleurée. J'ai eu aussi des scènes
plaisantes, et de bonnes femmes sont quelquefois
venues me chercher de trois ou quatre lieues, avec
un cheval, pour me prier d'aller sauver de la mort
quelqu'un d'abandonné par le médecin. J'en arrachai
mon mari en 1789, dans une maladie affreuse, où
les ordonnances des docteurs ne l'eussent point délivré sans ma surveillance. Je passai douze jours sans
dormir, sans me déshabiller, six mois dans l'inquiétude et les agitations d'une convalescence périlleuse
et je ne fus pas même indisposée, tant le cœur donne
de force et double l'activité! La révolution survjnt
et nous enflamma; amis de l'humanité, adorateurs
de la liberté, nous crûmes qu'elle venait régénérer
l'espèce, détruire la misère flétrissante de cette classe
malheureuse sur laquelle nous nous étions si sou-

vent attendris; nous l'accueillîmes avec transport. Nos opinions indisposèrent à Lyon beaucoup de gens qui, habitués au calcul du commerce, ne concevaient pas que, par philosophie, l'on provoquât et applaudît des changements qui n'étaient bons qu'aux autres; ils devinrent, par cela seul, ennemis de M. Roland; dès lors d'autres le prisèrent davantage. On le porta dans la municipalité de première formation; il s'y prononça par son inflexible droiture; on le craignit, et la calomnie, d'une part, se mit en campagne, tandis que, de l'autre, l'affection ou l'impartialité le défendait. Député, pour les intérêts de la ville, auprès de l'assemblée constituante, il vint à Paris; nous y passâmes près d'un an : j'ai dit ailleurs comment nous y connûmes plusieurs membres de cette assemblée et liâmes naturellement avec ceux qui, comme nous, n'aimaient pas la liberté pour eux, mais pour elle, et qui, avec nous, partagent aujourd'hui le sort commun à presque tous ses fondateurs, ainsi qu'aux vrais amis de l'humanité, tels que Dion, Socrate, Phocion et tant d'autres de l'antiquité; Barnevelt et Sydney, dans les temps modernes.

Mon mari m'avait fait faire le voyage d'Angleterre en 1784, celui de Suisse en 1787; j'ai connu des personnages intéressants dans ces deux pays ; nous sommes demeurés en relation avec plusieurs: j'ai encore eu des nouvelles, il n'y a pas un an, de Lavater, ce célèbre pasteur de Zurich, connu par ses écrits, sa brillante imagination, son cœur affectueux et la pureté de ses mœurs. L'honnête et savant Gosse de Genève, gémit sûrement de la persécution que nous essuyons ; je ne sais ce qu'est devenu l'habile Dezach, parcourant dernièrement l'Allemagne, autrefois professeur à Vienne, que j'ai vu souvent à Londres, où Roland ferraillait avec lui chez Banks, le président de la Société royale, qui réunissait les savants de son pays et les étrangers passant à Londres. J'ai voyagé avec le plaisir et l'utilité que donne la compagnie d'un homme qui connaît déjà les lieux et qui les a bien vus ; j'ai observé et couché par écrit ce dont j'étais le plus frappée. J'ai visité également quelques parties de la France : la révolution a empêché nos courses dans celles du midi et le voyage d'Italie dont j'avais le désir et l'espérance. Amoureux de la chose publique, elle s'est emparée de toutes nos idées ; elle a subjugué tous nos projets; nous nous sommes livrés à la passion de la servir. On verra dans mes écrits comment Roland fut placé dans le gouvernement, pour ainsi dire à son insu, et sa conduite publique ne peut manquer de prouver à l'impartiale postérité son désintéressement, ses lumières et ses vertus.

Mon père, dont nous n'avions pas eu à nous louer, ne fit ni mariage, ni engagements très onéreux ; nous payâmes quelques dettes qu'il avait contractées et le décidâmes à se retirer des affaires, qui ne pouvaient être pour lui que malheureuses, en lui assurant une pension. Quelque funestes qu'eussent été pour lui ses erreurs, dans lesquelles venait encore de s'écouler la petite succession de ma grand'maman, et quoi-

qu'il eût à s'applaudir de nos procédés, il avait le
cœur trop haut pour ne pas beaucoup souffrir de
nous devoir; cet état d'irritation pour l'amour-propre
l'empêcha parfois d'être juste, même envers ceux
qui ambitionnaient de le satisfaire; il est mort,
après soixante ans, dans le rude hiver de 1787-1788,
d'un catharre dont il était incommodé depuis longtemps. Mon cher oncle mourut à Vincennes en 1789;
nous perdîmes, peu après, le frère bien aimé de mon
mari; il avait fait avec nous le voyage de Suisse,
était devenu prieur et curé de Longpont, fut nommé
électeur de son canton où il prêchait la liberté,
comme il y pratiquait les vertus évangéliques; avocat et médecin de ses paroissiens, il fut persécuté et
souffrit beaucoup de tracasseries, dont le chagrin
accéléra sa fin. Ainsi, partout, dans tous les temps,
les bons succombent : ils ont donc un autre monde
où ils doivent revivre, ou ce ne serait pas la peine
de naître en celui-ci.

Calomniateurs aveugles ! suivez Roland à la piste,
épluchez sa vie, observez la mienne; consultez les
sociétés où nous avons vécu, les villes où nous
sommes demeurés, la campagne où l'on ne dissimule
pas; examinez... plus vous nous verrez de près, plus
vous aurez de dépit : voilà pourquoi vous voulez nous
anéantir.

On a reproché à Roland d'avoir sollicité des lettres
de noblesse; voici la vérité. Sa famille en avait les
privilèges depuis plusieurs siècles, par charges, mais
qui ne les transmettaient point, et par l'opulence

qui en soutient toutes les marques, armoiries, chapelle, livrée, fief, etc. L'opulence disparut; elle fut suivie d'une médiocrité honnête, et Roland avait la perspective de finir ses jours dans un domaine, le seul qui restât à sa famille, et qui appartient encore à son aîné; il crut avoir droit, par son travail, à assurer à ses descendants un avantage dont ses auteurs avaient joui, et qu'il aurait dédaigné d'acheter. Il présente ses titres en conséquence, pour obtenir des lettres de reconnaissance de noblesse ou d'anoblissement. C'était au commencement de 1784; je ne sais quel est l'homme qui, à cette époque et dans sa situation, eût cru contraire à sa sagesse d'en faire autant. Je vins à Paris; je vis bientôt que les nouveaux intendants du commerce, jaloux de son ancienneté dans une partie d'administration où il en savait plus qu'eux, en contradiction avec ses opinions sur la liberté du commerce qu'il défendait avec vigueur, en lui donnant les attestations requises de ses grands travaux, qu'ils ne pouvaient refuser, n'y mettaient pas l'accent qui fait réussir. Je jugeai que c'était une idée à laisser dormir et je ne poussai point les tentatives. Ce fut alors qu'apprenant les changements dont j'ai parlé, je demandai et j'obtins la translation de Roland à Lyon, dont la place le rapprochait de son pays, et le mettait dans sa famille, où je savais qu'il désirait se retirer par la suite. Patriotes du jour, qui avez eu besoin de la révolution pour devenir quelque chose, apportez vos œuvres, et osez comparer!

Treize années passées en divers lieux, dans un travail continuel, avec des relations très variées, et dont les dernières tiennent si particulièrement à l'histoire du jour, fourniraient la quatrième et la plus intéressante section de mes mémoires. Je ne sais plus conduire ma plume au milieu des horreurs qui déchirent ma patrie; je ne puis vivre sur ses ruines, j'aime mieux m'y ensevelir. Nature, ouvre ton sein !

DEUXIÈME PARTIE

LES DERNIERS JOURS DE MADAME ROLAND

C'est le sort de la vertu dans les temps de révolutions. Après les premiers mouvements d'un peuple lassé des abus dont il était vexé, les hommes sages qui l'ont éclairé sur ses droits, ou qui l'ont aidé à les reconquérir, sont appelés dans les places; mais ils ne peuvent les occuper longtemps; car les ambitieux, ardents à profiter des circonstances, parviennent bientôt, en flattant le peuple, à l'égarer afin de se rendre eux-mêmes puissants et considérés. Telle a dû être la marche des choses, notamment depuis le 10 août.

La retraite de Roland n'avait point apaisé ses ennemis. Il avait quitté le ministère malgré ses résolutions d'y conjurer l'orage et braver tous les dangers, parce que l'état du conseil, sa faiblesse, ne lui présentaient plus la perspective que de fautes et de sottises dont il faudrait partager la honte; il ne pouvait même obtenir de faire consigner sur le registre des délibérations, son opinion ou ses motifs lorsqu'ils étaient contraires aux décisions de la majorité.

La Convention ne lui offrait rien d'encourageant; son nom seul y était devenu un sujet de trouble et de division. Cependant Pache accumulait dans le département de la guerre toutes les fautes que sa faiblesse et son dévouement aux Jacobins laissaient commettre à l'ineptie ou à la perfidie et à l'audace de ses agents.

Roland contenait une commune usurpatrice; Roland imprimait à tous les corps administratifs un mouvement harmonique et régulier : il veillait à l'approvisionnement de la grande famille. Il aurait donc fallu soutenir Roland; mais, puisque la faiblesse en ôtait la faculté, lui qui connaissait bien cette faiblesse n'avait plus qu'à se retirer.

Le timide Garat, aimable homme de société, mais médiocre administrateur, quitta le ministère de la justice pour passer à l'intérieur, et remplacer l'homme le plus actif de la république et le mieux versé dans les connaissances de ce genre. Aussi bientôt les départements s'agitèrent, la disette se fit sentir, la guerre civile s'alluma dans la Vendée; les autorités de Paris anticipèrent; les Jacobins prirent les rênes du gouvernement.

Roland avait porté un coup terrible à ses adversaires en publiant, lors de sa retraite, des comptes tels qu'aucun ministre n'en avait encore fourni. La faiblesse de la Convention n'avait osé le défendre.

Roland eut beau prier, écrire sept fois en quatre mois à la Convention pour demander l'examen et le rapport de sa conduite administrative; les Jacobins continuèrent de faire crier par leurs affidés qu'il était un traître; Marat prouva à son peuple qu'il fallait sa tête pour la tranquillité de la république. Roland avait écrit pour la huitième fois à la Convention, qui n'avait pas fait lire ses lettres. Je me préparais à faire viser à la municipalité des passe-ports au moyen desquels je devais me rendre, avec ma fille, à la campagne, où m'appelaient mes affaires domestiques, ma santé et beaucoup d'autres bonnes raisons; je calculais entre autres, combien il serait plus facile à Roland seul de se soustraire à la poursuite de ses ennemis, s'ils en venaient aux derniers excès, qu'il ne le serait à sa petite famille réunie. Mes passe-ports retardés à la section par les chicanes des zélés maratistes ne faisaient que de m'être délivrés, lorsqu'une attaque de colique nerveuse, accompagnée d'horribles convulsions, m'obligea de garder le lit. Six jours s'écoulèrent; j'arrêtai de sortir le vendredi pour me rendre à la municipalité; le bruit du tocsin m'avertit que le moment n'était pas favorable. Deux ou trois personnes vinrent nous entretenir, et l'une, plus particulièrement, invita Roland à se montrer à sa section, où il était bien vu, et dont les sages dispositions étaient pour lui le meilleur gage de sûreté; il fut convenu cependant qu'il ne coucherait pas chez lui la nuit suivante.

Il était cinq heures et demie du soir (31 mai), lorsque six hommes armés se présentèrent chez moi; l'un deux fit lecture, à Roland, d'un ordre du comité révolutionnaire, en vertu duquel ils venaient le mettre en arrestation. « Je ne connais point, dit Roland, de loi qui constitue l'autorité que vous me citez, et je n'obtempérerai point aux ordres qui émanent d'elle : si vous employez la violence, je ne pourrai que vous opposer la résistance d'un homme de mon âge; mais je protesterai contre elle jusqu'au dernier instant. — Je n'ai pas d'ordre d'employer la violence, répliqua le personnage, et je vais faire part de votre réponse au Conseil de la commune; je laisse ici mes collègues. » L'idée me vint aussitôt qu'il serait bon de dénoncer ce fait à la Convention, afin de prévenir l'arrestation de Roland : en communiquer le projet à mon mari, faire une lettre au président et partir, fut l'affaire de quelques minutes. Mon domestique était absent, je monte seule dans un fiacre, à qui je recommande la plus grande vitesse, et j'arrive au Carrousel. La cour des Tuileries était remplie d'hommes armés : je traverse et franchis l'espace au milieu d'eux, en sautant comme un oiseau : vêtue d'une robe du matin, j'avais pris un châle noir, et je m'étais voilée : parvenue aux portes des premières salles, toutes fermées, je trouve des sentinelles qui ne permettent pas d'entrer, ou qui me renvoient alternativement d'une porte à l'autre : j'insiste inutilement; enfin je m'avise de prendre le langage qu'aurait pu tenir quelque dévote de Robespierre : « Eh mais, citoyens! dans ce jour de salut pour la patrie vous ne savez donc pas de quelle importance peuvent être des notes que j'ai à faire passer au président. » La porte s'ouvre, et j'entre dans

la salle des pétitionnaires; j'aperçois l'huissier
Rôse, je le charge de ma lettre; il part pour la
remettre au bureau et en presser la lecture. Une
heure se passe. Je me promenais à grands pas; je
portais mes regards dans la salle, chaque fois qu'on
en ouvrait la porte; mais elle était aussitôt refermée
par la garde : un bruit affreux se faisait entendre par
intervalles; Rôse reparait. « Eh bien ! — Rien encore;
il règne dans l'assemblée un tumulte impossible à
peindre. — Qui donc préside en ce moment? —
Hérault-Séchelles. — Ah ! ma lettre ne sera pas lue:
faites-moi venir un député que je puisse entretenir.
— Qui ? — Dites à Vergniaux que je le demande. »
Rôse va le chercher et le prévenir : il paraît après un
fort long temps; nous causons durant un demi-
quart d'heure; il retourne au bureau, revient, et me
dit : « Dans l'état où est l'assemblée vous ne devez
guère espérer; si vous êtes admise à la barre, vous
pourrez, comme femme, obtenir un peu plus de
faveur; mais la Convention ne peut plus rien de bien.
Dans tous les cas, votre lettre ne peut être lue d'une
heure et demie d'ici; on va discuter un projet de
décret en six articles. — Je vais donc chez moi savoir
ce qui s'y est passé; je reviens ensuite. » Je me jette
dans un fiacre; ces maudits chevaux n'avançaient
point à mon gré : bientôt nous rencontrons des
bataillons, dont la marche nous arrête; je m'élance
hors de la voiture, je paye le cocher, je fends les
rangs, je m'échappe, j'accours dans ma maison, rue
de la Harpe, vis-à-vis Saint-Côme. Le portier me dit

tout bas que Roland est monté chez le propriétaire, au fond de la cour; je m'y rends; j'étais en nage; on m'apporte un verre de vin, et l'on m'apprend que le porteur du mandat d'arrêt étant revenu, sans avoir pu se faire entendre au conseil, Roland avait continué de protester contre ses ordres; que ces bonnes gens avaient demandé sa protestation écrite, et s'étaient retirés; d'après quoi Roland était sorti de la maison par les derrières. J'en fais autant pour aller le trouver, l'instruire de ce que j'ai tenté et de ce que je me propose de suivre. Je me rends dans une maison où il n'était pas; je vais dans une autre, où je le trouve; j'allais repartir à pied, sans m'apercevoir qu'il est plus de dix heures, que je suis sortie ce jour-là pour la première fois depuis mon indisposition, qui voulait le repos et les bains; on m'amène un fiacre. En approchant du Carrousel, je ne vois plus de force armée; deux canons et quelques hommes étaient encore à la porte du Palais national; j'avance, la séance est levée !

Le jour d'une insurrection, lorsque le son du tocsin cesse à peine de frapper les airs, lorsque deux heures avant, quarante mille hommes en armes environnaient la Convention, et que des pétitionnaires menaçaient ses membres à la barre, l'assemblée n'est pas permanente ! Le pouvoir révolutionnaire est donc si puissant qu'elle n'ose le balancer, et qu'il n'a plus besoin d'elle ? « Citoyens, dis-je à quelques sans-culottes groupés près d'un canon, cela s'est-il bien passé ! — Oh ! à merveille ! ils se sont embrassés, et l'on a chanté l'hymne des Marseillais, là, à l'arbre de la liberté. — Est-ce que le côté droit s'est apaisé? — Parbleu! il fallait bien qu'il se rendît à la raison. — Et la commission des douze? — Elle est dans le fossé. — Et les vingt-deux? — Ah! la municipalité les fera arrêter. — Bon! est-ce qu'elle le peut? — Jarnigué, est-ce qu'elle n'est pas souveraine? il faut bien qu'elle le soit pour redresser les b... de traîtres et soutenir la république. — Mais les départements seront-ils bien aises de voir leurs représentants arrêtés... » J'avais traversé la cour et je gagnais mon fiacre en finissant ce dialogue avec un vieux sans-culotte, assurément bien payé pour endoctriner les dupes. Un joli chien se pressait dans mes jambes : « Est-ce à vous ce pauvre animal? me dit mon cocher avec un accent de sensibilité fort rare dans ses pareils, et qui me frappa singulièrement. — Non, je ne le connais pas, lui répliquai-je gravement, comme s'il s'agissait d'une personne, et songeant déjà à toute autre chose : vous m'arrêterez aux galeries du Louvre. » Je voulais y voir un ami avec lequel je me proposais d'aviser au moyen de faire sortir Roland de Paris; nous n'avions fait que vingt pas, la voiture s'arrête. « Qu'est-ce donc? dis-je au cocher. — Eh! il m'a quitté comme un sot, tandis que je voulais le garder pour mon petit garçon, qui s'en amuserait bien : petit! petit! viens donc! » Je me souvins du chien; je trouvai doux et aimable d'avoir pour cocher, à cette heure, un bon homme. « Tâchez de l'attraper, lui criai-je, vous le mettrez dans la voiture et je vous le garderai. » Le bon homme, tout joyeux, prend le chien, ouvre la portière et me donne compagnie. Cette pauvre bête paraissait sentir qu'elle trouvait protection et asile; je fus bien caressée, et je me rappelai ce conte de Sandis, qui nous peint un vieillard, las des hommes, rebuté de leurs passions, retiré dans une forêt où il s'était fait une habitation dont il animait le séjour par quelques animaux qui payaient ses soins des témoignages affectueux d'une reconnaissance à laquelle il s'était borné faute d'en trouver autant chez ses semblables. Pasquier venait de se coucher; il se lève; je lui propose mes moyens : nous convenons qu'il se rendra chez moi le lendemain après sept heures, et que je lui indiquerai où prendre son ami. Je rentre dans ma voiture; elle est arrêtée par la sentinelle du poste de la Samaritaine : « Un peu de patience, me dit tout bas le bon cocher, en se retournant sur son siège, c'est l'usage à cette heure. » Le sergent arrive, ouvre la portière. « Qui est là? — Une citoyenne. — D'où venez-vous? — De la Convention. — Ah ! c'est bien vrai, glisse le cocher, comme s'il eût eu peur que l'on ne me crût pas. — Où allez-vous? — Chez moi. — N'avez-vous pas de paquets? — Je n'ai rien, voyez. — Mais la séance est levée. — Oui, dont bien me fâche, car j'avais à faire une pétition. — Une femme ! à cette heure, c'est inconcevable; c'est bien imprudent ! — Sans doute cela n'est pas ordinaire et n'a rien pour moi d'agréable; il fallait bien que j'eusse de grands motifs. — Mais, madame, toute seule? — Comment, monsieur, seule! Ne voyez-vous pas avec moi l'innocence et la vérité; que faut-il de plus? — Allons, je me rends à vos raisons. — Et vous faites bien, répliquai-je d'un ton plus doux, car elles sont bonnes. »

Les chevaux étaient si fatigués, qu'il fallut que le cocher les tirât par la bride pour leur faire monter ma rue; j'arrive, je le paye : j'avais déjà monté huit ou dix marches; un homme qui s'était fourré, je ne sais comment, sous la porte cochère sans que le portier l'aperçût, est sur mes talons et me prie de le conduire au citoyen Roland. « Chez lui, j'y consens, si vous avez quelque chose d'utile à communiquer; mais à lui, c'est impossible. — C'est qu'on veut absolument le mettre ce soir en arrestation. — Ils seront bien habiles, s'ils en viennent à bout! — Vous me faites plaisir, car c'est un bon citoyen qui vous parle. — A la bonne heure », et je monte, sans trop savoir qu'en penser.

Pourquoi, dans ces circonstances, rentrâtes-vous dans votre maison, pourrait-on me demander?

J'ai naturellement de l'aversion pour tout ce qui n'est point conforme à la marche hardie, convenable à l'innocence; le soin de me soustraire à l'injustice me coûte plus que de la subir. Dans les deux derniers mois du ministère de Roland, nos amis nous pressèrent souvent de quitter l'hôtel, et parvinrent trois fois à nous faire coucher dehors : ce fut toujours malgré moi; c'était un assassinat que l'on

craignait alors; je trouvais que dans tous les cas
le ministre devait être à son poste, parce que là, sa
perte crierait vengeance et instruirait la république,
tandis qu'il était possible de l'atteindre, dans ses
allées et venues, avec moins d'effet pour la chose
publique et de gloire pour la victime. Je sais que ce
raisonnement est ridicule pour quiconque met sa
vie avant tout; mais celui-là qui la compte pour
quelque chose en révolution, comptera pour rien
vertu, honneur et patrie. Aussi je ne voulus plus
quitter l'hôtel en janvier 1793; le lit de Roland était
dans ma chambre pour que nous courussions le
même sort, et j'avais un pistolet sous mon chevet,
non pour tuer ceux qui viendraient nous assassiner,
mais pour me soustraire à leurs indignités, s'ils
voulaient mettre la main sur moi.

Sorti de place, je trouvais fort bon que Roland
évitât la fureur populaire ou les serres de ses
ennemis. Quant à moi, leur intérêt de nuire ne pouvait être aussi grand; me faire tuer serait d'un odieux
dont ils ne voudraient point se couvrir; m'arrêter
ne leur servirait guère et ne serait pas pour moi un
si grand malheur. La fureur assouvie sur moi serait
moins violente contre Roland, qui, une fois sauvé de
cette crise, pourrait encore rendre de grands services dans quelques parties de la France.

Depuis la sortie du ministère, je m'étais tellement
retirée du monde, que je ne voyais presque plus
personne; les maîtres d'une des maisons où j'aurais
pu me céler étaient à la campagne; dans une autre,

il y avait un malade qui rendait difficile l'admission d'un nouvel hôte; celle où Roland s'était caché ne pouvait me recevoir sans une gêne extrême; et il eût été trop marquant, peut-être impolitique, de se trouver dans le même lieu; je rentrai donc chez moi; j'embrassai mon enfant, et je pris la plume pour faire un billet que je destinais à être porté de grand matin à mon mari.

J'étais assise à peine que j'entends frapper; il était environ minuit : une nombreuse députation de la commune se présente et me demande Roland. « Il n'est pas chez lui. — Mais, me dit le personnage qui portait le hausse-col d'officier, où peut-il être? quand reviendra-t-il? vous devez connaître ses habitudes, et pouvoir juger de son retour? — Roland a quitté sa maison tandis que j'étais à la Convention; il n'a pu me faire ses confidences, et je n'ai rien de plus à dire. » La bande se retira fort mécontente; je m'aperçus qu'elle laissait sentinelle à ma porte, et garde à celle de la maison; je finis mon billet, le confiai à ma fidèle bonne, et me couchai. Je dormais profondément depuis une heure, lorsque mon domestique entre dans ma chambre pour m'annoncer que des messieurs de la section me priaient de passer au cabinet : « J'entends ce que cela veut dire, répliquai-je; allez, mon enfant, je ne les ferai pas attendre. » Je saute en bas du lit, je m'habille; ma bonne arrive et s'étonne de ce que je prends la peine de mettre autre chose qu'un peignoir : « C'est qu'il faut être mise décemment pour sortir, » observai-je.

La pauvre fille me fixe avec des yeux qui se remplissaient de pleurs ; je passe dans l'appartement. « Nous venons, citoyenne, vous mettre en arrestation et apposer les scellés. — Où sont vos pouvoirs ? — Les voici, dit un homme, en tirant de sa poche un mandat du comité révolutionnaire pour me conduire à l'Abbaye. — Je puis, comme Roland, vous dire que je ne connais pas ces comités, et que vous ne me sortirez d'ici que par la violence. — Voilà un autre ordre », se hâta d'exprimer un petit homme à face ingrate, et il m'en lut un de la commune qui portait également, sans déduction de motif, l'arrestation de Roland et son épouse. Je délibérai, durant sa lecture, si je pousserais la résistance aussi loin qu'il était possible, mais la résistance est inutile. « Comment comptez-vous procéder, messieurs ? — Nous avons envoyé chercher le juge de paix de la section, et vous voyez un détachement de sa force armée. » Le juge de paix arrive ; on passe dans mon salon ; on appose les scellés partout, sur les fenêtres, sur les armoires au linge ; un homme voulait qu'on les mît sur un forte-piano ; on lui observe que c'est un instrument : il tire un pied de sa poche, il en mesure les dimensions, comme s'il lui donnait quelque destination. Je demande à sortir les objets composant la garde-robe de ma fille, et je fais pour moi-même un petit paquet de nuit. Cependant cinquante, cent personnes, remplissent deux pièces : l'air se charge d'émanations infectes, je suis obligée de passer près de la fenêtre de l'antichambre pour y respirer. Assise à mon bureau, j'écris à un ami sur ma situation, et pour lui recommander ma fille. « Il faut, madame, s'écrie le porteur d'ordre de la commune, lire votre lettre et nommer la personne à qui vous l'adressez. — Je n'en ferai rien; le titre de mon ami n'est point tel en ce moment que je veuille vous nommer ceux à qui je le confie, » et je déchirai ma lettre. Comme je tournais le dos, ils en ramassèrent les morceaux pour les fermer sous les scellés; j'eus envie de rire de cet acharnement; il n'y avait point d'adresse.

Enfin, à sept heures du matin, je laissai ma fille et mes gens, après les avoir exhortés au calme et à la patience. Je trouvai deux haies d'hommes armés, depuis le bas de l'escalier jusqu'au fiacre arrêté de l'autre côté de la rue, et une foule de curieux; j'avançai gravement à petits pas, considérant cette troupe lâche ou abusée. La force armée suivit la voiture sur deux files; ce malheureux peuple qu'on trompe et qu'on égorge dans la personne de ses vrais amis, attiré par le spectacle, s'arrêtait sur mon passage, et quelques femmes criaient à la guillotine. « Voulez-vous qu'on lève les portières, me disent obligeamment les commissaires ? — Non, messieurs, je ne crains les regards de personne. — Vous avez plus de caractère que beaucoup d'hommes; vous attendez paisiblement justice. — Justice ! si elle se faisait, je ne serais pas actuellement en votre pouvoir, mais j'apprécie la vie, je n'ai jamais craint que le crime, je méprise l'injustice et la mort. » Ces pauvres commissaires ne comprirent pas grand'-chose à ce langage, et le trouvèrent probablement fort aristocratique.

Nous arrivons à l'Abbaye, ce théâtre de scènes sanglantes dont les Jacobins, depuis quelque temps, prêchent le renouvellement avec tant de ferveur; cinq à six lits de camp, occupés par autant d'hommes dans une chambre obscure, furent les premiers objets qui s'offrirent à ma vue : après avoir passé le guichet, on se lève, on s'agite, et mes guides me font monter un escalier étroit et sale. Nous parvenons chez le concierge, dans une espèce de petit salon assez propre, où il m'offre une bergère. « Où est ma chambre ? demandai-je à sa femme, grosse personne d'une bonne figure. — Madame, je ne vous attendais pas, je n'ai rien de préparé; mais vous resterez ici en attendant. » Les commissaires passent dans la pièce voisine, font inscrire leur mandat et donnent leurs ordres verbaux : j'appris dans la suite qu'ils étaient très sévères. Le concierge savait trop bien son métier pour suivre à la lettre ce qui n'est point obligatoire; c'est un homme honnête qui met dans l'exercice de ses fonctions tout ce que la justice et l'humanité peuvent faire désirer. « Que voulez-vous pour votre déjeuner ? — Une bavaroise à l'eau. » Les commissaires se retirent en me disant que si Roland n'était point coupable, il n'aurait pas dû s'absenter. « Ce sont ses vertus qui lui ont donné des ennemis : la rage de ceux-ci ne connaît pas de mesure; qu'elle s'exerce sur moi, je la brave et me

dévoue; lui, doit se conserver pour son pays, auquel
il peut encore rendre de grands services. » Un salut
de confusion fut la réponse de ces messieurs. Ils
sont partis ; je déjeune, tandis que l'on range à la
hâte la chambre à coucher où l'on me fait passer.
« Vous pourrez, madame, demeurer ici tout le jour,
et si je ne pouvais vous faire préparer un local ce
soir, parce que j'ai beaucoup de monde, on dresse-
rait un lit dans le salon. » La femme du concierge
qui me parlait ainsi, ajoute quelques réflexions obli-
geantes sur les regrets qu'elle épouve toutes les fois
qu'elle voit arriver des personnes de son sexe ; car,
ajoute-t-elle, toutes n'ont pas l'air serein comme
Madame : je la remercie en souriant; elle m'enferme.
« Me voilà donc en prison, » me dis-je ! Ici je m'as-
sieds et me recueille profondément. Je ne donnerais
pas les moments qui suivirent pour ceux que d'autres
estimeraient les plus doux de ma vie; je ne perdrai
jamais leur souvenir. Ils m'ont fait goûter, dans
une situation critique, avec un avenir orageux, incertain, tout le prix de la force et de l'honnêteté
dans la sincérité d'une bonne conscience et d'un
grand courage. Jusque-là, poussée par les événements, mes actions, dans cette crise, avaient été le
résultat d'un vif sentiment qui entraîne : quelle douceur que d'en justifier tous les effets par la raison !
Je rappelai le passé, je calculai les événements futurs
et m'établis dans cette disposition où l'on ne cherche
plus que le bon emploi du présent, sans inquiétude
ultérieure. Cependant je pris des renseignements sur

ma nouvelle manière d'être et les facultés qui m'étaient laissées. Lavacquerie (le concierge) me fit connaître les recommandations qui lui avaient été faites. J'écrivis à ma fidèle bonne de venir me voir ; il fut convenu qu'elle ne ferait part à personne dé cette facilité.

La première visite que je reçus à l'Abbaye, le jour même de mon arrivée, fut celle de Grandpré. « Il faut, me dit-il, écrire à l'assemblée : n'y avez-vous pas déjà songé ? — Non ; et maintenant que vous m'y faites penser, je ne vois pas comment j'y ferai lire ma lettre. — Je m'y emploierai de mon mieux. — Eh bien ! je vais écrire. — Faites ; je serai de retour dans deux heures. » Il part, et j'écris.

La citoyenne Roland à la Convention nationale.

De la prison de l'Abbaye, le 1er juin 1793.

« Législateurs ! je viens d'être arrachée de mon domicile, des bras de ma fille âgée de douze ans, et je suis détenue à l'Abbaye, en vertu d'ordres qui ne portent aucun motif de mon arrestation. Ils émanent d'un comité révolutionnaire. Ainsi je suis présumée coupable aux yeux du public ; j'ai été traduite dans les prisons avec éclat, au milieu d'une force armée imposante, d'un peuple abusé, dont quelques individus m'envoyaient hautement à l'échafaud, sans que l'on ait pu indiquer à personne, ni m'annoncer à moi-même d'après quoi j'étais présumée telle et

traitée en conséquence. En quittant mon appartement, j'ai été remise aux commissaires du comité
révolutionnaire; ce sont ceux qui m'ont amenée à
l'Abbaye; ce n'est que sur leur mandat que j'y suis
entrée. Je joins ici copie certifiée de ce mandat,
signé d'un seul individu sans caractère. Les scellés
ont été apposés partout chez moi; durant leur apposition, qui a duré de trois à sept heures du matin,
la foule des citoyens remplissait mon appartement;
et s'il s'était trouvé dans leur nombre quelque mal-
veillant avec le dessein de placer furtivement de coupables indices dans une bibliothèque ouverte de
toutes parts, il en aurait eu la facilité.

« Déjà hier, le même comité avait voulu faire
mettre en arrestation l'ex-ministre que les lois ne
rendent comptable qu'à vous des faits de son administration, et qui ne cesse d'en solliciter de vous le
jugement.

« Roland avait protesté contre l'ordre, et ceux qui
l'avaient apporté s'étaient retirés : il est sorti lui-
même de sa maison, pour éviter un crime à l'erreur,
dans le temps où je m'étais rendue à la Convention
pour l'instruire de ces tentatives; mais je fis inutilement remettre à son président une lettre qui n'a
pas été lue. J'allais réclamer justice et protection; je
viens les réclamer encore avec de nouveaux droits,
puisque je suis opprimée. Je demande que la Convention se fasse rendre compte des motifs et du mode
de mon arrestation; je demande qu'elle statue sur
elle; j'invoque la loi qui ordonne l'énoncé du délit,

de même que l'interrogatoire dans les premières vingt-quatre heures de la détention. Je demande enfin le rapport sur les comptes de l'homme irréprochable qui offre l'exemple d'une persécution inouïe, et qu'on semble destiner à donner la leçon, terrible pour les nations, de la vertu proscrite par l'aveugle prévention.

« Si mon crime est d'avoir partagé la sévérité de ses principes, l'énergie de son courage et son ardent amour pour la liberté, je me confesse coupable; j'attends mon châtiment. Prononcez, législateurs, le sort de la république et le vôtre tiennent nécessairement aujourd'hui à la répartition de cette justice dont vous êtes les dispensateurs. »

L'agitation dans laquelle j'avais passé la nuit précédente me faisait ressentir une fatigue extrême; je désirais avoir ce soir même une chambre, je l'obtins et j'en pris possession à dix heures. Lorsque j'entrai entre quatre murs assez sales, au milieu desquels était un grabat sans rideaux, que j'aperçus une fenêtre à double grille, et que je fus frappée de cette odeur qu'une personne accoutumée à un appartement très propre trouve toujours dans ceux qui ne le sont pas, je jugeai que c'était bien une prison qu'il s'agissait d'habiter, et que ce n'était pas du local qu'il me fallait attendre quelque agrément. Cependant l'espace était assez grand; il y avait une cheminée; la couverture du lit était passable; on me donnait un oreiller, et, en appréciant les choses, sans faire de comparaison, j'estimai que je n'étais point mal. Je

me couchai, bien résolue de demeurer au lit tant que
je m'y trouverais bien. J'y étais encore à dix heures
du lendemain, lorsque Grandpré arriva ; il avait l'air
non moins touché, mais plus inquiet que la veille ; il
promenait ses regards dans cette vilaine chambre qui
me paraissait déjà passable, car j'y avais dormi.
« Comment avez-vous passé la nuit ? me demanda-t-il,
avec des yeux humides. — J'ai été fréquemment ré-
veillée par le bruit ; je me rendormais chaque fois qu'il
s'apaisait, même en dépit du tocsin que j'ai cru entendre ce matin : eh !... ne le sonne-t-on pas encore ?
— Mais je l'ai cru ; ce n'est rien. — Ce sera ce qu'il
plaît aux dieux ; si l'on me tue ce sera dans ce lit ;
je suis si lasse que j'y attendrai tout : n'y a-t-il rien
de nouveau contre les députés ? — Non. Je vous rapporte votre lettre ; nous avons pensé avec Champagneux, qu'il fallait en adoucir le commencement ;
voilà ce qu'on vous propose d'y substituer ; et puis il
faudrait faire un mot au ministre de l'intérieur, pour
qu'il adressât officiellement votre lettre ; cela me
donnerait un nouveau droit d'en solliciter la lecture.
— Si je croyais que ma lettre fût lue telle qu'elle est,
je la laisserais. »

Je conçois que mon début puisse empêcher la lecture de cette lettre ; dès lors c'est folie que le laisser :
je substituai donc aux trois premiers alinéas ce qui
m'était proposé.

Levée à midi, j'examinais comment je m'établirais
dans mon nouveau logis ; je couvris d'un linge blanc
une petite vilaine table que je plaçai près de ma

fenêtre et que je destinai à me servir de bureau, résolue de manger plutôt sur le coin de la cheminée pour me conserver propre et rangée la table de travail. Deux grosses épingles de tête, fichées dans les planches, me servirent de porte-manteau. J'avais à ma poche le poème de Thompson, ouvrage que je chéris à plus d'un titre; je fis une note de ce que j'aurais à me procurer : d'abord les *Vies des hommes illustres* de Plutarque, que je n'avais pas relues à fond depuis l'âge de huit ans; l'*Histoire anglaise* de David Hume, avec le *Dictionnaire* de Shéridan, pour me fortifier dans cette langue. Je souriais moi-même à mes préparatifs; car il y avait une grande agitation; le rappel battait à chaque instant, et j'ignorais ce que ce pouvait être. La femme du concierge vint m'inviter à passer chez elle, où elle avait fait mettre mon couvert pour que je dînasse en meilleur air : je m'y rendis; j'y vis ma fidèle bonne; lorsqu'elle se jeta dans mes bras, baignée de pleurs, oppressée de sanglots, l'attendrissement et la tristesse me saisirent; je me reprochai presque d'être paisible, en songeant à l'inquiétude de ceux qui m'étaient attachés, et me représentant les angoisses de tel et tel, je sentis un serrement de cœur inexprimable. Pauvre fille! que de pleurs je lui ai fait verser et que ne rachète point un attachement semblable au sien! elle me brusque quelquefois dans la vie ordinaire, mais c'est lorsqu'elle me croit trop négligente de ce qui peut servir à mon bonheur, à ma santé; lorsque je souffre, c'est elle qui gémit et moi qui la console. Il fallait bien suivre cette habitude. Je lui prouvai qu'elle m'était plus nécessaire au dehors que dans la prison, où elle me priait de permettre qu'elle restât; qu'à tout prendre, je n'étais pas si malheureuse qu'elle l'imaginait, et cela est vrai. Ma compagnie n'est pas si mauvaise! J'appris bientôt qu'il me fallait déloger; les victimes abondaient; la chambre où l'on m'avait placée pouvait contenir plus d'un lit; et pour me laisser seule, on était obligé de me resserrer dès ce soir dans un petit cabinet; déménagement en conséquence. La fenêtre de ce nouvel appartement donne, je crois, au-dessus de la sentinelle qui garde la porte de la prison; toute la nuit j'entendis crier d'une voix tonnante : « qui vive? — tue! — brigadier! — patrouille! » Je me levai de bon matin, je m'occupai de mon ménage, c'est-à-dire de faire mon lit, de nettoyer mon réduit et d'établir la propreté chez moi comme sur ma personne. Je voyais bien qu'en réclamant ces soins, ils ne me seraient pas refusés, mais je jugeais parfaitement qu'en les payant beaucoup, il faudrait néanmoins beaucoup aussi les attendre, et qu'ils seraient toujours fort superficiels; il y avait donc tout à gagner en les prenant soi-même; je serais mieux, plus tôt servie, et les petits cadeaux que je ferais seraient d'autant plus sentis qu'ils seraient gratuits. J'attendais avec impatience d'entendre tirer les gros verrous de ma porte pour demander le journal. Je l'ai lu; le décret d'arrestation est rendu contre les vingt-deux; le papier me tombe des mains et je m'écrie dans un transport de douleur: mon pays est perdu !...

Dans les premiers élans de mon jeune cœur, je pleurais, à douze ans, de n'être pas née Spartiate ou Romaine; j'ai cru voir dans la révolution française l'application inespérée des principes dont je m'étais nourrie : la liberté, me disais-je, a deux sources; les bonnes mœurs qui font les sages lois, et les lumières qui nous ramènent aux unes et aux autres par la connaissance de nos droits; l'espèce va s'améliorer, et la félicité de tous sera la base et le gage de celle de chacun. Brillantes chimères, séductions qui m'aviez charmée, l'effrayante corruption d'une immense cité vous fait évanouir.

Une froide indignation couvre actuellement, pour ainsi dire, tous mes sentiments; indifférente autant que jamais sur ce qui me concerne, j'espère faiblement pour les autres, et j'attends les événements avec plus de curiosité que de désir.

Quelques jours se passèrent sans que j'entendisse parler de rien; je n'étais toujours point interrogée. J'avais pourtant reçu beaucoup de visites d'administrateurs à plats visages et sales cordons, se disant appartenir, les uns à la police, les autres à je ne sais quoi; grands sans-culottes, à cheveux puants, zélés observateurs de l'ordre du jour, venant savoir si les prisonniers étaient satisfaits de leur traitement. Je m'étais exprimée, vis-à-vis de tous, avec l'énergie et la dignité convenables; j'étais à dîner, lorsqu'on vint m'en annoncer cinq à six autres d'une seule fournée. La moitié s'avance; celui qui portait la parole me parut, avant d'avoir ouvert la bouche, un de ces bavards à tête vide, qui jugent de leur mérite par la volubilité de leur langue. « Bonjour, citoyenne. — Bonjour, monsieur. — Etes-vous contente de cette maison? N'avez-vous pas de plaintes à faire sur votre traitement, ou de demandes à former sur quelque chose? — Je me plains d'être ici; je demande à en sortir. — Est-ce que votre santé est altérée? vous vous ennuyez un peu? — Je me porte bien, et je ne m'ennuie pas, mais j'ai un vif sentiment de l'injustice; je réclame contre celle qui m'a fait arrêter sans motif, et détenir sans être interrogée. — Ah! dans un temps de révolution, il y a tant à faire, qu'on ne peut suffire à tout. — Une femme, à qui le roi Philippe faisait à peu près cette réponse, lui répliqua : « Si tu n'as pas le temps de me faire justice, tu n'as « donc pas le temps d'être roi. » — Adieu, citoyenne. — Adieu. » Et mon bavard de s'en aller, faute de savoir répondre à des raisons. Ces gens m'ont eu l'air d'être venus pour voir la figure que j'avais en cage ; mais ils feraient bien du chemin avant d'y trouver aussi sots qu'eux.

J'ai dit que je m'étais informée de la manière de vivre dans ces lieux, non que je mette un grand prix à ce qu'on appelle les commodités de la vie. C'est par un esprit d'ordre naturel, que j'ai besoin de savoir ce qui constitue ma dépense, et de la régler suivant ma situation.

On m'apprit que Roland, au ministère, avait trouvé excessive la quotité de 5 livres allouées, par tête de prisonnier, pour la dépense de chaque jour, et qu'il l'avait réduite à 2 livres; mais l'extrême augmentation des denrées, triplées de valeur depuis quelques mois, rend ce traitement assez médiocre; car la nation ne donnant que les quatre murs et de la paille, on prélève d'abord 20 sols pour indemnité au concierge de ses frais de chambres, c'est-à-dire du lit et des meubles quelconques. Il faut, sur les 20 sols qui restent, s'éclairer, payer son feu, s'il est besoin d'en faire, et se nourrir : c'est insuffisant; mais on est libre, comme de raison, d'ajouter ce qu'on veut à sa dépense. L'envie m'a pris de faire une expérience, et de voir jusqu'où la volonté humaine peut réduire les besoins; mais il faut procéder par gradations, c'est la seule manière d'aller loin. J'ai commencé, au bout de quatre jours, par retrancher les déjeuners, et substituer au café, au chocolat, du pain et de l'eau; j'ai établi qu'on ne me servirait qu'un plat de viande commune avec quelques herbages à mon dîner; le soir, un peu de légumes, point de dessert; j'ai bu de la bière pour me déshabituer du vin, puis je l'ai quittée elle-même. Cependant, comme j'aurais autant d'aversion que de mépris pour une économie inutile, j'ai commencé par donner une somme pour les malheureux à la paille, afin d'avoir le plaisir, en mangeant le matin mon pain sec, de songer que de pauvres diables me devront de joindre quelque chose avec le leur pour leur dîner. Si je reste ici six mois, je veux en sortir grasse et fraîche, n'ayant plus besoin que de soupe et de pain, et ayant mérité quelques bénédictions *incognito*. J'ai fait aussi

quelques présents aux gens de service de la prison.
Il faut être généreux à l'égard d'autrui, surtout dans
une situation où ceux qui vous entourent comptent
leur gain sur cette dépense. Je ne demande ni soins,
ni marchandises; je ne fais rien venir; je n'emploie
personne : il est clair que je serai la plus maussade
prisonnière pour les domestiques qui établissent leurs
petits profits sur les commissions et les fournitures
dont on les charge; il convient donc que j'achète
l'indépendance où je me mets d'eux; c'est la rendre
plus parfaite, et me faire aimer en sus.

J'ai reçu quelques visites de l'excellent Champagneux et de l'estimable Bosc. Roland, au ministère,
l'appela pour le mettre à la tête de la première division du département de l'intérieur; c'est l'un des
meilleurs choix qu'il ait faits. Au reste, il n'a pas
moins bien réussi dans celui de plusieurs autres
chefs. Jamais bureaux ne furent mieux montés; c'est
à leur parfaite organisation que Garat doit la faculté
de supporter un fardeau qui passe ses forces; c'est à
l'honnêteté, à la capacité de tels agents, qu'il est
redevable de la tranquillité dont on le laisse jouir : il
l'a senti, et il disait, avec raison, qu'il abandonnerait
la partie s'il était obligé de faire des changements
dans ses bureaux. Garat et Barrère, simples particuliers, ne seraient jugés manquer ni d'esprit, ni
d'honnêteté; mais leur manie, prétendue concilia-
toire, leur fait toujours prendre la ligne oblique qui
mène droit au précipice et à la confusion. La conci-
liation des hommes d'État doit être toute dans la ma-

nière de traiter avec ceux qu'ils emploient; ils doivent se servir des passions mêmes et des défauts de ceux qu'ils dirigent; mais rigoureux dans les principes, fermes et rapides dans l'action, jamais obstacles ni considérations ne doivent les faire plier.

Si Roland pouvait joindre à l'étendue de ses vues, à la force de son âme, à sa prodigieuse activité, un peu plus d'art dans la manière, il gouvernerait aisément un empire; mais ses défauts ne nuisent qu'à lui-même, et ses qualités sont infiniment précieuses en administration.

Bosc, notre ancien ami, s'empressa de conduire ma fille chez madame Creuzé-La-Touche, qui l'accueillit, la compta au nombre de ses enfants, avec lesquels il fut établi qu'elle resterait sous ses yeux. Il faut connaître les personnes pour sentir tout ce que vaut ce trait. Il faut se représenter Bosc sensible et franc, accourant chez ses amis, se saisissant de leur enfant, le confiant, de son propre mouvement, à la famille la plus respectable, comme un dépôt qu'il s'honore de leur faire, et qu'il sait devoir être reçu avec la reconnaissance qu'éprouvent les âmes délicates à qui on offre l'occasion de bien faire.

Qui donc est à plaindre dans tout ceci? Roland seul; Roland persécuté, proscrit; Roland à qui l'on refuse l'examen de ses comptes; Roland obligé de se cacher comme un coupable; de trembler même pour la sûreté de ceux qui le reçoivent; de dévorer en silence la détention de son épouse, l'apposition des scellés sur tout ce qui lui appartient ; ...et d'attendre, dans l'incertitude, le règne d'une justice qui ne l'indemnisera jamais de ce que la perversité lui aura fait souffrir !

Pressée par Grandpré de ne négliger aucun moyen d'abréger ma captivité, j'écrivis encore à Garat, et je m'adressai aussi à Gohier. Je ne pouvais guère écrire à de tels hommes, qu'en leur donnant des leçons ; elles étaient sévères... Grandpré les trouva mortifiantes, quoique justes ; j'adoucis quelques expressions et me tins aux suivantes :

La citoyenne Roland au ministre de la Justice.

De la prison de l'Abbaye, le 6 juin 1793.

« Je suis opprimée ; j'ai donc sujet de vous rappeler mes droits et vos devoirs.

« Un ordre arbitraire, sans motif d'arrestation, m'a plongée dans ces lieux préparés pour les coupables ; je les habite depuis huit jours sans avoir été interrogée.

« Les décrets vous sont connus ; l'on vous charge de visiter les prisons, d'en faire sortir ceux qui s'y trouvent détenus sans cause ; dernièrement encore il en a été rendu un autre qui prescrit de vous faire représenter les mandats d'arrêt, d'examiner s'ils sont motivés, et de faire interroger les détenus.

« Je réclame l'exécution de la loi pour moi et pour vous-même. Innocente et courageuse, l'injustice m'atteint sans me flétrir, et je puis la subir avec fierté dans un temps où l'on proscrit la vertu. Quant à vous, placé entre la loi et le déshonneur, votre volonté ne peut être douteuse, et il faudrait vous plaindre si vous n'aviez pas le courage d'agir en conséquence. »

Assurément, des ministres qui ont négligé les décrets qui leur ordonnaient la recherche des auteurs du massacre de septembre, et des conspirateurs du 10 mars; des hommes qui, par la mollesse et l'indignité de leur conduite dans ces circonstances, ont favorisé ces attentats; de tels hommes ne se feront pas les dénonciateurs de l'oppression : je n'attends rien d'eux ; et les vérités que je leur adresse, sont bien plutôt destinées à marquer ce qu'ils doivent, qu'à me valoir une justice qu'ils sont incapables de me rendre, à moins qu'un peu de honte ne produise quelque miracle.

Esope nous représente tous les animaux tremblant à l'aspect du lion, venant l'insulter, lorsqu'il est malade; ainsi, la cohue des hommes médiocres assaille, avec fureur, ceux que l'oppression retient captifs, en altérant l'opinion sur leur compte. Le numéro 526 du *Thermomètre du jour*, du 9 juin, en fournit un exemple; on y trouve, sous le titre d'interrogatoire de L. P. d'Orléans, une série de questions, parmi lesquelles il faut distinguer l'inculpation suivante : « D'avoir assisté à des conciliabules secrets, qui se tenaient la nuit chez la femme Buzot, dans le faubourg Saint-Germain, où s'est rendu Dumouriez,

Roland et sa femme, Vergniaud, Brissot, Gensonné, Gorsas, Louvet, Pétion, Guadet, etc. »

Quelle profonde scélératesse et quels excès d'impudence! tous les députés ici dénommés sont précisément ceux qui ont voté pour l'exil des Bourbons; jamais ces fiers défenseurs de la liberté n'ont regardé d'Orléans comme un chef capable, ils ont été les premiers à redouter ses vices, son argent, ses relations, sa popularité, sa faction; Louvet les a signalés dans sa catilinaire contre Robespierre. Buzot, dont la constante énergie s'est attiré la haine des factieux, saisit le premier instant qui lui parut favorable, pour demander le bannissement des Bourbons; j'ai même évité de recevoir chez moi Sillery, qu'on me disait être un homme bon et aimable, parce que ses relations avec d'Orléans me le rendaient suspect. Je me souviens de deux lettres fort piquantes, l'une de madame Sillery à Louvet, après qu'il eut appuyé la motion de Buzot. Voici, me dit Louvet, en me la communiquant, une preuve que nous ne sommes pas dans l'erreur, et que le parti d'Orléans n'est point une chimère. Madame Sillery ne m'écrirait point en de pareils termes, si ce n'était une chose convenue avec les intéressés; et, s'ils craignent si fort le bannissement, il faut bien qu'ils y voient le renversement de quelques projets. Effectivement, la lettre de madame Sillery, fort étudiée, avait pour but de dissuader Louvet de son opinion, de le persuader que les principes républicains, dans lesquels les enfants d'Orléans avaient été élevés, les en rendaient les partisans les plus zélés, et qu'il était impolitique et cruel de sacrifier des sujets certainement utiles, à d'absurdes préjugés. La réponse de Louvet exprimait avec force et politesse les motifs de son opinion; il y disait, entre autres, que les principes monarchiques, les préjugés nobiliaires et autres exposés par madame Sillery elle-même, dans ses ouvrages, étaient loin de le rassurer sur ceux de ses élèves; et il persistait, avec la fierté d'un homme libre, dans une opinion qui lui était inspirée par l'amour du pays.

Quant aux prétendus conciliabules chez la femme de Buzot, rien au monde n'est si ridicule. Buzot venait fréquemment à l'hôtel de l'Intérieur : je ne suis allée qu'une seule fois chez sa femme depuis leur arrivée à Paris pour la Convention, et ils n'avaient aucune espèce de relations avec Dumouriez.

Puisque les circonstances m'ont amenée à citer Dumouriez, je dirai ce que je sais de lui, mais cela me reporte au premier ministère de Roland, et m'engage à tracer ici comment cet homme austère fut nommé dans une place où les rois appellent rarement ses pareils. Je devrai au loisir de ma captivité de consigner des faits, que, peut-être, je n'eusse jamais écrits sans elle.

Roland exerçait les fonctions d'inspecteur du commerce et des manufactures dans la généralité de Lyon. Au-dessus de sa place à tous les égards, passionné pour le travail et sensible à la gloire, il assemblait les matériaux que son expérience et son activité lui avaient fait recueillir, et il continuait le

Dictionnaire des manufactures pour la *Nouvelle En-
cyclopédie*. Quelques ouvrages de Brissot lui furent
adressés de la part de l'auteur, comme un témoignage de l'estime que lui avaient inspiré les principes
de justice et de liberté qu'il avait remarqués dans les
écrits de Roland. Ce témoignage fut reçu avec sensibilité; il donna lieu à une correspondance, d'abord
fort rare, puis soutenue par celle d'un de nos amis
qui fit à Paris la connaissance de Brissot; enfin,
elle s'alimenta par la révolution de 1789; car les
événements, chaque jour multipliés, exerçaient vivement l'esprit et l'âme des philosophes préparés pour
la liberté.

Au milieu des crises inévitables, dans ces temps
de révolution, Roland fut porté à la municipalité de
Lyon. Son existence, sa famille et ses relations paraissaient devoir l'attacher à l'aristocratie; son
caractère, sa réputation le rendaient intéressant pour
le parti populaire, auquel devaient le consacrer sa
philosophie et son austérité. Son imperturbable
équité dénonça sans ménagement tous les abus qui
s'étaient multipliés dans l'administration des finances
de la ville. Lyon se trouvait endetté de quarante
millions. Les fabriques avaient souffert dans la première année de la révolution; vingt mille ouvriers
avaient été sans pain durant l'hiver : il fut résolu
de députer extraordinairement auprès de l'Assemblée
constituante, pour lui faire part de cette situation;
et Roland fut envoyé. Nous arrivâmes à Paris le 20
de février 1791. Je n'avais pas revu mon pays depuis

cinq ans; j'avais suivi la marche de la révolution, les travaux de l'Assemblée, étudié le caractère et les talents de ses membres les plus considérables, avec un intérêt difficile à imaginer, et qu'on ne peut guère apprécier qu'avec la connaissance de ma trempe et de mon activité. Je courus aux séances; je vis le puissant Mirabeau, l'étonnant Cazalès, l'audacieux Maury, les astucieux Lameth, le froid Barnave; je remarquai avec dépit, du côté des noirs, ce genre de supériorité que donnent dans les assemblées l'habitude de la représentation, la pureté du langage, les manières distinguées ; mais la force de la raison, le courage de la probité, les lumières de la philosophie, le savoir du cabinet et la facilité du barreau, devaient assurer le triomphe aux patriotes du côté gauche, s'ils étaient tous purs et pouvaient rester unis.

Brissot nous vint visiter. Je ne connais rien de si plaisant que la première entrevue de personnes qui se sont liées par correspondance sans connaître réciproquement leurs masques : on se regarde avec curiosité pour voir si les traits du visage répondent à la physionomie de l'âme, et si l'extérieur de la personne confirme l'opinion qu'on s'est formée d'elle. Les manières simples de Brissot, sa franchise, sa négligence naturelle, me parurent en parfaite harmonie avec l'austérité de ses principes; mais je lui trouvais une sorte de légèreté d'esprit et de caractère qui ne convenait pas également bien à la gravité de la philosophie ; elle m'a toujours fait peine, et ses ennemis en ont toujours tiré parti. C'est le meilleur des humains, bon époux, tendre père, fidèle ami, vertueux citoyen; sa société est aussi douce que son caractère est facile; confiant jusqu'à l'imprudence, gai, naïf, ingénu comme on l'est à quinze ans, il était fait pour vivre avec des sages. Savant publiciste, livré dès sa jeunesse à l'étude des rapports sociaux et des moyens de bonheur pour l'espèce humaine, il juge bien l'homme, et ne connaît pas du tout les hommes. Il ne peut croire vicieux celui qui lui parle avec un bon visage; et quand il a reconnu des gens pour tels, il les traite comme des fous qu'on plaint, sans se défier d'eux. Avec beaucoup de connaissances, il a le travail extrêmement facile, et il compose un traité comme un autre copie une chanson; aussi, l'œil exercé discerne-t-il dans ses ouvrages, avec un fonds excellent, la touche hâtive d'un esprit rapide et souvent léger. Je l'ai vu consacrant tout son temps à la révolution, sans autre but que de faire triompher la vérité, rédigeant assidûment son journal dont il aurait pu faire aisément un objet de spéculation, se contenter de la plus modeste rétribution. Sa femme, modeste comme lui, avec un très bon sens et quelque force d'âme, jugeait plus sévèrement les choses. Elle avait, depuis leur mariage, toujours tourné les yeux vers les États-Unis d'Amérique, comme le lieu dont le séjour convenait à leurs goûts, à leurs mœurs, et dans lequel il était aisé de s'établir avec de très faibles moyens de fortune. Brissot avait fait un voyage en conséquence, et ils étaient sur le point d'y passer, lorsque la révolution l'enchaîna. Né à Chartres, et camarade de Pétion, qui est de la même ville, Brissot se lia encore plus étroitement avec lui dans l'Assemblée constituante, où ses lumières et son travail aidèrent plusieurs fois son ami. Il nous le fit connaître, ainsi que plusieurs députés, que d'anciennes relations ou la seule conformité des principes réunissaient fréquemment pour conférer. Il fut même arrangé que l'on viendrait chez moi quatre fois la semaine, dans la soirée, parce que j'étais sédentaire, bien logée, et que mon appartement se trouvait placé de manière à n'être fort éloigné d'aucun de ceux qui composaient ces petits comités.

Cette disposition me convenait parfaitement; elle me tenait au courant des choses auxquelles je prenais un vif intérêt; elle favorisait mon goût pour suivre les raisonnements politiques et étudier les hommes. Je savais quel rôle convenait à mon sexe, et je ne le quittai jamais. Les conférences se tenaient en ma présence sans que j'y prisse aucune part; placée hors du cercle et près d'une table, je travaillais des mains, ou faisais des lettres, tandis que l'on délibérait : eussé-je à expédier dix missives, ce qui avait lieu quelquefois, je ne perdais pas un mot de ce qui se débitait, et il m'arrivait de me mordre les lèvres pour ne pas dire mon avis.

Ce qui me frappa davantage et me fit une peine singulière, c'est cette espèce de parlage et de légèreté au moyen desquels des hommes de bon sens passent trois ou quatre heures sans rien résumer. Prenez les choses en détail, vous avez entendu soutenir d'excellents principes, mais il n'y a point de marche tracée et de point déterminé vers lequel il soit convenu que chacun parviendra de telle manière.

J'aurais quelquefois souffleté d'impatience ces sages que j'apprenais chaque jour à estimer pour l'honnêteté de leur âme, la pureté de leurs intentions; excellents raisonneurs, tous, philosophes, mais n'entendant rien à mener les hommes; ils faisaient, ordinairement en pure perte, de la science et de l'esprit.

Cependant j'ai vu projeter quelques bons décrets qui ont passé; bientôt la coalition de la minorité de la noblesse acheva d'affaiblir le côté gauche; il n'y avait plus qu'un petit nombre d'hommes inébranlables qui osaient combattre pour les principes; et, sur la fin, il se réduisit presque à Buzot, Pétion et Robespierre. Celui-ci me paraissait alors un honnête homme; je lui pardonnais, en faveur des principes, son mauvais langage et son ennuyeux débit. J'avais cependant remarqué qu'il était toujours concentré dans ces comités; il écoutait tous les avis, donnait rarement le sien, et j'ai ouï dire que le lendemain, le premier à la tribune, il faisait valoir les raisons qu'il avait entendu exposer la veille par ses amis. Cette conduite lui fut quelquefois reprochée avec douceur; il se tirait d'affaire par des gambades, et on lui passait sa ruse comme celle d'un amour-propre dévorant dont il était vraiment tourmenté.

Cependant s'il s'agissait de proposer quelque chose, ou de se distribuer les rôles, on n'était jamais sûr que Robespierre ne viendrait pas, comme par boutade, prévenir inconsidérément les tentatives par l'envie de s'en attribuer l'honneur, et faire ainsi tout manquer. Persuadée alors que Robespierre aimait passionnément la liberté, j'étais disposée à attribuer ses torts à l'excès d'un zèle emporté. C'est ainsi qu'avec un heureux préjugé en faveur de quelqu'un, on transforme les plus fâcheux indices en signes des meilleures qualités. Jamais le sourire de la confiance ne s'est reposé sur les lèvres de Robespierre, tandis qu'elles sont presque toujours contractées par le rire amer de l'envie qui veut paraître dédaigner. Son talent, comme orateur, était au-dessous du médiocre ; sa voix triviale, ses mauvaises expressions, sa manière vicieuse de prononcer, rendaient son débit fort ennuyeux. Mais il défendait les principes avec chaleur et opiniâtreté ; il y avait du courage à continuer de le faire au temps où le nombre des défenseurs du peuple s'était prodigieusement réduit. La cour les haïssait et les faisait calomnier, les patriotes devaient donc les soutenir et les encourager. J'estimais Robespierre sous ce rapport, je le lui témoignais ; et lors même qu'il était peu assidu au petit comité, il venait de temps en temps me demander à dîner. J'avais été frappée de la terreur dont il parut pénétré le jour de la fuite du roi à Varennes ; je le trouvai l'après-midi chez Pétion, où il disait avec inquiétude que la famille royale n'avait pas pris ce parti sans avoir dans Paris une coalition qui ordonnerait la Saint-Barthélemy des patriotes, et qu'il s'attendait à ne pas vivre dans les vingt-quatre heures. Pétion et Brissot disaient, au contraire, que cette fuite du roi était sa perte, et qu'il fallait en profiter ; que les dispositions du peuple étaient excellentes ; qu'il serait éclairé sur la perfidie de la cour par cette démarche ; qu'il était évident que le roi ne voulait pas de la constitution qu'il avait jurée ; que c'était le moment de s'en assurer une plus homogène, et qu'il fallait préparer les esprits à la république. Robespierre, ricanant à son ordinaire et se mangeant les ongles, demandait ce que c'était qu'une république !

L'arrestation de Louis XVI fit grand plaisir à Robespierre ; il voyait par-là tous les malheurs prévenus, et cessait de craindre pour lui : les autres s'en affligèrent ; ils trouvaient que les intrigues allaient recommencer, et que l'effervescence du peuple apaisé par le plaisir de voir retenir le coupable, ne servirait plus à seconder les efforts des amis de la liberté. La réconciliation de Lafayette avec les Lameth leur démontrait une coalition nouvelle qui ne pouvait avoir pour base l'intérêt public.

Les Jacobins proposèrent une pétition à l'assemblée pour lui demander le jugement du roi qui avait fui, ou l'inviter à recueillir le vœu du peuple sur le traitement qu'il pouvait mériter. Laclos, cet homme plein d'esprit, que la nature avait fait pour de grandes combinaisons, et dont les vices ont consacré toutes les facultés à l'intrigue ; Laclos, dévoué à d'Orléans et puissant dans son conseil, fit cette proposition aux Jacobins, qui l'accueillirent, et près de qui elle fut appuyée par un détachement de quelques centaines de motionnaires tombés dans le lieu de leur séance, à dix heures du soir. Je les y vis arriver. La société délibéra avec cette foule qui donna aussi son suffrage; elle arrêta les bases de la pétition, et nomma, pour la rédiger, des commissaires, au nombre desquels étaient Laclos et Brissot. Ils travaillèrent dans la nuit même, car il avait été arrêté qu'une députation de la société porterait, dès le lendemain, cette pétition au Champ de Mars, pour y être communiquée à ceux qui désireraient en prendre connaissance et voudraient y apposer leur signature.

Laclos prétexte un mal de tête, résultant du défaut de sommeil, qui ne lui permettait pas de tenir la plume; il pria Brissot de la prendre; et en raisonnant avec lui de la rédaction, il proposait, comme dernier article, je ne sais plus quelle clause qui rappelait la royauté et ménageait une porte à d'Orléans : Brissot étonné la repoussa vivement, et l'autre, fort habile, l'abandonna avec l'air de n'en avoir pas pesé toute la conséquence : il sentait bien qu'il pourrait toujours l'y faire glisser, et véritablement elle s'est trouvée dans l'imprimé qu'on a répandu comme projet arrêté par les Jacobins. Mais lorsque la société, assemblée le lendemain matin pour examiner la rédaction et faire l'envoi de la pétition, apprit que l'Assemblée nationale avait fixé le sort du roi, elle expédia ses commissaires au Champ de Mars, pour annoncer au peuple que le décret étant porté sur l'affaire du roi, il n'y avait plus lieu à la pétition proposée.

J'étais au Champ de la Fédération, où la curiosité m'avait conduite; il n'y avait pas plus de deux ou trois cents personnes éparses aux environs de l'autel de la patrie, sur laquelle des députés des Cordeliers, des sociétés fraternelles, portant des piques avec des écriteaux déclamatoires, haranguaient les assistants et alimentaient l'indignation contre Louis XVI. On annonça que, les Jacobins retirant leur pétition, il fallait que les citoyens zélés en fissent une autre et se rassemblassent le lendemain à cet effet. Ce fut alors que les partisans de la cour, sentant la nécessité d'en imposer par la terreur, combinèrent les moyens de frapper un grand coup : les menées furent préparées en conséquence; la proclamation inopinée et la brusque exécution de la loi martiale, opérèrent ce qu'on a justement appelé le massacre du Champ de Mars. Le peuple effrayé n'osa plus remuer; partie de la garde nationale, séduite ou trompée, secondant Lafayette par dévouement à la cour, ou par une aveugle confiance dans son prétendu patriotisme, servait elle-même de rempart contre ses concitoyens; le drapeau de la mort fut appendu à l'hôtel commun, et toute la revision se fit sous son influence.

L'érection des Feuillants avait été arrangée presque en même temps pour affaiblir les Jacobins ; et, certes, toute la marche de la coalition à cette époque prouva combien la cour et ses partisans étaient supérieurs à leurs adversaires en combinaisons d'intrigues.

Je ne connais pas d'effroi comparable à celui de Robespierre dans ces circonstances; on parlait effectivement de lui faire son procès, probablement pour l'intimider. Nous nous inquiétâmes véritablement sur son compte, Roland et moi : nous nous fîmes conduire chez lui au fond du Marais, à onze heures du soir, pour lui offrir un asile; mais il avait déjà quitté son domicile : nous nous rendîmes chez Buzot pour lui dire que, sans abandonner les Jacobins, il ferait peut-être bien d'entrer aux Feuillants pour juger de ce qui s'y passait, et s'y trouver prêt à défendre ceux qu'on voulait persécuter. Buzot hésite quelque temps; je ferais tout, dit-il, pour sauver ce malheureux jeune homme (en parlant de Robespierre), quoique je sois loin de partager l'opinion de certaines personnes sur son compte; il songe trop à lui pour tant aimer la liberté; mais il la sert, et cela me suffit. Buzot est le caractère de la probité même. Je l'avais distingué, dans ce petit comité, par le grand sens de ses avis. Il ne logeait pas fort loin de nous; il avait une femme qui ne paraissait point à son niveau, mais qui était honnête, et nous nous vîmes fréquemment. Lorsque les succès de la mission de Roland, relative aux dettes de la commune de Lyon, nous permirent de retourner en Beaujolais, nous restâmes en correspondance avec

Buzot et Robespierre ; elle fut plus suivie avec le premier ; il régnait entre nous plus d'analogie, une plus grande base à l'amitié, et un fonds autrement riche pour l'entretenir.

La mission de Roland le retint sept mois à Paris ; nous quittâmes cette cité à la mi-septembre, après que Roland eut obtenu pour Lyon tout ce que cette ville pouvait désirer, et nous passâmes l'automne à la campagne, occupés des vendanges. Nous examinâmes si nous prendrions le parti de rester à la campagne, ou s'il ne serait pas mieux d'aller passer l'hiver à Paris, pour y faire valoir les droits de Roland à une retraite, après quarante années d'emploi, et suivre en même temps son travail encyclopédique, toujours plus facile à rédiger aux foyers des lumières, parmi les savants et les artistes, qu'au fond d'un désert.

Nous revînmes à Paris dans le courant de décembre. Les constituants étaient retournés chez eux ; Pétion avait passé à la mairie, et les sollicitudes de cette place l'occupaient tout entier ; il n'y avait plus de point de ralliement, et nous vîmes beaucoup moins Brissot lui-même. Toute notre attention se concentrait dans l'intérieur ; l'activité de Roland lui faisait projeter un journal des arts utiles, et nous cherchions, dans les douceurs de l'étude, une distraction aux affaires publiques, dont l'état nous paraissait affligeant. L'un de nos amis nous apprit, vers la mi-mars, que la cour intimidée cherchait, dans son embarras, à faire quelque chose qui lui rendît de la popularité ; qu'elle ne s'éloignerait pas de prendre des ministres jacobins. Il ajouta que quelques personnes avaient songé à Roland, dont l'existence dans le monde savant, lés connaissances administratives et le caractère de justice et de fermeté offraient de la consistance. Cette idée me parut creuse et ne fit guère d'impression sur mon esprit.

Le 21 du même mois, Brissot vint me trouver un soir, me répéta les mêmes choses d'une manière plus positive, demandant si Roland consentirait à se charger de ce fardeau ; je lui répliquai que m'en étant entretenue avec lui par conversation, lors de la première ouverture qui en avait été faite, il m'avait paru qu'en appréciant les difficultés, même les dangers, son zèle et son activité ne répugnaient point à cet aliment ; que cependant il fallait y regarder de plus près. Le courage de Roland ne s'effraya pas ; le sentiment de ses forces lui inspirait la confiance d'être utile à la liberté, à son pays ; et cette réponse fut rendue à Brissot le lendemain.

Le vendredi 23, à onze heures du soir, je le vis entrer chez moi avec Dumouriez, qui, sortant du Conseil, venait apprendre à Roland sa nomination au ministère de l'intérieur et le saluer son collègue. Ils restèrent un quart d'heure ; on donna le rendez-vous pour prêter serment le lendemain. Voilà un homme, dis-je à mon mari après leur départ, en parlant de Dumouriez que je venais de voir pour la première fois, qui a l'esprit délié, le regard faux, et dont peut-être il faudra plus se défier que de personne au monde; ce seul aperçu de Dumouriez me faisait trouver une si grande dissonance avec Roland, qu'il ne me semblait pas qu'ils pussent long-temps aller ensemble. Je voyais, d'un côté, la droiture et la franchise en personne, la sévère équité sans aucun des moyens des courtisans, ni des ménagements de l'homme du monde; de l'autre, je croyais reconnaître un roué très spirituel, un hardi chevalier qui devait se moquer de tout, hormis de ses intérêts et de sa gloire.

Roland, ministre, eut bientôt, avec son incroyable activité, sa facilité pour le travail et son grand esprit d'ordre, classé dans sa tête toutes les parties de son département. Mais les principes et les habitudes des chefs de bureaux rendaient le travail infiniment pénible; il fallait lutter perpétuellement avec ses agents. Quant au Conseil, ses séances ressemblaient davantage à des causeries de compagnies, qu'à des délibérations d'hommes d'État. Chaque ministre y portait les ordonnances et proclamations à la signature, et celui de la justice présentait les décrets à la sanction. Le roi lisait la gazette, faisait à chacun des questions sur ce qui lui était personnel, témoignait ainsi avec assez d'adresse ce genre d'intérêt dont les grands savaient se faire un mérite; raisonnait en bon homme sur les affaires en général, et protestait à tous propos, avec l'accent de la franchise, de son désir de faire marcher la constitution. J'ai vu Roland et Clavière presque enchantés, durant trois semaines, des dispositions du roi, se réjouir en braves gens, de la tournure que devaient prendre les choses.

La première fois que Roland parut à la cour, la simplicité de son costume, son chapeau rond et les rubans qui nouaient ses souliers, firent l'étonnement et le scandale de tous les valets, de ces êtres qui, n'ayant d'existence que par l'étiquette, croyaient le salut de l'empire attaché à sa conservation. Le maître des cérémonies s'approchant de Dumouriez d'un air inquiet, le sourcil froncé, la voix basse et contrainte, montrant Roland du coin de l'œil. « Eh ! Monsieur, point de boucles à ses souliers ! — Ah ! Monsieur, tout est perdu », répliqua Dumouriez avec un sang-froid à faire éclater de rire.

C'est ici le moment de dire ce qu'on pensait alors du roi et de la cour. Louis XVI n'était pas précisément tel qu'on s'était attaché à le peindre pour l'avilir. Louis XVI avait une grande mémoire et beaucoup d'activité ; il ne demeurait jamais sans rien faire, et lisait souvent. Il avait très présent à l'esprit les divers traités faits par la France avec les puissances voisines ; il savait bien son histoire, et il était le meilleur géographe de son royaume. La connaissance des noms, leur juste application aux visages des personnes de sa cour à qui ils appartenaient, celle des anecdotes qui leur étaient particulières, avaient été étendues par lui à tous les individus qui s'étaient montrés de quelque manière dans la révolution ; on ne pouvait lui présenter un sujet pour quoique ce fût, qu'il n'eût un avis sur son compte fondé sur quelques faits. Mais Louis XVI, sans hardiesse dans l'esprit, sans force dans le caractère, avait encore eu ses vues resserrées, ses sentiments faussés, si je puis ainsi dire, par les préjugés. Parvenu au trône au milieu des débordements de la cour de Louis XV et du désordre des finances, environné de gens corrompus, Louis XVI, trop faible pour tenir les rênes d'un gouvernement qui se précipitait vers sa ruine, et tombait en dissolution, hâta leur ruine commune par des fautes sans nombre. Necker, qui faisait toujours du pathos politique comme dans son style, homme médiocre, dont on eut bonne opinion, parce qu'il en avait une très grande de lui-même, et qu'il l'annonçait hautement ; espèce de financier renforcé, qui ne savait calculer que le contenu de la bourse, et parlait à tout propos de son caractère, Necker était un mauvais pilote dans la tourmente qui se préparait. La France était comme épuisée d'hommes ; c'est une chose vraiment surprenante que leur disette dans cette révolution ; il n'y a guère eu que des pigmées. Ce n'est pas qu'il manquât d'esprit, de lumières, de savoir, d'agréments, de philosophie ; mais cette force d'âme, cette étendue de vues qui pénètrent dans l'avenir, dont la réunion constitue le caractère, et compose l'homme supérieur ; on la cherche partout, et on ne la trouve presque nulle part.

Louis XVI, toujours flottant entre la crainte d'irriter ses sujets, la volonté de les contenir, et dans l'incapacité de les gouverner, convoqua les États Généraux, au lieu de réformer les dépenses et de ré-

gler sa cour, il ne se prêta qu'à de misérables intri-
gailleries, seul genre familier aux personnes qu'il
sut choisir, sa marche oblique et sa conduite excitèrent d'abord la défiance, et finirent par allumer
l'indignation.

Les troubles religieux, les dispositions des ennemis ayant nécessité des décrets décisifs, les refus de
leur sanction acheva de dévoiler Louis XVI, dont la
bonne foi était déjà devenue bien suspecte à ceux de
ses ministres qui avaient été portés à la supposer
réelle. D'abord le refus ne fut pas formel : le roi
voulait réfléchir ; il remettait la sanction au conseil
suivant, et trouvait toujours des raisons pour la remettre encore. Ces lenteurs donnèrent lieu aux ministres de se prononcer avec vigueur. Roland et Servan, particulièrement, insistèrent sans relâche, et
dirent les vérités les plus frappantes avec une grande
énergie.

Leur situation devenait critique ; la chose publique
était en péril, il fallait que des ministres vraiment
patriotes obtinssent ce qui devait la sauver, ou se
retirassent, pour ne pas concourir à sa ruine. Roland
proposa à tous ses collègues une lettre au roi dans
cet esprit. Clavière chicana sur les expressions.
Duranthon, qui aimait sa place, ne se souciait pas de
risquer de la perdre, s'il y avait encore moyen de la
conserver, sans être un traître avéré. Lacoste ne
goûtait pas les grandes mesures, et la volonté du roi
lui paraissait, au fond, la meilleure de toutes les règles.
Dumouriez laissait discuter, et songeait à son jeu,

Dumouriez avait choisi pour son principal agent, et nommé directeur-général du département des affaires étrangères, Bonne-Carrère, décoré de la croix de Saint-Louis.

J'ai plus d'une fois entendu des hommes graves, des députés, gémir du choix qu'avait fait Dumouriez. Je sais qu'il y eut de douces remontrances faites à Dumouriez, qui s'excusa sur l'intelligence et les talents de Bonne-Carrère, dont on ne peut nier l'esprit, les ressources et la souplesse; mais le bruit se répandit d'une affaire ménagée par Bonne-Carrère, pour laquelle il y avait eu de déposées chez un notaire cent mille livres. On arrêta de parler sérieusement à Dumouriez, pour l'engager à renvoyer Bonne-Carrère. Effectivement, après avoir dîné chez moi, retirés dans le cabinet que j'habitais ordinairement, on fit à Dumouriez l'exposé des griefs, et les observations en conséquence. Roland, avec la gravité de son âge et de son caractère, se permit d'insister sur la chose, comme intéressant tout le ministère. Rien n'était moins à l'usage de Dumouriez, que cette exactitude et l'air de la remontrance : il voulut échapper par un ton léger; puis, se trouvant pressé par les raisons, il témoigna de l'humeur, et se retira mécontent. De cet instant, il cessa de voir les députés, et ne paraissait pas satisfait de les rencontrer chez moi. Il vint moins souvent. Réfléchissant sur cette conduite, je dis à Roland que, sans me connaître en intrigue, je croyais que, dans les règles du monde, l'heure devait être venue de perdre Dumouriez, si l'on voulait éviter d'être renversé par lui. Dumouriez doit chercher à se défaire de ceux dont la censure l'a blessé.

Ceci me conduit à anticiper sur les temps, et à couler à fond ce que j'ai à dire sur Dumouriez.

Après le 10 août, les patriotes imaginèrent qu'il fallait tirer parti de ses talents, et qu'on pouvait espérer qu'il en ferait un bon usage dans la carrière militaire. L'un des plus grands embarras du gouvernement, à cette époque, était le choix des sujets, notamment pour cette partie. L'ancien régime n'avait admis que des nobles pour officiers; le savoir ou l'expérience étaient concentrés dans leur ordre; le peuple les voyait avec inquiétude, chargés de la direction des forces destinées à maintenir une constitution qui leur était contraire. Les flatteurs du peuple exagéraient ses craintes, excitaient sa défiance; c'est la marche de tous les agitateurs, depuis Hippon, le harangueur de Syracuse, jusqu'à Robespierre, le bavard de Paris.

Roland, rappelé au ministère, crut devoir à l'intérêt public et aux circonstances, de faire disparaître l'opposition qui se trouvait entre lui et Dumouriez, puisqu'ils avaient ensemble à servir la République. « Les chances politiques, lui écrivit-il, sont aussi variées que celles de la guerre; je me retrouve au conseil, vous êtes à la tête des armées. Vous fûtes entraîné dans une intrigue qui vous fit desservir vos collègues, et vous avez été joué à votre tour. Mais vous ressemblez un peu à ces preux chevaliers, qui faisaient, parfois, de petites scélératesses, dont ils étaient les premiers à rire, et qui ne savaient pas

moins se battre en desespérés quand il s'agissait de
l'honneur. Il faudra bien vous pardonner si vous rem-
portez des victoires. Vous me trouverez, dans le
conseil, toujours prêt à seconder vos entreprises,
tant qu'elles auront le bien public pour objet. »
Dumouriez répondit fort bien, et se battit de même.
Il repoussa les Prussiens. Il vint à Paris, après que
les ennemis eurent évacué notre territoire, pour
préparer les opérations de la Belgique; Roland le vit
au conseil; je le reçus à dîner chez moi, une seule
fois, avec beaucoup d'autres personnes. Quand il
entra dans mon appartement, il avait l'air un peu
embarrassé, et vint m'offrir, assez gauchement pour
un homme aussi dégagé, un charmant bouquet qu'il
tenait à la main. Je souris, en lui disant que la fortune faisait de plaisants tours, et qu'il ne s'était pas
attendu, sans doute, qu'elle me mît dans le cas de
le recevoir de nouveau dans ce même hôtel; mais
que les fleurs n'en seyaient pas moins bien au vain-
queur des Prussiens, et que je les recevais de sa main
avec plaisir. Il se proposait d'aller, après dîner, à
l'Opéra; c'était encore un reste de l'ancienne folie
des généraux, d'aller se montrer au spectacle, et
chercher des couronnes de théâtre, lorsqu'ils avaient
remporté quelque avantage. Une personne me
demanda si je ne comptais point y aller; j'évitai de
répondre, parce qu'il ne convenait ni à mon caractère, ni à mes mœurs, d'y paraître avec Dumouriez.
Mais, après que la compagnie fut partie, je proposai
à Vergniaud de m'y accompagner, dans ma loge, avec

ma fille. Nous nous y rendîmes. L'ouvreuse de loges, étonnée, me dit que la loge du ministre était occupée. « Cela n'est pas possible, lui dis-je : on n'y entrait que sur des billets signés de lui, et je n'en avais donné à personne. — Mais c'est le ministre qui a voulu entrer. — Non, ce n'est pas lui : ouvrez-moi, je verrai qui c'est. » Trois ou quatre sans-culottes, en forme de spadassins, étaient à la porte. « On n'ouvre pas, s'écrièrent-ils; le ministre est là. — Je ne puis me dispenser d'ouvrir », répond la femme qui, dans l'instant, ouvre effectivement la porte. J'aperçois la grosse figure de Danton, celle de Fabre, et trois ou quatre femmes de mauvaise tournure. Le spectacle était commencé; ils fixaient le théâtre : Danton s'inclinait sur la loge voisine, pour causer avec Dumouriez, que je reconnus d'un clin d'œil, sans que personne de la loge m'eût vue : je me retirai subitement, en poussant la porte. « Véritablement, dis-je à l'ouvreuse, c'est un ci-devant ministre de la justice, à qui j'aime mieux laisser le fruit d'une impertinence, que de me compromettre avec lui; je n'ai que faire ici » ; et je me retirai, jugeant, au reste, que la sottise de Danton me sauvait de l'inconvénient que j'avais voulu éviter de paraître avec Dumouriez, puisqu'il se serait trouvé si près de moi. J'ai su que Danton et Fabre n'avaient cessé de l'accompagner à tous les autres spectacles où il avait eu la faiblesse de se montrer; quant à moi, je ne l'ai jamais revu : voilà où se sont bornées nos relations avec un homme dont on a voulu nous supposer complices lors de sa trahison.

Je suis persuadée que Dumouriez n'était pas allé dans la Belgique avec l'intention de trahir; il aurait servi la République pourvu qu'il y eût trouvé sa gloire et son profit; mais les mauvais décrets rendus par la Convention, l'affreuse conduite de ses commissaires, les sottises du Pouvoir exécutif, gâtant notre cause dans ce pays, et la tournure des affaires préparant un bouleversement général, il eut l'idée d'en changer le cours et se perdit dans ses combinaisons, faute de prudence et de maturité. Dumouriez doit être fort aimable pour les femmes, il paraît encore avoir la pétulance de la jeunesse et toute la gaieté d'une imagination vive et libre. Il divertissait le roi au conseil par les contes les plus extravagants, dont ses graves collègues ne pouvaient s'empêcher de rire; et il les entremêlait parfois de vérités hardies et bien appliquées.

La chose qui m'ait le plus surprise depuis que l'élévation de mon mari m'eut donné la faculté de connaître beaucoup de personnes, et particulièrement celles employées dans les grandes affaires, c'est l'universelle médiocrité; elle passe tout ce que l'imagination peut se représenter, depuis le commis qui n'a besoin que d'un esprit juste pour bien saisir une question, d'un peu de style pour rédiger des lettres, jusqu'au ministre chargé du Gouvernement, au militaire qui doit commander les armées, et à l'ambassadeur fait pour négocier. Jamais, sans cette expérience, je n'aurais cru mon espèce si pauvre. Ce n'est aussi que de cette époque que j'ai pris de l'assurance; jusque-là j'étais modeste comme une pensionnaire de couvent; je supposais toujours que les gens plus décidés que moi étaient aussi plus habiles. Vraiment ! je ne m'étonne pas que l'on m'aimât beaucoup; on sentait bien que je valais quelque chose, et cependant je faisais de bonne foi les honneurs à l'amour-propre d'autrui. Dans cette pénurie de sujets la révolution ayant fait successivement éloigner ceux que leur naissance, leur fortune, leur éducation et les circonstances rendaient supérieurs au grand nombre, il n'est pas étonnant que nous soyons successivement tombés dans les mains de la plus crasse ignorance et de la plus honteuse incapacité. Il y a cependant encore bien des degrés depuis le médiocre de Grave jusqu'à l'idiot Bouchotte.

Je reviens aux décrets sur les prêtres et sur le camp au-dessous de Paris : le retard que le roi apportait à les sanctionner devenait un refus; on touchait au terme du délai. Nous sentîmes que le conseil n'ayant pas assez de nerf et d'ensemble pour se prononcer en masse, il convenait à l'intégrité, au courage de Roland de s'avancer seul, et nous arrêtâmes entre nous deux sa fameuse lettre au roi, dont la rédaction me fut confiée.

Je m'arrête ici un moment pour éclairer des doutes et fixer l'opinion de beaucoup de personnes, dont la plupart ne m'attribuent quelque mérite que pour l'ôter à mon mari. L'habitude et le goût de la vie studieuse m'ont fait partager les travaux de mon mari tant qu'il a été simple particulier; j'écrivais

avec lui, comme j'y mangeais, parce que l'un m'était
presque aussi naturel que l'autre ; et que n'existant
que pour son bonheur, je me consacrais à ce qui
lui faisait le plus de plaisir. Il décrivait des arts, j'en
décrivais aussi, quoiqu'ils m'ennuyassent ; il aimait
l'érudition, nous faisions des recherches ; il se délas-
sait à envoyer quelque morceau littéraire à une Académie ; nous le travaillions de concert, ou séparément,
pour comparer ensuite et préférer le meilleur ou
refondre les deux ; il aurait fait des homélies, que j'en
aurais composé. Il devint ministre ; je ne me mêlai
point de l'administration ; mais s'agissait-il d'une circulaire, d'une instruction, d'un écrit public et important, nous en conférions suivant la confiance dont
nous avions l'usage ; et pénétrée de ses idées, nourrie
des miennes, je prenais la plume que j'avais plus que
lui le temps de conduire. Ayant tous deux les mêmes
principes et un même esprit, nous finissions par
nous accorder sur le mode, et mon mari n'avait rien
à perdre en passant par mes mains. Je ne pouvais
rien exprimer, en fait de justice et de raison, qu'il ne
fût capable de réaliser par son caractère et sa conduite. Roland sans moi n'eût pas été moins bon
administrateur ; son activité, son savoir, sont bien à
lui, comme sa probité ; avec moi il a produit plus de
sensation, parce que je mettais dans ses écrits ce
mélange de force et de douceur qui n'appartiennent
peut-être qu'à une femme sensible, douée d'une tête
saine. Je suis avide de bonheur ; je l'attache au bien
que je fais, et je n'ai pas même besoin de gloire ; je

ne vois dans ce monde de rôle qui me convienne que celui de la Providence. Je permets aux malins de regarder cet aveu comme une impertinence.

Je reviens à la lettre, qui fut tracée d'un trait, comme à peu près tout ce que je faisais de ce genre. Il était présent dans le cabinet de mon mari, ce Pache qui, dans la même année, fit calomnier Roland, et nous fait poursuivre aujourd'hui comme ennemis de la liberté, lorsque nous lûmes entre nous cette lettre. « C'est une démarche bien hardie! disait alors cet hypocrite que je prenais pour un sage. — Hardie! sans doute; mais elle est juste et nécessaire; qu'importe le reste? » Roland se rend au conseil, le 10 juin, avec sa lettre dans sa poche, dans le dessein de la lire hautement devant ses collègues, et de la déposer ensuite entre les mains du roi. On ouvre la discussion : le roi la suspend, en disant à ses ministres qu'ils aient à lui remettre chacun, au conseil suivant, leur opinion écrite. Roland crut devoir attendre par une sorte d'égard pour ses collègues; mais de retour chez lui, nous trouvâmes qu'il ne pouvait mieux faire que d'expédier sa missive : elle fut remise dans les mains du roi, le 11 juin au matin.

Lettre écrite au Roi, par Roland, Ministre de l'intérieur.

SIRE,

« L'état actuel de la France ne peut subsister longtemps : c'est un état de crise dont la violence a atteint le plus haut degré; il faut qu'il se termine par un éclat qui doit intéresser Votre Majesté, autant qu'il importe à tout l'empire.

« Honoré de votre confiance, et placé dans un poste où je vous dois la vérité, j'oserai vous la dire; c'est une obligation qui m'est imposée par vous-même.

« Les Français se sont donné une constitution; elle a fait des mécontents et des rebelles; la majorité de la Nation la veut maintenir; elle a juré de la défendre au prix de son sang, et elle a vu avec joie la guerre qui lui offrait un grand moyen de l'assurer. Cependant, la minorité, soutenue par des espérances, a réuni tous ses efforts pour emporter l'avantage. De là, cette lutte intestine contre les lois; cette anarchie, dont gémissent les bons citoyens, et dont les malveillants ont bien soin de se prévaloir pour calomnier le nouveau régime. On veut, ou le triomphe, ou le changement de la constitution.

« Votre Majesté jouissait de grandes prérogatives, qu'elle croyait appartenir à la royauté. Élevée dans l'idée de les conserver, elle n'a pu se les voir enlever avec plaisir. Ces sentiments qui tiennent à la nature du cœur humain, ont dû entrer dans le calcul des ennemis de la révolution. Ils ont donc compté sur une faveur secrète, jusqu'à ce que les circonstances permissent une protection déclarée. Votre Majesté a donc été constamment dans l'alternative de céder à ses premières habitudes, à ses affections particulières, ou de faire des sacrifices dictés par la philosophie, exigés par la nécessité : par conséquent, d'enhardir les rebelles, en inquiétant la Nation ; ou d'apaiser celle-ci, en vous unissant avec elle. Tout a son terme, et celui de l'incertitude est enfin arrivé.

« La déclaration des droits est devenue un évangile politique ; et la constitution française, une religion pour laquelle le peuple est prêt à périr. Aussi, l'emportement a-t-il été déjà quelquefois jusqu'à suppléer à la loi ; et lorque celle-ci n'était pas assez réprimante pour contenir les perturbateurs, les citoyens se sont permis de les punir eux-mêmes. C'est ainsi que des propriétés d'émigrés, ou de personnes reconnues pour être de leur parti, ont été exposées aux ravages qu'inspirait la vengeance ; c'est pourquoi tant de départements ont été forcés de sévir contre les prêtres que l'opinion avait proscrits et dont elle aurait fait des victimes.

« La fermentation est extrême dans toutes les parties de l'empire : elle éclatera d'une manière terrible, à moins qu'une confiance raisonnée dans les intentions de Votre Majesté ne puisse enfin la calmer. Mais cette confiance ne s'établira pas sur des protestations ; elle ne saurait plus avoir pour bases que des faits.

« Il est évident, pour la nation française, que sa constitution peut marcher, que le gouvernement aura toute la force qui lui est nécessaire, du moment où Votre Majesté voulant absolument le triomphe de cette constitution, soutiendra le corps législatif de toute la puissance de l'exécution, ôtera tout prétexte aux inquiétudes du peuple, et tout espoir aux mécontents.

« Par exemple, deux décrets importants ont été rendus; tous deux intéressent essentiellement la tranquillité publique et le salut de l'État.

« Il n'est plus temps de reculer, il n'y a même plus moyen de temporiser. La révolution est faite dans les esprits; elle s'achèvera au prix du sang et sera cimentée par lui, si la sagesse ne prévient pas des malheurs qu'il est encore possible d'éviter.

« Le salut de l'État et le bonheur de Votre Majesté sont intimement liés ; aucune puissance n'est capable de les séparer : de cruelles angoisses et des malheurs certains environneront votre trône, s'il n'est appuyé par vous-même sur les bases de la constitution, et affermi dans la paix que son maintien doit enfin nous procurer.

« On vous a cruellement trompé, Sire, quand on vous a inspiré de l'éloignement ou de la méfiance pour ce peuple facile à toucher. Qu'il voie que vous êtes résolu à faire marcher cette constitution à laquelle il a attaché sa félicité; et bientôt vous deviendrez le sujet de ses actions de grâces.

« La conduite des prêtres en beaucoup d'endroits, les prétextes que fournissait le fanatisme aux mécontents, ont fait porter une loi sage contre les perturbateurs : que Votre Majesté lui donne sa sanction. Si cette loi n'est en vigueur, le peuple irrité y suppléera par des excès.

« Les tentatives de nos ennemis, les agitations qui se sont manifestées dans la capitale, l'extrême inquiétude qu'avait excité la conduite de votre garde, et qu'entretiennent encore les témoignages de satisfaction qu'on lui a fait donner, par Votre Majesté, par une proclamation vraiment impolitique dans la circonstance ; la situation de Paris, sa proximité des frontières, ont fait sentir le besoin d'un camp dans son voisinage. Cette mesure dont la sagesse et l'urgence ont frappé tous les bons esprits, n'attend encore que la sanction de Votre Majesté. Pourquoi faut-il que des retards lui donnent l'air du regret, lorsque la célérité lui gagnerait tous les cœurs !

« Je sais que le langage austère de la vérité est rarement accueilli près du trône ; je sais aussi que c'est parce qu'il ne s'y fait presque jamais entendre, que les révolutions deviennent nécessaires : je sais surtout, que je dois le tenir à Votre Majesté, non-seulement comme citoyen soumis aux lois, mais comme ministre, honoré de sa confiance, et je ne connais rien qui puisse m'empêcher de remplir un devoir dont j'ai la conscience.

« La vie n'est rien pour l'homme qui estime ses devoirs au-dessus de tout : mais après le bonheur de les avoir remplis, le bien auquel il soit encore sensible est celui de prouver qu'il l'a fait avec fidélité ; et cela même est une obligation pour l'homme public. »

Le 10 juin 1792, l'an IV de la Liberté.

Signé, ROLAND.

Le lendemain 12, à huit heures du soir, je vois arriver Servan d'un air joyeux : « Félicitez-moi, me dit-il, j'ai l'honneur d'être chassé. — Mon mari, lui répliquai-je, doit donc le partager sous peu, et je suis piquée que vous soyez le premier. » Il me raconta que s'étant rendu le matin chez le roi pour quelques objets particuliers, il l'avait entretenu avec chaleur de la nécessité du camp des vingt mille hommes, s'il voulait véritablement s'opposer aux projets des ennemis; que le roi lui avait tourné le dos de fort mauvaise humeur, et que Dumouriez sortait à l'instant de l'hôtel de la guerre, où il était venu lui prendre le portefeuille en conséquence d'un ordre dont il était porteur. « Dumouriez? — Il joue là un vilain rôle, mais qui ne me surprend pas. » Les trois jours précédents, il avait été souvent aux Tuileries en longue conférence avec la reine, près de laquelle il n'est pas inutile de remarquer que Bonne-Carrère avait quelque appui par les femmes. Roland averti que Servan était chez moi, quitte les personnes auxquelles il donnait audience, apprend la nouvelle, et fait inviter ses collègues (Dumouriez excepté) à le venir trouver.

Les ministres arrivèrent; on délibéra sans rien conclure, sinon que l'on se rassemblerait le lendemain à huit heures du matin, et que Roland leur préparerait une lettre. Je n'aurais jamais cru combien sont rares la justesse d'esprit et la fermeté de caractère; combien peu d'hommes sont propres à gouverner.

Les ministres vinrent au rendez-vous; ils hésitèrent et finirent par arrêter qu'il.valait mieux se rendre en personne chez le roi et lui parler; cet expédient me parut une manière d'éluder. Il fut convenu d'aller prendre Lacoste et de lui proposer de s'unir aux autres : à peine ces messieurs étaient-ils réunis à l'hôtel de la Marine, qu'un message du roi vint porter à Duranthon l'ordre de se rendre seul au château et à l'instant. Clavière et Roland lui dirent qu'ils allaient attendre son retour à la chancellerie. Ils n'y furent pas longtemps sans voir arriver Duranthon, la face allongée, silencieux, avec un air de douleur hypocrite, tirant lentement de chacune de ses poches un ordre du roi pour chacun des deux autres. « Donnez donc, lui dit Roland en riant; je vois seulement que nos lenteurs nous ont fait perdre l'initiative. » C'était effectivement leur congé. « Me voilà aussi chassé, » m'annonça mon mari en revenant. »

L'on sait comment l'assemblée honora le renvoi des trois ministres, en déclarant qu'ils emportaient les regrets de la nation; comme elle applaudit à la lettre, en ordonnant qu'elle fût imprimée et envoyée aux départements. Je suis convaincue que cette lettre a beaucoup servi à éclairer la France; elle offrait au roi avec tant de force ce que son propre intérêt devait le déterminer à faire, qu'on a pu juger qu'il ne refusait à s'y prêter que par une opposition déterminée au maintien de la constitution.

Nous voilà donc rentrés dans la vie privée : on me demandera peut-être, si je n'ai jamais eu plus de détails sur la manière dont Roland avait été appelé au ministère? je puis affirmer que non, et que même je n'ai pas eu la pensée de m'en informer; cela m'a paru se faire comme tant de choses en ce monde; l'idée en vient à quelqu'un, plusieurs la goûtent, et elle se présente, ainsi appuyée, à quiconque peut agir en conséquence.

Lorsque mon mari fut au ministère, je m'imposai la loi de ne faire ni recevoir de visites et de n'inviter à manger aucune femme; je n'avais pas de grands sacrifices à faire à cet égard, car n'étant pas de résidence habituelle à Paris, mon cercle n'y était pas fort étendu; d'ailleurs, je ne m'étais livrée nulle part à la grande société, parce que j'aime l'étude autant que je hais le jeu, et que je m'ennuie des sots. Habituée à passer mes jours dans l'intérieur de mon domestique, je partageais les travaux de Roland et je cultivais mes goûts particuliers. C'était donc à la fois conserver ma manière d'être et prévenir les inconvénients dont une foule intéressée environne les personnes qui tiennent aux grandes places, que d'établir cette sévérité dans mon hôtel. Je n'y ai jamais eu proprement de cercle de société; je recevais à dîner, deux fois la semaine, des ministres, des députés, celles des personnes avec lesquelles mon mari avait besoin de s'entretenir ou de conserver des relations. On causait d'affaires devant moi, parce que je n'avais ni la manie de m'en mêler, ni d'entourage qui inspirât la défiance. De toutes les pièces d'un vaste appartement, j'avais choisi, pour l'habiter journellement,

le plus petit salon formant cabinet, où j'avais mes
livres et un bureau. Il arrivait souvent que des amis
ou des collègues ayant besoin de parler confiden-
tiellement au ministre, au lieu d'aller chez lui, où ses
commis et le public l'environnaient, se rendaient
chez moi et me priaient de l'y faire appeler. Je me
suis ainsi trouvée dans le courant des choses sans
intrigue ni vaine curiosité : Roland y avait l'agrément
de m'en entretenir ensuite, dans le particulier, avec
cette confiance qui a toujours régné entre nous, et
qui y a mis en communauté nos connaissances et
nos opinions ; il arrivait aussi que les amis qui
n'avaient qu'un avis à communiquer, un mot à dire,
toujours certains de me trouver, s'adressaient à
moi pour me charger de le lui rendre au premier
instant.

C'est dans le courant de juillet que voyant les affaires empirer par la perfidie de la cour, la marche
des troupes étrangères et la faiblesse de l'assemblée,
nous cherchions où pourrait se réfugier la liberté
menacée. Nous causions souvent avec Barbaroux et
Servan de l'excellent esprit du Midi, de l'énergie des
départements dans cette partie de la France, et des
facilités que présenterait ce local pour y fonder une
république, si la cour triomphante venait à subjuguer
le Nord et Paris. Nous prenions des cartes géogra-
phiques ; nous tracions la ligne de démarcation :
Servan étudiait les positions militaires ; on calculait
les forces, on examinait la nature et les moyens de
reversement des productions ; chacun rappelait les

lieux ou les personnes dont on pouvait espérer de
l'appui, et répétait, qu'après une révolution qui avait
donné de si grandes espérances, il ne fallait pas re-
tomber dans l'esclavage, mais tout tenter pour établir quelque part un gouvernement libre : « Ce sera
notre ressource, disait Barbaroux, si les Marseillais
que j'ai accompagnés ici ne sont pas assez bien secondés par les Parisiens pour réduire la cour; j'espère cependant que nous aurons une Convention qui
donnera la république pour toute la France. »

Nous jugeâmes bien, sans qu'il s'expliquât davantage, qu'il se préparait une insurrection ; elle paraissait inévitable, puisque la cour faisait des préparatifs qui annonçaient le dessein de subjuguer, On dira
que c'était pour se défendre ; mais l'idée de l'attaque
ne serait venue à personne, si elle eût fait sincè-
ment exécuter la constitution ; et les plus fermes
républicains en lui voyant tous ses défauts auraient
attendu des améliorations de l'expérience et du temps.

Tout le monde connaît la révolution du 10 août ;
je n'en sais pas plus que le public à cet égard ; car
instruite de la grande marche des affaires tant que
Roland a été homme public, et la suivant avec intérêt, même lorsqu'il n'était plus en place, je n'ai
jamais été confidente de ce qu'on peut appeler les
petites manœuvres.

Rappelé au ministère de cette époque, il y rentra
avec de nouvelles espérances pour la liberté. Il est
grand dommage, disions-nous, que le conseil soit
gâté par ce Danton, qui a une réputation si mau-

vaise! Quelques amis, à qui je le répétais à l'oreille, me répondirent : « Que voulez-vous ? il a été utile dans la révolution, et le peuple l'aime. » C'était fort bien dit; mais il est plus aisé de ne point accorder à un homme des moyens d'influence, que de l'empêcher d'en abuser. Là commencèrent les fautes des patriotes. Il fallait former un excellent conseil, dont tous les membres, irréprochables dans leur conduite, distingués par leurs lumières, imprimassent au gouvernement une marche respectable, et aux puissances étrangères de la considération. Placer Danton, c'était inoculer dans le gouvernement ces hommes qui le tourmentent quand ils ne sont pas employés par lui, qui le détériorent et l'avilissent dès qu'ils participent à son action. Mais qui donc aurait fait ces réflexions ? C'était l'assemblée, ou la commission des vingt et un, qui déterminait les choix; il y avait là beaucoup d'hommes de mérite, et pas un chef; pas un de ces êtres à la Mirabeau, propres à commander au vulgaire, à rallier les volontés des sages, et à les présenter avec l'ascendant du génie qui se fait obéir dès qu'il se manifeste.

On ne savait qui mettre à la marine : Condorcet parla de Monge, parce qu'il l'avait vu résoudre des problèmes de géométrie à l'Académie des sciences, et Monge fut élu. C'est une espèce d'original, à la manière des ours que j'ai vus jouer dans les fossés de la ville de Berne : on n'est pas plus lourdement Pasquin et moins fait pour être plaisant. Autrefois tailleur de pierres à Mézières, où l'abbé Bossut l'encouragea et

lui fit commencer l'étude des mathématiques, il s'est
avancé à force de travail, et avait cessé de voir son
bienfaiteur dès qu'il avait espéré de devenir son
égal. Bonhomme, au demeurant, ou sachant en acquérir la réputation dans un petit cercle, dont les
plus malins personnages ne se seraient pas amusés
à faire voir qu'il n'était qu'épais et borné. Mais enfin
il passait pour être honnête homme, ami de la révolution; et l'on était si las des traîtres, si embarrassé
de trouver des gens capables, que l'on commençait
par s'accommoder de ceux qui étaient sûrs. Je n'ai
pas besoin de parler de son ministère; le triste état
de notre marine ne prouve que trop aujourd'hui son
ineptie et sa nullité.

Lebrun, employé dans les bureaux des affaires
étrangères, passait pour un esprit sage, parce qu'il
n'avait d'élans d'aucune espèce; et pour un habile
homme, parce qu'il était assez bon commis. Il connaissait passablement sa carte diplomatique, et
savait rédiger, avec bon sens, un rapport ou une
lettre. Mais il n'avait rien de l'activité d'esprit et de
caractère qu'il eût fallu développer. Mal instruit de
ce qui se passait chez nos voisins, envoyant dans les
cours des hommes qui n'avaient aucune de ces
choses qui leur servent de recommandation, et pouvaient à peine passer l'antichambre de quelques
grands, il ne savait employer ni l'espèce d'intrigue,
ni l'espèce de grandeur dont un État puissant doit
investir ses agents pour se faire respecter.

Au second ministère de Roland, comme au premier, je m'étais imposé de ne recevoir aucune femme, et j'ai suivi scrupuleusement cette règle. Jamais mon cercle n'a été fort étendu, et jamais les femmes n'en ont composé la plus grande partie. Après mes plus proches parents, je ne voyais que les personnes dont les goûts et les travaux intéressaient mon mari. Je trouvai que madame Pétion avait pris à la mairie un parti fort sage, et j'estimai qu'il était aussi louable d'imiter un bon exemple que de le donner. Je n'eus donc ni cercle ni visite; c'était d'abord du temps de gagné, chose inappréciable quand on a quelque moyen de l'employer. Deux fois la semaine seulement je donnais à dîner : l'une aux collègues de mon mari avec lesquels se trouvaient quelques députés : l'autre à diverses personnes, soit députés, soit enfin de telles autres, jetées dans les affaires, ou occupées de la chose publique. Le goût et la propreté régnaient sur ma table sans profusion, et le luxe des ornements n'y parut jamais; on y était à l'aise, sans y consacrer beaucoup de temps, parce que je n'y faisais faire qu'un service, et que je n'abandonnais à personne le soin d'en faire les honneurs. Quinze couverts étaient le nombre ordinaire des convives, qui ont été rarement dix-huit, et une seule fois vingt. Tels furent les repas que les orateurs populaires traduisirent à la tribune des Jacobins en festins somptueux, où, nouvelle Circé, je corrompais tous ceux qui avaient le malheur de s'y asseoir. Après le dîner, on causait quelque temps au salon, et chacun retournait à ses affaires. On se mettait à

table vers cinq heures, à neuf il n'y avait plus personne chez moi : voilà ce qu'était cette cour dont
on me faisait la reine, ce foyer de conspiration à
battants ouverts.

Les autres jours, fermés en famille, nous étions
souvent mon mari et moi tête à tête ; car la marche
des occupations portant fort loin l'heure du dîner,
ma fille mangeait dans sa chambre avec sa gouvernante. Ceux qui m'ont vue alors me rendront témoignage un jour, lorsque la voix de la vérité pourra
se faire entendre : je n'y serai peut-être plus ; mais
je sortirai de ce monde avec la confiance que la mémoire de mes calomniateurs se perdra dans les ma-
lédictions, tandis que mon souvenir sera quelquefois
rappelé avec attendrissement.

Danton ne laissait guère passer de jours sans
venir chez moi : tantôt c'était pour le conseil ; il
arrivait un peu avant l'heure, et passait dans mon
appartement, ou s'y arrêtait un peu après, ordinairement avec Fabre d'Églantine ; tantôt il venait me
demander la soupe, d'autres jours que ceux où
j'avais coutume de recevoir, pour s'entretenir de
quelque affaire avec Roland.

On ne saurait faire montre de plus de zèle, d'un
plus grand amour de la liberté, d'un plus vif désir
de s'entendre avec ses collègues pour la servir effi-
cacement. Je regardais cette figure repoussante et
atroce ; et quoique je me disse bien qu'il ne fallait
juger personne sur parole, que je n'étais assurée de
rien contre lui, je ne pouvais appliquer l'idée d'un

homme de bien sur ce visage. Je n'ai jamais rien vu qui caractérisât si parfaitement l'emportement des passions brutales, et l'audace la plus étonnante, demi-voilée par l'air d'une grande jovialité, l'affectation de la franchise et d'une sorte de bonhomie. Mon imagination, assez vive, se représente toutes les personnes qui me frappent, dans l'action que je crois convenir à leur caractère; je ne vois pas durant une demi-heure une physionomie un peu hors du vulgaire, sans la revêtir du costume d'une profession, ou lui donner un rôle, dont elle m'inspire ou me rappelle l'idée. Cette imagination m'a souvent figuré Danton un poignard à la main, excitant de la voix et du geste une troupe d'assassins plus timides ou moins féroces que lui.

Si j'avais pu m'astreindre à une marche suivie, au lieu d'abandonner ma plume à l'allure vagabonde d'un esprit qui se promène sur les événements, j'aurais pris Danton au commencement de 1789, misérable avocat, chargé de dettes plus que de causes, et dont la femme disait que sans le secours d'un louis par semaine qu'elle recevait de son père, elle ne pourrait soutenir son ménage; je l'aurais montré naissant à la section, qu'on appelait alors un district, et s'y faisant remarquer par la force de ses poumons; grand sectateur des d'Orléans, acquérant une sorte d'aisance dans le cours de cette année, sans qu'on vît de travail qui dût la procurer, et une petite célébrité par des excès que Lafayette voulait punir, mais dont il sut se prévaloir avec art

en se faisant protéger par la section qu'il avait rendue turbulente. Je l'observerais déclamant avec succès aux sociétés populaires, se faisant le défenseur
des droits de tous, et annonçant qu'il ne prendrait
de places appointées qu'après la révolution; passant
néanmoins à celle de substitut du procureur de la
commune, préparant son influence aux Jacobins
sur les débris de celle des Lameth; paraissant au
10 août avec ceux qui revenaient du château, et
arrivant au ministère comme un tribun agréable au
peuple, à qui il fallait donner la satisfaction de le
mettre dans le Gouvernement. De cette époque, sa
marche fut aussi rapide que hardie : il s'attache
par des libéralités, ou protège de son crédit, ces
hommes avides et misérables que stimulent le besoin
et les vices ; il désigne les gens redoutables dont il
faudra opérer la perte; il gage les écrivains ou
inspire les énergumènes qu'il destine à les poursuivre; il enchérit sur les inventions révolutionnaires des patriotes aveugles ou des adroits fripons;
il combine, arrête et fait exécuter des plans capables de frapper de terreur, de recueillir beaucoup
d'argent, et d'égarer l'opinion sur toutes ces choses.
Il forme le corps électoral par ses intrigues, le domine ouvertement par ses agents. Il va dans la Belgique augmenter ses richesses; il ose avouer une
fortune de quatorze cent mille livres, afficher le
luxe en prêchant le sans-culottisme, et dormir sur
des monceaux de cadavres.

Quant à Fabre d'Églantine, affublé d'un froc,

armé d'un stylet, occupé d'ourdir une trame pour décrier l'innocence ou perdre le riche dont il convoite la fortune, il est si parfaitement dans son rôle, que quiconque voudrait peindre le plus scélérat tartufe, n'aurait qu'à faire son portrait ainsi costumé.

Ces deux hommes cherchaient beaucoup à me faire causer en me parlant de patriotisme : je n'avais rien à taire ou à dissimuler à cet égard; je me montre toute entière, et ne laisse jamais douter qui je suis.

Dès que l'assemblée eut rendu, de son propre mouvement, un décret qui attribuait cent mille livres au ministre de l'intérieur pour impression d'écrits utiles, Danton et Fabre, surtout, me demandèrent, par forme de conversation, si Roland était en mesure à cet égard, s'il avait des écrivains prêts à employer, etc. Je répondis qu'il n'était point étranger à ceux qui s'étaient déjà fait connaître; mais que si, lui Fabre, lui Danton, en connaissaient particulièrement quelques-uns, il fallait qu'ils les indiquassent, et qu'ils vinssent avec eux chez le ministre de l'intérieur, où l'on pourrait, une fois la semaine, par exemple, s'entretenir de ce qui devait, dans les circonstances, occuper essentiellement les écrivains. « Nous avons le projet, me répliqua Fabre, d'un journal en affiche que l'on intitulera : *Compte rendu au Peuple souverain*, et qui présentera le tableau de la dernière révolution; Camille Desmoulins, Robert, etc., y travailleront. — Eh bien! il faut les amener à Roland. » Il s'en garda bien; on ne parla plus du journal, qui commença cependant dès que l'assemblée eut donné au conseil deux millions pour dépenses secrètes. Danton dit à ses collègues qu'il fallait que chaque ministre pût en user dans son département. Roland s'éleva fortement contre cette proposition ; il déclara ne vouloir en faire aucun usage sans en justifier au conseil à qui il appartenait d'en connaître, et à qui ils étaient confiés. Danton répliqua, jura, comme il avait coutume de faire, parla de révolution, de grandes mesures, de secret, de liberté ; les autres, séduits peut-être par le plaisir de tripoter chacun à sa fantaisie, se rangèrent de son avis, malgré les réclamations de Roland et sa vigoureuse insistance dont l'austérité déplut.

Danton se pressa de toucher cent mille écus au trésor public, et en fit ce que bon lui sembla ; ce qui ne l'empêcha pas d'obtenir de Servan soixante mille livres, de Lebrun davantage, sur les fonds secrets de leurs départements sous différents prétextes. Jamais il n'a fourni de compte à l'assemblée ; il s'est contenté de lui attester qu'il l'avait rendu au conseil ; et à ce conseil il s'est borné à dire, dans une séance où Roland n'était pas, pour cause d'indisposition, qu'il avait donné vingt mille livres à tel, dix à tel autre, ainsi du reste, pour la révolution, à cause de leur patriotisme.

C'est ainsi que l'armée fut empoisonnée de Cordeliers, agents de Danton, aussi lâches qu'avides, qui favorisèrent les pillages et les dilapidations, qui rendirent les soldats aussi féroces aux Français qu'aux ennemis, qui firent détester la révolution aux peuples voisins, par les excès de tous genres auxquels ils se livrèrent au nom de la République, et qui, prêchant partout l'insubordination, préparèrent les revers éprouvés depuis.

Danton et Fabre cessèrent de venir me voir dans les derniers jours d'août ; ils ne voulaient pas sans doute s'exposer à des yeux attentifs, lorsqu'ils chantaient les matines de septembre, et ils avaient assez jugé ce qu'étaient Roland et ses entours. Ils conclurent que Roland était un honnête homme, avec lequel il n'y avait rien à faire en entreprises de leur genre ; que sa femme n'offrait aucune prise par laquelle on pût influer sur lui ; que toute aussi ferme dans ses principes, elle avait peut-être plus de cette sorte de pénétration propre à son sexe, dont les gens faux ont à se défier davantage ; peut-être aussi augurèrent-ils qu'elle pouvait quelquefois tenir la plume, et qu'en somme un tel couple pouvait nuire à leurs desseins, et n'était bon qu'à perdre. La suite des événements donne à ces conjectures toute l'évidence de la démonstration.

On avait imaginé, comme l'une des premières mesures à prendre par le conseil, l'envoi dans les départements de commissaires chargés d'éclairer sur les événements du 10 août, et surtout d'exciter les esprits aux préparatifs de défense, à la levée rapide de recrues nécessaires à nos armées contre les ennemis sur les frontières, etc. Dès qu'il fut question de leur choix, Roland demanda jusqu'au lendemain pour réfléchir aux sujets qu'il pouvait indiquer. « Je me charge de tout, s'écria Danton ; la commune de Paris nous fournira d'excellents patriotes. » La majorité du conseil lui confia le soin de les indiquer, et le lendemain il arriva au conseil avec les commissions toutes dressées ; il ne s'agit plus que de les remplir des noms qu'il présente. On examine peu, on ne discute point, et on signe. Voilà donc un essaim d'hommes peu connus, intrigants de sections ou braillards de clubs, sans autre existence, pour la plupart, que celle qu'ils espéraient acquérir dans les agitations publiques ; mais très dévoués à Danton, leur protecteur, et facilement épris de ses mœurs et de sa doctrine licencieuse : les voilà représentants du conseil exécutif dans les départements de la France.

Cette opération m'a toujours semblé l'un des plus grands coups de parti pour Danton, et la plus humiliante école pour le conseil.

Il faut se représenter la préoccupation de chaque ministre au milieu des affaires de son département dans ces temps d'orages, pour concevoir que les hommes honnêtes et capables se soient conduits avec cette légèreté. Danton se trouvait au département qui donne le moins à faire ; d'ailleurs, il s'embarrassait fort peu de remplir les devoirs de sa place, et ne s'en occupait guère ; les commis tournaient la roue ; il confiait sa griffe, et la manœuvre se suivait, telle quelle, sans qu'il s'en inquiétât. Tout son temps, toute son attention étaient consacrés aux combinaisons, aux intrigues utiles à ses vues d'agrandissement de pouvoir et de fortune. Continuellement, dans les bureaux de la **guerre**, il faisait placer aux armées les gens de son bord ; il trouvait moyen de les intéresser dans les fournitures et les marchés ; il ne négligeait aucune partie dans laquelle il pût avancer ces hommes, la lie d'une nation corrompue ; il en augmentait son crédit et se formait une fraction, bientôt devenue puissante, car elle règne aujourd'hui.

Les ennemis s'avançaient sur notre territoire ; leurs progrès devenaient alarmants : les hommes qui veulent conduire le peuple, et qui ont étudié les moyens de l'influencer, savent fort bien que la terreur est un des plus puissants. Cette affection soumet absolument les individus qui l'éprouvent à ceux qui ne se laissent pas dominer par elle ; les instigateurs de septembre devaient avoir le double but de produire un mouvement, à la faveur duquel la violation des prisons, le massacre des détenus leur fournissaient l'occasion de satisfaire des haines particulières, d'exécuter un pillage, dont le produit flattait leur cupidité, et de répandre cette sorte de stupeur durant laquelle le petit nombre des hardis ambitieux jettent les fondements de leur puissance. Le prétexte d'immoler de prétendus traîtres devait séduire quelques mauvaises têtes, tromper le peuple, justifier l'action, dont il résulterait pour les directeurs : le dévouement de leurs satellites bien payés. Aussi, quiconque osa, par la suite, s'élever contre ces attentats, fut proclamé calomniateur de Paris, désigné tel à la fureur de certaine classe de ses habitants, appelé conspirateur.

Le bruit de la prise de Verdun se répandit, le 1er de septembre, avec éclat, avec effroi ; les habitués des groupes disaient les ennemis en marche vers Châlons ; il ne fallait plus, à les entendre, que trois journées pour arriver à Paris ; et le peuple, sans calculer tout ce qui est nécessaire à la marche d'une armée, voyait déjà les troupes étrangères dans la capitale ravagée.

Rien ne fut négligé de tout ce qui était propre à enflammer l'imagination, accroître les dangers. Les visites domiciliaires, sous le prétexte de rechercher les armes cachées, de découvrir les gens suspects ; ces visites, si fréquentes depuis le 10 août, furent arrêtées comme dispositions générales, et faites au milieu de la nuit. Elles donnèrent lieu à des arrestations nouvelles et nombreuses, à des vexations inouïes. La commune du 10, composée, en grande partie, de ces hommes qui, n'ayant rien à perdre, ont tout à gagner dans les révolutions, déjà coupable de mille excès, avait besoin d'en commettre de nouveaux, car c'est par l'accumulation des crimes que s'assure l'impunité. Les malheurs de la patrie sont solennellement annoncés ; le drapeau noir est élevé sur les tours de l'église métropolitaine ; le canon d'alarme est tiré ; la commune fait proclamer, à son de trompe, le rendez-vous général des citoyens, pour le dimanche 2, au Champ de Mars, afin de réunir,

autour de l'autel de la patrie, les zélés défenseurs
qui voudraient partir sur-le-champ pour sa défense.
Cependant, elle fait ordonner la clôture des barrières ; on parle de conspiration tramée, dans les
prisons, par les aristocrates (ou riches) qui y étaient
renfermés en grand nombre, de l'inquiétude du
peuple et de sa répugnance à abandonner ses foyers,
en laissant derrière lui ces loups dévorants, qui,
bientôt déchaînés, se jetteraient sur ce qu'ils auraient
laissé de plus cher.

Sur les 5 heures du dimanche 2, moment à peu
près où les prisons furent investies, ainsi que je l'ai
appris depuis, environ 200 hommes arrivent à l'hôtel
de l'intérieur ; ils demandent à grands cris le ministre et des armes. Du fond de mon appartement,
je crois entendre quelques clameurs : je sors ; et,
des pièces qui donnent sur la cour, j'aperçois le
rassemblement ; je vais à l'antichambre, je m'informe du sujet. Roland était sorti ; mais ceux qui le
demandaient, ne se payaient pas de cette raison et
voulaient absolument lui parler ; les domestiques
s'opposaient à ce que ces gens montassent, en leur
répétant la vérité. J'ordonnai qu'on allât de ma part,
inviter dix d'entre eux à monter : ils entrent ; je leur
demandai paisiblement ce qu'ils voulaient ; ils me
dirent qu'ils étaient de braves citoyens, prêts à
partir pour Verdun, mais qu'ils manquaient d'armes ;
qu'ils venaient en demander au ministre, et qu'ils
voulaient le voir. — Je leur observai que jamais le
ministre de l'intérieur n'avait eu d'armes à sa

disposition ; que c'était au département de la guerre qu'il fallait en demander. Ils répliquèrent qu'ils y avaient été ; qu'on leur avait dit qu'il n'y en avait pas ; que tous ces ministres étaient des traîtres, et qu'ils demandaient Roland. « Je suis fâchée qu'il soit sorti, car il vous convaincrait par ses bonnes raisons : venez visiter l'hôtel avec moi ; vous vous assurerez qu'il n'est pas chez lui ; qu'il n'y a d'armes nulle part, et vous réfléchirez qu'il ne doit pas non plus y en avoir : retournez à l'hôtel de la guerre, ou si vous voulez que Roland vous parle, rendez-vous à l'hôtel de la marine ; tout le conseil y est assemblé. »

Ils se retirèrent. Je me plaçai au balcon sur la cour ; je vis un furieux, en chemise, les manches retroussées au-dessus du coude, le sabre à la main, déclamant contre les trahisons des ministres : mes dix députés se répandent parmi la foule, et déterminent enfin la retraite au son du tambour, mais emmenant avec eux le valet de chambre comme un otage ; ils le firent courir dans les rues durant une heure, puis le laissèrent aller.

Je montai sur-le-champ en voiture, pour me rendre à la marine, et prévenir mon mari de ce qui venait de se passer. Le conseil n'était pas encore formé ; je trouvai un cercle nombreux, plusieurs députés : le ministre de la guerre, celui de la justice n'étant point arrivés, les autres étaient au salon, comme société. Je racontai l'anecdote ; chacun la commenta diversement ; elle fut prise, par la plupart, comme le résultat fortuit des circonstances et de l'effervescence des esprits.

Que faisait alors Danton? Je ne l'ai su que plusieurs jours après; mais c'est bon à dire ici, pour rapprocher les faits. Il était à la mairie, dans le comité dit de surveillance, d'où sortait l'ordre des arrestations si multipliées depuis quelques jours : il venait d'y embrasser Marat, après la parade d'une feinte brouillerie de vingt-quatre heures. Il monte chez Pétion, le prend en particulier, lui dit, dans son langage toujours relevé d'expressions énergiques : « Savez-vous de quoi ils se sont avisés? Est-ce qu'ils n'ont pas lancé un mandat d'arrêt contre Roland? — Qui cela? demande Pétion. — Eh ! cet enragé de comité. J'ai pris le mandat; tenez, le voilà; nous ne pouvons laisser agir ainsi. Diable ! contre un membre du conseil ! » Pétion prend le mandat, le lit, le lui rend en souriant, et dit : « Laissez faire, ce sera d'un bon effet. — D'un bon effet ! répliqua Danton, qui examinait curieusement le maire; oh ! je ne souffrirai pas cela ; je vais les mettre à la raison; » et le mandat ne fut pas mis à exécution. Mais qui est-ce qui ne se dit pas que les 200 hommes devaient avoir été envoyés chez le ministre de l'intérieur par les auteurs du mandat? Qui est-ce qui ne soupçonne point que l'inutilité de leur tentative, apportant du retard à l'exécution du projet, pût faire balancer ceux qui l'avaient conçu? Qui est-ce qui ne voit pas dans la démarche de Danton auprès du maire, celle d'un conjuré qui veut pressentir l'effet du coup, ou se faire honneur de l'avoir paré, lorsqu'il se trouve manqué d'ailleurs, ou rendu douteux par d'involontaires délais?

Les ministres sortirent du conseil après 11 heures; nous n'apprîmes que le lendemain matin les horreurs dont la nuit avait été le témoin, et qui continuaient de se commettre dans les prisons. Le cœur navré de ces abominables forfaits, de l'impuissance de les arrêter, de l'évidente complicité de la commune et du commandant général, nous convînmes qu'il ne restait à un ministre honnête homme que de les dénoncer avec le plus grand éclat à l'assemblée; de se laver ainsi du déshonneur d'y participer par le silence. « Il n'est pas moins vrai, dis-je à mon mari, que les résolutions du courage sont aussi convenables à la sûreté qu'à la justice; on ne réprime l'audace qu'avec fermeté; si la dénonciation de ces excès n'était pas un devoir, elle serait un acte de prudence : les gens qui les commettent doivent vous haïr, car vous avez fait vos efforts pour les entraver; il ne vous reste qu'à vous faire craindre et à leur en imposer. » Roland écrivit à l'assemblée cette lettre du 3 septembre, qui devint aussi fameuse que celle qu'il avait adressée au roi. L'assemblée l'accueillit avec transport; elle en ordonna l'impression, l'envoi, l'affiche; elle y applaudit, comme louent et applaudissent les gens faibles, aux signes d'un courage qu'ils ne sauraient imiter, mais qui les touche et réveille en eux quelque espoir.

Ce même jour, le 3 septembre, un homme, autrefois confrère de Roland, et auquel j'avais cru devoir l'honnêteté de l'inviter à dîner, s'avisa de m'amener l'orateur du genre humain, sans m'avoir prévenue, ni demandé si je le trouverais bon. Je fis honnêteté à Clootz, dont je ne connaissais que les déclamations ampoulées. « On introduit chez vous un insupportable parasite que je suis fâché d'y voir. » Les événements du jour faisaient le sujet de la conversation ; Clootz prétendit prouver que c'était une mesure indispensable et salutaire ; il débita beaucoup de lieux communs sur les droits des peuples, la justice de leur vengeance et l'utilité dont elle était pour le bonheur de l'espèce ; il parla longtemps et très haut, mangea davantage et ennuya plus d'un auditeur. Bientôt nommé député, il revint quelquefois de lui-même, cherchant sans gêne la première place et le meilleur morceau ; une politesse extrême et froide que j'accompagnai du soin de servir toujours plusieurs personnes avant lui, dut promptement lui apprendre qu'il était jugé ; il le sentit, ne revint plus, et se vengea par des calomnies.

La dernière fois qu'il vint chez moi, il mit en jeu sa marotte, rebattit toutes ses extravagances sur la possibilité d'une convention formée des députés de tous les coins du monde : les uns répliquèrent par des plaisanteries ; Roland, ennuyé, eut la bonté de lui pousser trois ou quatre syllogismes, après lesquels il lui tourna le dos ; la conversation se tempérait et se divisa ; Buzot, dont l'esprit judicieux ne s'amuse pas longtemps à combattre des moulins à vent, s'étonnait de ce qu'on traitait le fédéralisme comme une hérésie politique; il observait que les États-Unis offraient le tableau le plus intéressant d'une bonne organisation sociale, formaient un composé du même genre, et qu'il en était ainsi de la Suisse.

Ce sont ces réflexions qui furent dénoncées par Clootz, comme une conjuration de fédérer la France et de détacher les départements de Paris; il présenta Buzot comme le plus dangereux des conspirateurs, Roland comme leur chef, et les députés qui venaient le plus souvent chez moi comme les fauteurs de ce projet liberticide.

Cependant les massacres continuèrent à l'Abbaye, du dimanche au soir au mardi matin; à la Force, davantage; à Bicêtre, quatre jours, etc. Je dois à mon séjour actuel dans la première de ces prisons, d'avoir appris des détails qui font frémir, et que je n'ai pas le courage de tracer. Mais une anecdote que je ne passerai point sous silence, parce qu'elle concourt à démontrer que c'était un projet bien lié, c'est qu'y ayant dans le faubourg Saint-Germain une maison de dépôt où l'on met les détenus que l'Abbaye ne peut recevoir quand elle renferme trop de monde, la police choisit, pour les transférer, le dimanche au soir, l'instant d'avant le massacre général : les assassins étaient prêts; ils se jetèrent sur les voitures; il y avait cinq ou six fiacres, et à coups de sabres et de piques, ils percèrent, ils tuèrent ceux qui les remplissaient, au milieu de la rue, au bruit terrible de leurs cris douloureux. Tout Paris fut témoin de ces horribles scènes, exécutées par un petit nombre de bourreaux (ils n'étaient pas quinze à l'Abbaye). Tout Paris laissa faire. Je n'espérai plus que la liberté s'établît parmi des lâches, froids spectateurs d'attentats que le courage de cinquante hommes armés aurait facilement empêchés.

La force publique était mal organisée, les brigands ont soin, quand ils veulent régner, de s'opposer à tout ordre ; mais faut-il connaître son capitaine et marcher en compagnie, quand il s'agit de voler au secours de victimes qu'on égorge ? Le fait est que le bruit d'une prétendue conspiration dans les prisons, tout invraisemblable qu'il fût, l'annonce préméditée de l'inquiétude et de la colère du peuple, retenaient chacun dans la stupeur, et lui persuadaient au fond de sa maison que c'était le peuple qui agissait, lorsqu'il n'y avait pas deux cents brigands pour la totalité de cette infâme expédition. Aussi ce n'est pas la première nuit qui m'étonne ; mais quatre jours ! et des curieux allaient voir ce spectacle ! Je ne connais rien, dans les annales des peuples les plus barbares, de comparable à ces atrocités. La santé de Roland en fut altérée, son estomac ne pouvait rien recevoir, et la bile arrêtée se répandit à la surface de la peau ; il était jaune, faible, ne pouvant dormir ni manger, et ne cessant de travailler.

Danton s'efforça de présenter l'opposition de Roland à ces événements comme le fruit de la terreur dont il était gratuitement frappé. Ce trait m'a toujours paru fort significatif.

L'histoire conservera sans doute l'infâme circulaire du comité de surveillance de la commune, renfermant l'apologie des journées de septembre, et l'invitation d'en célébrer de semblables par toute la France.

Les circonstances faisant juger l'inconvénient d'amener à Paris les prisonniers d'Orléans, dont la translation avait été ordonnée, le ministre de l'intérieur donna des ordres, d'après l'avis du conseil, pour les conduire à Versailles ; on envoya une nombreuse escorte ; des hommes qui jouaient l'horreur pour les assassinats de Paris, obtinrent d'en faire partie, et dirigèrent la boucherie qui s'exécuta dans les charrettes, à l'arrivée des prisonniers à Versailles.

L'or, l'argent, les portefeuilles, les bijoux et autres effets précieux, en grande quantité dans les prisons à cette époque, par la condition et la richesse de ceux qui les peuplaient, furent pillés comme on peut le croire.

Des dilapidations bien plus considérables avaient été faites, par les membres de la commune, après le 10 août, soit au château des Tuileries, soit dans les maisons royales des environs où elle envoya des commissaires, soit chez les particuliers, dits suspects, où elle avait fait apposer les scellés.

Des brigands se permettaient tout ; on avait, en plein jour, sur les boulevards et dans les marchés, arraché des montres, des boucles de souliers, des pendants d'oreilles. L'assemblée, comme de coutume, trouva fort bon le zèle du ministre, le chargea de lui faire un rapport sur l'état de Paris, et ne prit point de mesures.

Le vol du Garde-meuble s'effectua; des millions passèrent aux mains de gens qui devaient s'en servir pour perpétuer l'anarchie, source de leur domination.

Le jour qui s'ouvrit après ce vol important, Fabre d'Eglantine vint chez moi à onze heures du matin; d'Eglantine, qui avait cessé d'y paraître lors des matines de septembre. Il ne me trouva pas; je venais de sortir avec madame Pétion : il m'attend deux heures; je le trouve dans la cour à mon arrivée; il monte avec moi sans que je l'engage à le faire; il reste une heure et demie sans que je l'invite à s'asseoir; il se lamente, d'un ton bien hypocrite, sur le vol de cette nuit qui prive la nation de véritables richesses : il demande si l'on n'a point quelques renseignements sur les auteurs; il s'étonne de ce qu'on n'ait rien pressenti à cet égard; il parle ensuite de Robespierre, de Marat, qui avaient commencé de déchirer Roland et moi, comme de têtes chaudes qu'il fallait laisser aller, comme d'hommes bien intentionnés, très zélés, qui s'effarouchaient de tout, mais desquels il ne fallait pas s'inquiéter. Je le laissai dire, parlai fort peu, et ne m'ouvris sur rien; il se retira; je ne l'ai plus jamais revu. Je n'ai encore pu bien savoir quel était le but de cette singulière visite : c'est au temps à l'apprendre.

J'ai dit que Marat commençait à nous déchirer. Du moment où l'assemblée avait mis des fonds à la disposition du ministre de l'intérieur pour impression d'écrits utiles, Marat qui, le lendemain du 10, avait fait enlever, par son peuple, quatre presses à l'Imprimerie royale pour s'indemniser de celles que la justice lui avait précédemment fait retirer, écrivit à Roland pour lui demander quinze mille livres, afin de le mettre en état de publier d'excellentes choses; Roland répondit que la somme était trop considérable pour la délivrer sans connaître l'objet auquel elle devait servir; que si Marat voulait lui envoyer ses manuscrits, il ne s'attribuerait pas le droit de les juger, mais les soumettrait au conseil pour savoir s'il convenait de les publier aux frais de la nation. Marat répliqua assez mal, comme il sait faire, et envoya un fatras de manuscrits dont la seule vue faisait peur; il y avait un *Traité des chaînes de l'esclavage;* je ne sais quoi encore, marqué à son coin; c'est suffisant pour l'apprécier.

J'avais quelquefois douté que Marat fût un être subsistant; je fus persuadé alors qu'il n'était pas imaginaire : j'en parlai à Danton, je lui témoignai l'envie de le voir, et lui dis de me l'amener; car il faut connaître les monstres, et j'étais curieuse de savoir si c'était une tête désorganisée ou un mannequin bien soufflé. Danton s'en défendit; au ton de l'excuse, je jugeai qu'il n'aurait point égard à cette fantaisie; je n'eus pas l'air d'y avoir sérieusement songé.

Le conseil trouva que les manuscrits de Marat devaient être remis à Danton qui saurait bien s'arranger avec lui.

Commettre ce soin à Danton, c'était lui donner un nouveau moyen de s'attacher ce chien enragé, de le faire courir et mordre ceux contre lesquels il lui plairait de l'exciter.

Roland fit son rapport sur l'état de Paris, le 22 septembre : il peignait les désordres qui y avaient été commis.

Il parla du zèle de la commune du 10 ; il fit voir que l'usage prolongé des moyens révolutionnaires produisait exactement le contraire de ce qu'on espérait puisqu'on ne détruisait la tyrannie que pour faire régner la justice et l'ordre, incompatibles avec l'anarchie ; et il démontrait la difficulté d'obtenir des comptes de cette commune à laquelle il en avait inutilement demandé. L'assemblée incapable et faible applaudit, fit imprimer, ordonna peu de choses et ne rectifia rien. Il n'est guère possible d'imaginer une situation plus pénible que celle d'un homme équitable et ferme, à la tête d'une grande administration dans laquelle il paraît avoir une puissance considérable, témoin journalier d'abus révoltants dont il n'a que la dénonciation, et sur lesquels l'autorité législative qu'il éclaire, ne sait ou n'ose prendre un parti. Dans cet état de choses, j'aurais mieux aimé que Roland consacrât ses talents à sa patrie comme député, qu'en qualité de membre d'un conseil sans énergie, et de ministre d'un gouvernement sans action.

Le département de la Somme, que Roland avait longtemps habité, le nomma son représentant :

cette nomination excita des regrets presque uni-
versels; on trouvait fâcheux de voir ôter du gou-
vernail un homme intègre, éclairé, courageux,
difficile à remplacer. Roland écrivit à l'assemblée en
la priant de nommer à sa place, et lui indiquant la
personne qu'il croyait pouvoir lui succéder. Danton
était présent, il s'éleva avec beaucoup de chaleur
contre cette invitation; son impétuosité lui fit dire
beaucoup de choses ridicules, et entre autres, qu'il
faudrait donc aussi m'adresser l'invitation parce que
je n'étais pas inutile au ministère de Roland. Les
murmures de la désapprobation repoussèrent ces
propos; la démission ne fut pas acceptée, et le ministre demeura. La foule des députés se porta chez
lui pour l'engager à ne pas quitter le ministère; on
le pressa vivement comme pour un sacrifice qu'il
devait à son pays.

Il se détermina donc à rester; il l'écrivit à l'assemblée avec l'accent d'un courage et d'une fierté
qui fut couvert des applaudissements de la majorité,
et fit pâlir ses ennemis. Il n'y eut plus de relâche
dans le parti Danton contre lui: chaque jour
c'étaient de nouvelles attaques; le journal de Marat,
des pamphlets *ad hoc*, des dénonciations aux Jacobins, répétèrent sans cesse des accusations, des
calomnies plus bêtes ou plus atroces les unes que
les autres. Mais la persévérance et l'effronterie dans
ce genre ont toujours des succès auprès du peuple
naturellement défiant et léger.

Dès lors Roland fut représenté comme un homme

dangereux, qui avait des bureaux d'esprit public ; bientôt comme un corrupteur de l'opinion, un ambitieux de la suprême puissance ; enfin comme un conspirateur.

Les brigands de Paris calomniant toujours, élevèrent, à l'aide de mille mouvements, une sorte de défiance et d'opinion populaire que les Jacobins soutenaient de tout leur pouvoir ; car ils n'étaient plus régis que par Danton, Robespierre et Marat...

Le vingt-quatrième jour de ma détention à l'Abbaye commençait de s'écouler ; l'espace de cette détention avait été rempli par l'étude et le travail ; je l'avais principalement employé à écrire des Notes, dont la rédaction devait se ressentir de l'excellente disposition d'esprit dans laquelle je me trouvais. L'insurrection du 31 mai, les attentats du 2 juin m'avaient pénétrée d'indignation ; mais j'étais persuadée que les départements ne les verraient pas d'un œil satisfait, et que leurs réclamations feraient triompher la bonne cause. Peu m'importait, avec cet espoir, que dans l'instant d'une crise, je tombasse victime de la rage de quelque forcené. Le succès de mes amis, le triomphe des vrais républicains me consolaient de tout à l'avance ; j'aurais subi un jugement inique, ou succombé par quelque atrocité imprévue, avec le calme, la fierté, la joie de l'innocence qui méprise la mort et sait que la sienne sera vengée.

La publication d'un grossier mensonge, l'annonce bruyamment faite sous ma fenêtre d'une de ces feuilles du *Père Duchesne*, sale écrit dont parle Hébert, substitut de la commune de Paris, qui empoisonne tous les matins le peuple ignorant qui boit comme l'eau la calomnie, m'avaient persuadée qu'il se projetait contre moi quelque horreur. Cette feuille disait que son auteur m'avait rendu visite à l'Abbaye, et qu'ayant obtenu ma confiance sous l'apparence d'un brigand de la Vendée, il avait eu mon aveu des liaisons de Roland avec les rebelles de ce département et le gouvernement anglais. Ce conte ridicule était assaisonné de tout ce qui fait les ornements du langage du *Père Duchesne;* les vraisemblances physiques n'étaient pas mieux ménagées que les autres; je n'étais pas seulement transformée en contre-révolutionnaire, mais en vieille édentée, et l'on finissait par m'exhorter à pleurer mes péchés, en attendant que je les expiasse à l'échafaud. Les colporteurs, bien instruits sans doute, ne quittèrent pas d'une minute les environs de ma résidence; ils accompagnaient l'annonce de la *Grande visite du Père Duchesne,* des provocations les plus sanguinaires au peuple du marché. Je pris la plume; j'écrivis quelques lignes au ministre Garat; je lui faisais honte de l'administration qui expose l'innocence aux derniers excès de la fureur d'un peuple aveuglé. Je ne prétendais assurément pas le convertir; mais je lui envoyais mes adieux comme un vautour pour ronger son cœur. Vers le même temps, une femme, dont on ne vantera pas les connaissances, mais qui unit aux grâces de son sexe la sensibilité d'âme qui en fait le premier mérite et le grand charme, trouva moyen de pénétrer dans ma prison. Combien je fus étonnée de voir son doux visage, de me sentir pressée dans ses bras et d'être baignée de ses pleurs ! je la pris pour un ange ; c'en était un aussi, car elle est bonne et jolie, et elle avait tout fait pour m'apporter des nouvelles de mes amis ; elle me donnait encore des moyens de faire passer des miennes. Cet adoucissement à ma captivité contribuait à me la faire oublier, lorsqu'à midi, du 24 juin, la femme du concierge vient m'inviter à passer dans son appartement, où me demandait un administrateur ; j'étais souffrante et couchée ; je me lève, je vais chez elle ; j'entre dans la chambre où un homme se promenait et un autre écrivait, sans qu'aucun des deux parût s'apercevoir de mon arrivée. « Est-ce bien moi qu'on demande, messieurs ? — Vous êtes la citoyenne Roland ? — Oui, je m'appelle ainsi. — Prenez la peine de vous reposer. » Et l'un continue d'écrire, l'autre de se promener. Je cherchais ce que signifiait cette comédie, quand l'écrivain prenant la parole, me dit : « Je viens vous mettre en liberté. » Je ne sais pourquoi cette annonce me toucha très faiblement. « Mais, répliquai-je, il est fort bien fait de me mettre hors d'ici ; il s'agit en même temps de me faire entrer chez moi ; les scellés sont sur mon appartement. — L'administration les fera lever dans le jour ; j'écris pour un ordre, parce que je suis seul ici d'administrateur, et qu'il faut deux signatures pour la décharge du concierge. » Il se lève, donne sa commission, et revient m'entretenir de cet air qui veut inspirer la confiance; puis me demande tout à coup, comme sans conséquence: « Vous savez où est M. Roland à présent? » Je souris à la question, en observant qu'elle n'est point assez discrète pour mériter une réponse; la conversation devenait ennuyeuse, je me retire dans ma chambre pour faire mes dispositions. J'eus d'abord l'idée de dîner paisiblement et de ne partir que vers le soir; mais je réfléchis que c'était une folie que de rester en prison quand on avait la faculté d'en sortir; d'ailleurs le concierge vint savoir si je prenais mes arrangements; je vis qu'il était empressé d'avoir mon logis. C'était un petit cabinet, fort maussade par la saleté des murs, l'épaisseur des grilles, et le voisinage d'un bûcher que tous les animaux du logis prennent pour les lieux d'aisance; mais comme il ne peut tenir qu'un lit, on a l'avantage d'y être seul, et on en fait ordinairement les honneurs au nouvel arrivé, ou à l'individu qui désire cet agrément. Lavacquerie, qui ne l'avait jamais vu habiter par quelqu'un d'aussi bonne humeur que moi, et qui admirait la complaisance avec laquelle j'y ordonnais des livres et des fleurs, me disait qu'il l'appellerait désormais le pavillon de Flore. J'ignorais qu'il le destinât en ce même instant à Brissot, que je ne savais pas dans mon voisinage; que bientôt après il serait habité par une héroïne, digne d'un meilleur siècle, la célèbre Corday. Ma pauvre bonne, qui arrivait pour me voir,

pleurait de joie en faisant mon paquet; on me fait
voir l'ordre de ma mise en liberté, fondé sur ce
qu'il n'y a rien contre moi; je fais mes comptes et
mes petites générosités pour les pauvres et les valets
de la prison; je trouve sur mon passage l'un des
otages, prince de Linange, qui me félicite obligeamment de ma liberté; je lui réponds que je voudrais
lui faire un compliment pareil. J'envoie chercher un
fiacre; je descends, fort étonnée de voir encore
l'administrateur qui n'avait pas quitté la prison, et
qui vient jusque sur la porte me regarder monter en
voiture. Je me fais conduire à mon domicile, dans
le dessein d'y déposer quelques objets, et de me
rendre bientôt après chez les dignes gens qui ont
adopté ma fille; je quitte le fiacre avec cette légèreté
qui ne m'a jamais permis de sortir d'une voiture
sans sauter; je passe sous ma porte comme un
oiseau, en disant gaiement au portier : « Bonjour,
Lamarre. » Je n'avais pas franchi quatre marches de
mon escalier, lorsque deux hommes, venus sur mes
talons je ne sais comment, s'écrient : « Citoyenne
Roland ! — Que voulez-vous ? demandai-je en me
retournant. — De par la loi, nous vous arrêtons. »
Qui sait sentir n'a pas même besoin de penser pour
juger ce que je dus éprouver à cet instant. Je me
fais lire l'ordre; je prends mon parti sur-le-champ,
je descends et traverse la cour avec rapidité. « Où
donc allez-vous ? — Chez mon propriétaire, où j'ai
affaire; suivez-moi. » La maîtresse du logis m'ouvre
elle-même en riant. « Laissez-moi m'asseoir et

respirer, lui dis-je; mais ne vous réjouissez pas. On vient de me mettre en liberté, ce n'était qu'un leurre cruel; je sors de l'Abbaye; on m'arrête pour me conduire à Sainte-Pélagie; je connais les délibérations dernièrement prises par ma section, je veux me mettre sous sa sauvegarde; je vous prie d'envoyer en conséquence. » Le fils de la maison s'empressa avec la chaleur et l'indignation d'un jeune homme. Deux commissaires de la section arrivent, se font représenter l'ordre, dressent leur procès-verbal d'opposition; mais ils me prient ensuite de les accompagner à la mairie, où ils vont le signifier et donner leurs raisons; je ne pouvais me refuser à cette démarche; j'avais employé le temps à faire des billets à mes amis pour les prévenir de ma nouvelle destination; je quitte une famille où cette scène venait de jeter la surprise et l'effroi; nous arrivons à la Mairie; je suis placée dans une petite antichambre avec les inspecteurs chargés de garder ma personne; les commissaires entrent dans le bureau des administrateurs de police. La discussion s'élève, se prolonge et devient vive; j'étais mal à l'aise, je me trouvais déplacée, exposée aux regards curieux des gens qui venaient dans cette antichambre; impatientée, je me lève, j'ouvre la porte du bureau : « Je puis, messieurs, assister sans inconvénient à une discussion dont je suis l'objet : — Retirez-vous, s'écrie un petit homme que je reconnus pour être Louvet, qui était venu si gauchement m'interroger à l'Abbaye. — Mais je n'ai pas envie de faire violence, je ne suis point en mesure pour cela ; je ne demande même pas la parole, je ne désire que d'être présente. — Retirez-vous, retirez-vous ; gendarmes, arrivez ! » On eût dit que le bureau était assiégé, parce qu'une femme de bon sens voulait y entendre ce qu'on disait d'elle. Il fallut bien se retirer pour n'être pas emmenée. Peu après je vis des signes, des allées et venues ; on donna l'ordre d'aller chercher une voiture, et enfin un inspecteur de police vient me prier de le suivre. Je retourne à la porte du bureau, que j'ouvre toute grande : « Commissaires de la section de Beaurepaire, je vous préviens que l'on m'emmène. — Nous ne pouvons l'empêcher ; mais la section ne vous oubliera pas ; elle veillera à ce que vous soyez interrogée. » Il sera curieux de voir comment, ayant été mise en liberté à une heure, parce qu'il n'y avait rien contre moi, j'ai pu devenir suspecte dans le chemin de l'Abbaye à mon domicile, et fournir ainsi de nouveaux motifs de détention. Joubert, autre administrateur, aussi violent, mais plus lourd et encore plus sot que Louvet, prit magistralement la parole pour justifier l'administration, en convenant que ma première arrestation était illégale, et qu'il avait fallu me mettre en liberté pour m'arrêter ensuite aux termes de la loi. Je quittai la compagnie et fus amenée à Sainte-Pélagie.

Le nom de cette maison, qui, sous l'ancien régime, était habitée par des religieuses gardiennes des victimes des lettres de cachet, son isolement dans un quartier éloigné, trop connu par l'esprit féroce qui y fit égorger tant de prêtres au mois de septembre, ne me présentait pas ce nouvel asile sous un jour consolant.

Pendant qu'on enregistrait mon entrée, un homme de sinistre figure ouvre mon paquet, le fouille cu-rieusement; je m'en aperçois à l'instant où il remet sur le bureau du concierge des imprimés qui y étaient (c'étaient des journaux) : surprise et offensée d'un procédé qui ne doit avoir lieu que pour les personnes mises au secret, j'observe que du moins ce ne doit pas être à un homme d'examiner ainsi le paquet d'une femme; on lui ordonne de le laisser; mais c'est le porte-clefs du corridor où l'on me loge, et j'étais destinée à voir deux fois le jour son affreux visage. On me demande si je veux une chambre à un ou deux lits. « Je suis seule et ne veux point de compagne. — Mais la chambre sera trop petite. — — Peu m'importe. » On cherche, il n'y en avait pas de libre; j'entre dans une chambre à deux lits; elle a six pieds de large sur douze de long, de manière qu'avec les deux petites tables et les deux chaises, il n'y reste guère d'espace. J'apprends qu'il faut payer d'avance le loyer du premier mois: 15 livres pour un lit, le double pour les deux: je ne voulais en occuper qu'un, et je l'aurais pris dans une chambre où il eût été seul; je ne payai donc que 15 livres. « Mais il n'y a point de pot à l'eau ni d'autre vase? — C'est qu'il faut les acheter », me dit le certain homme, fort empressé d'offrir des services dont on voit le but intéressé; j'ajoute à ces acquisitions une écritoire, du papier, des plumes; et je m'établis. La maîtresse du logis vient me visiter; je m'informe des usages; j'apprends qu'ici l'État ne donne rien pour les prisonniers. « Comment donc vivent-ils? — Il y a une portion de haricots seulement, et une livre et demie de pain par jour; mais vous ne pourrez manger ni de l'un ni de l'autre. — Je crois bien que cela ne ressemble pas à ce dont j'ai l'habitude; mais j'aime à connaître de chaque situation ce qui lui est propre, et à mettre mes forces au niveau de celles où je me trouve; je veux en essayer. » Je tentai effectivement; mais soit la disposition, qui n'était pas très bonne alors, soit le défaut d'exercice, mon estomac fut rebelle pour l'ordinaire de la prison; il fallut avoir recours à la cuisine de madame Bouchaud; elle m'avait offert de me nourrir, je l'acceptai : j'y trouvais salubrité, économie, par comparaison à ce que j'aurais fait venir du traiteur, au bout du monde, et dans un quartier perdu. Une côtelette et quelques cuillerées de légumes à dîner, un peu d'herbages le soir, jamais de dessert, rien à déjeuner, que du pain et de l'eau; voilà ce que je commandai, et ce dont j'avais usé à l'Abbaye. Je le consigne ici, pour rapprocher cette manière d'être de la dénonciation qui fut faite bientôt après à la section de l'Observatoire, de mes dépenses à Sainte-Pélagie, où je corrompais le concierge, en faisant bombance avec sa famille : d'où l'indignation des sans-culottes, et la proposition de quelques-uns de me dépêcher du monde. Cela s'accorde assez avec les criailleries de ces femmes qui prétendent s'être insinuées chez moi, sous de beaux habits, dans les cercles de vieilles comtesses que je tenais à l'hôtel de l'intérieur, et avec les articles du journal de la Montagne qui insère les lettres que m'écrivent des prêtres réfractaires.

O Danton! c'est ainsi que tu aiguises les couteaux contre les victimes. Aussi cruel que Marius, plus affreux que Catilina, tu surpasses leurs forfaits sans avoir leurs grandes qualités, et l'histoire vomira ton nom avec horreur, dans le récit des boucheries de septembre et des événements du 2 juin.

Mon courage n'était point au-dessous de la nouvelle disgrâce que je venais d'essuyer; mais le raffinement de cruauté avec lequel on m'avait donné l'avant-goût de la liberté, pour me charger de nouvelles chaînes; mais le soin barbare de se prévaloir d'un décret, pour me retenir plus arbitrairement sous une apparence de légalité, m'enflammaient d'indignation. Je me trouvais dans cette disposition où toutes les impressions sont plus vives et leurs effets plus alarmants pour la santé; je me couchai sans pouvoir dormir; il fallait bien rêver. Jamais les états violents ne sont pour moi de longue durée; je me trouvai bien dupe d'accorder quelque chose à mes persécuteurs, en me laissant froisser par l'injustice; ils changeaient peu l'état que j'avais su déjà si bien supporter; ici, comme à l'Abbaye, n'avais-je pas des livres, du temps? n'étais-je plus moi-même? Véritablement, je m'indignai presque d'avoir été troublée,

et je ne songeai plus qu'à user de la vie, à employer
mes facultés avec cette indépendance qu'une âme
forte conserve au milieu des fers, et qui trompe ses
plus ardents ennemis. Mais je sentis qu'il fallait
varier mes occupations; je fis acheter des crayons,
et je repris le dessin, que j'avais abandonné depuis
si longtemps. Lorsque des événements fâcheux
viennent me surprendre, je ne me borne pas à me
rappeler les maximes de la philosophie pour soutenir
mon courage; je ménage à mon esprit des distractions agréables, et je ne néglige point les préceptes
de l'hygiène, pour me conserver dans un juste équilibre. Je distribuai donc mes journées avec une sorte
de régularité. Le matin, j'étudiais l'anglais, dans
l'excellent *Essai sur la vertu*, de Shaftesbury, et
j'expliquais des vers de Thompson. La raison de
Shaftesbury fortifiait la mienne, ses pensées favori-
saient la méditation : la sensibilité de Thompson, ses
tableaux riants ou sublimes, pénétraient mon cœur
et charmaient mon imagination. Je dessinais ensuite
jusqu'au dîner; j'avais cessé de conduire le crayon
depuis si longtemps que je ne pouvais guère me
trouver habile ; mais on conserve toujours le pouvoir
de répéter avec plaisir ce qu'on a fait dans sa jeunesse. L'étude des beaux-arts, considérée comme
partie de l'éducation chez les femmes, doit, ce me
semble, avoir moins pour objet de leur faire acquérir
un talent que de leur inspirer le goût du travail,
l'habitude de l'application, et de multiplier leurs
moyens d'occupation ; c'est ainsi qu'on échappe à

l'ennui, c'est ainsi qu'on se préserve des écueils du vice, et même de séductions bien plus à craindre.

Je ne ferai point de ma fille une virtuose ; je me souviendrai que ma mère avait peur que je devinsse grande musicienne, ou que je me consacrasse à la peinture, parce qu'elle voulait, par dessus tout, que j'aimasse les devoirs de mon sexe, et que je fusse femme de ménage, comme mère de famille. Mais, bon Dieu ! je suis prisonnière, je n'ose même pas la faire venir pour recevoir mes embrassements ; la haine poursuit jusqu'aux enfants, et le mien paraît à peine dans les rues, avec ses onze ans, sa figure virginale et ses beaux cheveux blonds, que ces êtres apostés pour le mensonge ou séduits par lui, la font remarquer comme le rejeton d'un conspirateur. Les cruels ! Comme ils savent bien déchirer un cœur de mère !

Je n'ai pas encore dit comment on est à Sainte-Pélagie.

Le corps de logis destiné pour les femmes est divisé en longs corridors fort étroits, de l'un des côtés desquels sont de petites cellules telles que j'ai décrit celle où je fus logée ; c'est là que, sous le même toit, sur la même ligne, séparée par un plâtrage, j'habite avec des assassins. A côté de moi est une femme qui a fabriqué de faux assignats, et déchiré, sur une grande route, un individu, avec les monstres dans la bande desquels elle est enrôlée ; chaque cellule est fermée par un gros verrou à clef, qu'un homme vient ouvrir, tous les matins, en regardant effrontément si vous êtes debout ou couchée ; alors leurs habitantes se réunissent dans les corridors, sur les escaliers, dans une petite cour, ou dans une salle humide et puante, digne réceptacle de cette écume du monde.

On juge bien que je gardais constamment ma cellule ; mais les distances ne sont pas assez considérables pour sauver les oreilles des propos qu'on peut supposer.

Voilà donc le séjour qui était réservé à la digne épouse d'un homme de bien !

Dans les derniers temps du ministère de Roland, les conjurations et les menaces s'étaient tellement multipliées, que souvent nos amis nous pressèrent d'abandonner l'hôtel durant la nuit. Deux ou trois fois nous cédâmes à leurs instances ; mais ce déplacement m'ennuya ; j'observai qu'il y avait moins de danger à rester qu'à sortir, parce que l'audace se porterait difficilement à violer l'asile d'un fonctionnaire public, tandis qu'elle pouvait le guetter et l'immoler au dehors ; et qu'enfin, si le malheur devait arriver, il valait mieux, pour l'utilité publique et pour sa gloire personnelle, que le ministre pérît à son poste.

En conséquence, nous ne découchâmes plus ; je fis apporter le lit de mon mari dans ma chambre, pour que nous courussions les mêmes hasards ; je gardai, sous mon chevet ou sur ma table de nuit, un pistolet dont je me proposais de me servir, non pour une vaine défense, mais pour me soustraire aux outrages des assassins, si je les voyais arriver. J'ai passé trois semaines dans cette situation ; il est

très vrai que, deux fois, l'hôtel fut environne ; qu'une
autre fois, les Marseillais, informés de quelque projet, envoyèrent quatre-vingts des leurs pour nous
garder ; il est très vrai que Jacobins, Cordeliers, ne
cessaient de répéter, dans leur tribune, qu'il fallait
faire un 10 août contre Roland, comme on avait fait
contre Louis XVI. La mort que je bravais gaiement
alors, ne pouvait que me paraître désirable à Sainte-
Pélagie, si des considérations puissantes ne m'eussent enchaînée sur la terre.

Mes gardiens ne tardèrent pas à souffrir plus que
moi-même de ma situation, et à s'inquiéter pour
l'adoucir ; les excessives chaleurs du mois de juillet
rendaient ma cellule inhabitable. Les papiers, dont
j'environnais les grilles, n'empêchaient pas le soleil
de frapper les murs blanchis et resserrés ; et quoique
les fenêtres demeurassent ouvertes dans la nuit,
l'air brûlant et concentré du jour ne s'y rafraîchis-
sait jamais. La femme du concierge m'invita à passer les journées dans son appartement, et j'acceptai
ses offres pour l'après-midi ; ce fut alors que j'imaginai de faire venir un forte-piano, que je plaçai
chez elle, et dont je m'amusai quelquefois.

Je savais Roland dans une retraite paisible et
sûre, recevant les consolations et les soins de l'amitié ; ma fille accueillie par de vénérables patriarches,
suivait, sous leurs yeux et avec leurs enfants, ses
exercices et son éducation ; mes amis, les fugitifs,
reçus à Caen, y étaient environnés d'une force respectable : je voyais le salut de la République se pré-

parer dans les événements ; résignée sur mon propre sort, j'étais encore heureuse. J'employais mon temps d'une manière utile et agréable ; je voyais quelquefois les quatre personnes qui venaient me visiter à l'Abbaye : Grandpré, que sa place autorisait à venir ; le fidèle Bosc, qui m'apportait des fleurs du jardin des Plantes, dont les formes aimables et les parfums embellissaient mon réduit ; le sensible Champagneux, qui m'engageait si vivement à prendre la plume, pour continuer les *Notices historiques* que j'avais commencées ; ce que je fis à sa prière, abandonnant, pour quelque temps, mon Tacite et mon Plutarque, dont je nourrissais mes après-dîners.

Ce n'était point assez pour madame Bouchaud de m'avoir offert l'usage de son appartement ; elle sentait que j'en usais avec une grande discrétion ; elle imagina de me sortir de ma triste cellule, et de me loger dans une jolie chambre à cheminée, située au rez-de-chaussée, au-dessous de sa propre chambre. Me voilà donc délivrée de l'affreux entourage qui faisait mon tourment, après trois semaines de résidence ; je n'aurai plus à passer, deux fois le jour, au milieu des femmes de mon voisinage, pour m'éloigner d'elles durant quelque temps ; je ne verrai plus le porte-clefs, à sinistre figure, ouvrir ma porte chaque matin, et tirer le gros verrou sur moi, comme sur une criminelle qu'il faut sévèrement garder. C'est la douce physionomie de madame Bouchaud qui se présente à moi ; c'est elle dont je sens à chaque minute les soins délicats ; il n'est pas jusqu'au jasmin apporté devant ma fenêtre, dont on garnit les grilles de ses branches flexibles, qui n'atteste le désir dont elle est pénétrée ; je me regarde comme sa pensionnaire, et j'oublie ma captivité. Tous mes objets d'étude ou d'amusement sont réunis autour de moi ; mon forte-piano est près de mon lit ; des armoires me donnent la faculté d'ordonner mes petits effets de manière à faire régner, dans mon asile, la propreté qui me plaît. Mais les départements, séduits ou payés, trahissent les députés qu'ils avaient accueillis ; les brigands dominateurs, dans ce qu'on ose appeler encore une Convention, les font déclarer traîtres à la patrie ; on met leurs personnes hors de la loi ; on confisque leurs biens ; on se saisit de leurs femmes et de leurs enfants ; on fait raser leurs maisons ; on décrète d'accusation, sans pouvoir dire pourquoi, les députés qui ont bien voulu demeurer dans les liens de l'arrestation : c'est le triomphe audacieux du crime contre la vertu malheureuse. Dans son imbécile stupeur, une majorité regarde le sacrifice de quelques individus comme un faible malheur. Cependant un joug de fer s'appesantit sur les Parisiens, témoins pusillanimes d'horreurs dont ils gémissent, sans oser même les faire connaître ; la disette, la misère les rongent, l'oppression les accable ; le règne des proscriptions est ouvert, les dénonciations pleuvent de toutes parts, et les arrestations se multiplient. Partout un infâme salaire attend celui qui peut offrir une victime ; les portiers des maisons, secrètement gagés, deviennent les premiers délateurs, et les domestiques ne sont plus que des espions.

Une femme étonnante, ne consultant que son courage, est venue donner la mort à l'apôtre du meurtre et du brigandage ; elle mérite l'admiration de l'univers ; mais, faute de bien connaître l'état des choses, elle a mal choisi son temps et sa victime. Il était un plus grand coupable que sa main aurait dû immoler de préférence. Certes ! les députés fugitifs, étaient très étrangers à l'action de Paris, et l'étaient également à celle de Corday ; mais leurs adversaires saisirent un nouveau moyen de les noircir dans l'esprit du peuple. Les plus francs républicains furent présentés comme des fauteurs du despotisme, tantôt on les suppose d'accord avec les rebelles de la Vendée ; tantôt on les accuse de travailler à partager la France en petites républiques ; on met Brissot à la solde de l'Angleterre ; on dépeint gravement sa femme retirée dans les appartements de la reine, à Saint-Cloud, et tenant des conciliabules politiques.

Rien n'est si plaisant pour qui connaît la femme de Brissot, adonnée aux vertus domestiques, absorbée par les soins du ménage, repassant elle-même les chemises de son mari, et regardant à travers le trou de sa serrure, pour savoir si elle doit ouvrir à ceux qui frappent ; prenant à loyer une petite vilaine chambre au village de Saint-Cloud, pour avoir la facilité de promener au grand air l'enfant qu'elle vient de sevrer ; mais bientôt elle est saisie, amenée à

Paris et gardée à vue. La femme de Pétion, qui allait dans sa famille laisser passer le temps des orages, est arrêtée avec son fils. Miranda, qu'avait acquitté le tribunal révolutionnaire, est de nouveau traduit en prison comme suspect, sur les dénonciations de son valet, espion de Pache : tous les généraux sont mis en arrestation; Custine, dont j'ai ouï dire aux princes de Linange qu'il était le plus redouté d'entre eux par les Autrichiens, est menacé de perdre la tête. La désorganisation s'étend sur toute la face de la France, et la guerre civile s'allume.

Tous mes amis sont proscrits, fugitifs ou arrêtés; mon mari ne se dérobe à la fureur de ses adversaires que par une retraite comparable à la plus dure détention; il fallait encore que le petit nombre de ceux qui viennent me consoler subissent la persécution. Grandpré, dînant avec un homme qu'il ne savait pas être juge de paix, ni du tribunal d'arrondissement, gémit sur la négligence de ces officiers qui laissent, dans les prisons, tant de personnes en souffrance : le quidam se découvre alors, affecte le plus grand empressement de connaître les abus à la réparation desquels il peut concourir, demande à Grandpré son nom, son adresse, pour aller chez lui le prendre lorsqu'il ira visiter les prisons. C'était un prétexte. Il fabrique une atroce dénonciation contre Grandpré, qu'il accuse de complicité de la mort de Marat. Grandpré est arrêté par quatre fusiliers et un officier public, qui se rendent chez lui à cinq heures du matin, fouillent ses papiers et apposent les scellés.

Il était alors muni d'une lettre que j'adressais au malheureux Brissot! Il la dérobe adroitement aux recherches ; ce n'est qu'avec de pénibles discussions qu'il obtient d'être gardé à son bureau, sans aller coucher à l'Abbaye, et après plusieurs jours, que l'on parvient à démontrer la fausseté de la dénonciation dont il est l'objet.

Champagneux n'est pas encore aussi heureux : au crime d'avoir été placé par Roland, il joint celui d'occuper une place intéressante. Collot-d'Herbois s'était rendu ivre chez le ministre de l'intérieur, entre quatre et cinq heures, au moment où tous les gens de travail viennent de quitter leurs bureaux pour chercher à dîner : il allait demander des voitures, dont ce ministre ne dispose pas ; furieux de ne point trouver Garat, il jure, fulmine, rompt des pieds de chaise et de table, va chez le premier commis Champagneux, l'injurie, fait ouvrir les paquets disposés pour être envoyés à la poste, trouve mauvais ce qu'ils renferment ; il arrange, dans sa tête enflammée, une dénonciation qu'il fait le lendemain à l'assemblée, et sur laquelle on décrète que Garat et Champagneux seront traduits à la barre de la Convention.

Garat vient à la barre, explique doucement sa conduite, flagorne l'auguste assistance, et est renvoyé à ses fonctions. Champagneux, d'abord effrayé, vient pourtant se présenter ; on le renvoie au comité, et le comité le fait conduire prisonnier à la Force. Garat sollicité, intéressé pour lui-même à la liberté de Champagneux, dont il ne peut se passer, se rend au comité pour l'obtenir ; il explique inutilement que sans le travail de cet homme, versé dans les affaires, il lui est impossible de rester au ministère : ses amis, comme Barrère, si de tels gens sont amis, lui font d'abord espérer qu'en donnant une démission combinée, on lui rendra Champagneux pour le faire rester ; mais les autres s'expliquent enfin plus clairement. Il faut nommer à la place de Champagneux (sa liberté, sa vie, sont à ce prix), il faut y nommer une créature du comité, jeune homme de vingt-six ans, qui n'a nulle expérience des affaires, aucune espèce de savoir, mais que le comité protège ; Garat, qui ne refusa jamais rien à ses maîtres, nomme et se retire ensuite, abandonnant enfin le ministère qu'il ne lui est pas possible de remplir. Au moment où il fut menacé de l'arrestation, Champagneux avait chez lui presque toutes mes *Notices historiques*, dont il voulait avoir une copie, pour en assurer l'existence par un double exemplaire ; inquiet, agité, jugeant bien que les principes qui les ont dictées, que la liberté avec laquelle elles sont écrites, sont des titres à un supplice certain, il les brûle.

Champagneux, détenu, regrette moins encore sa liberté que le plaisir d'adoucir quelquefois ma captivité, et je souffre de la sienne qu'il doit à ses rapports avec Roland et moi ; j'invite Bosc, qui déjà a donné sa démission de la place d'administrateur des postes, de ne pas courir les risques de la détention, en

me faisant des visites, et je le vois une fois la semaine,
pour ainsi dire à la dérobée. Au milieu de ces douleurs, on se repose pourtant, avec moi, dans la jolie
chambre où la sensible madame Bouchaud m'a
soustraite à toutes les apparences de la prison; j'y
ai bien le petit désagrément d'un gendarme, dont le
poste est précisément vis-à-vis de ma fenêtre, de
laquelle il faut que je tienne toujours les rideaux
fermés, et qui vient quelquefois auprès, pour écouter
ce qui se dit lorsque je ne suis pas seule; j'y ai l'ennui de l'affreux aboiement de trois gros chiens, dont
la loge est à dix pas; je suis aussi à côté d'une
grande pièce, qui s'appelle fastueusement la salle du
conseil, et dans laquelle se tiennent les administrateurs de police quand ils viennent faire quelque interrogatoire. Je dois à ce voisinage la connaissance
de scènes étranges.

> *Te be or not to be : it is the question.*
> Elle sera bientôt résolue pour moi.

Lorsque j'ai été mise en arrestation, je me suis
flattée de servir la gloire de mon mari, et de concourir à éclairer le public, si l'on m'intentait un
procès. Mais il aurait fallu commencer alors ce
procès, et nos persécuteurs étaient trop habiles pour
choisir si mal leur temps. Ils ont été circonspects tant
qu'ils ont pu craindre quelques revers. Aujourd'hui
que la terreur étend son sceptre de fer sur un monde
abattu, le crime insolent triomphe. Une ville
immense, nourrie de sang et de mensonge, applaudit
avec fureur à d'abominables proscriptions.

J'ambitionnais, il y a deux mois, l'honneur d'aller à l'échafaud ; on pouvait parler encore, et l'énergie d'un grand courage aurait servi la vérité : maintenant tout est perdu. Cette génération férocisée par d'infâmes prédicateurs du carnage, regarde comme des conspirateurs les amis de l'humanité ; elle prend au contraire pour ses défenseurs, ces hommes de boue, qui couvrent d'un masque d'énergumène leurs passions viles et leur lâcheté.

Je sais que le règne des méchants ne peut être de longue durée ; ils survivent ordinairement à leur pouvoir, et subissent presque toujours le châtiment qu'ils ont mérité.

Dans les premiers instants de mon arrestation, j'imaginai d'écrire à Duperret, pour le prier de faire entendre mes réclamations. Duperret me répondit avec intérêt et chaleur ; il ajouta, à l'expression de ses sentiments, quelques nouvelles sur l'état des choses et celui des députés fugitifs. Quelques jours après, ayant fait imprimer l'interrogatoire qu'un administrateur de police était venu me faire subir à l'Abbaye, j'en adressai un exemplaire à Duperret ; j'exprimais à cette occasion, mon mépris pour les sots mensonges qu'Hébert venait de débiter, à mon sujet, dans son *Père Duchêne.* Ces objets formant une correspondance de trois ou quatre petites lettres, y compris un billet, par lequel je prévenais Duperret, ainsi que je prévins, dans le temps, plusieurs personnes que je jugeais s'intéresser à moi, de ma prétendue mise en liberté de l'Abbaye, transformée

subitement en une nouvelle arrestation pour Sainte-
Pélagie. C'est cette correspondance sur laquelle on
veut fonder une accusation contre moi, comme
ayant, du moins indirectement, entretenu des relations avec les députés rebelles du Calvados. Le jour
même de l'exécution de Brissot, je fus transférée à
la Conciergerie, placée dans un lieu infect, couchée
sans draps, sur un lit qu'un prisonnier voulut bien
me prêter; et le lendemain je fus interrogée, au
greffe du tribunal, par le juge David, accompagné
de l'accusateur public, en présence d'un homme
que je soupçonne être un juré. On me fait d'abord
de longues questions sur ce qu'était Roland avant le
14 juillet 1789; qui était maire à Lyon, lorsque
Roland fut municipal? etc. Je satisfais à ces questions par l'exact exposé des faits; mais je remarquai,
dès là même, qu'en me demandant beaucoup de
choses, on n'aimait pas que je répondisse avec
détails. Après quoi, sans transition, l'on me demande si, dans le temps de la Convention, je ne
voyais pas souvent tels députés, et l'on dénomma les
proscrits et les condamnés; si je n'ai pas entendu,
dans leurs conférences, traiter de la force départe-
mentale et des moyens de l'obtenir. La discussion
fut longue et difficile, avant que je pusse faire
inscrire mes réponses; on voulait que je les fisse par
oui et par non; on m'accusa de bavardage; on dit
que nous n'étions pas là au ministère de l'intérieur
pour y faire de l'esprit : l'accusateur public et le
juge, le premier surtout, se comportèrent avec la

prévention et l'aigreur de gens persuadés qu'ils
tiennent un grand coupable et impatients de le convaincre. Lorsque le juge avait fait une question, et
que l'accusateur public ne la trouvait pas de son
goût, il la posait d'une autre manière, l'étendait et
la rendait complexe ou captieuse; interrompait mes
réponses, exigeait qu'elles fussent abrégées : c'était
une vexation réelle. J'ai été retenue environ trois
heures, ou un peu plus, après lesquelles on a sus-
pendu l'interrogatoire pour le reprendre le soir,
disait-on. J'attends. La volonté de me perdre me
semble évidente; je n'assurerais point mes jours par
une lâcheté; mais je ne veux point prêter le flanc à
la malveillance, et faciliter, par des bêtises, le travail
de l'accusateur public, qui semble désirer que je lui
prépare, dans mes réponses, l'acte d'accusation que
son zèle médite contre moi.

Deux jours après, j'ai été appelée de nouveau, pour
la suite de l'interrogatoire. La première question a
porté sur la prétendue contradiction que l'on suppo-
sait exister entre mes lettres à Duperret, et ce que
j'avais dit que je n'étais pas liée particulièrement
avec lui; d'où il résultait que je déguisais la vérité
sur mes relations politiques avec les rebelles. J'ai
répondu que je n'avais pas vu Duperret plus de dix
fois, et jamais en particulier; qu'il était aisé de le voir
par la première lettre que je lui adressai, en lui
envoyant copie de celle pour la Convention; que les
lettres subséquentes étaient le résultat de l'intérêt et
de la franchise avec lesquels il m'avait répondu, etc.

Qu'à l'époque où avait commencé cette petite correspondance, il n'y avait point de ce qu'on appelait
révolte et rebellion ; que j'avais peu de choix à faire
dans l'Assemblée, pour m'adresser à une personne à
laquelle je ne fusse pas tout à fait étrangère, et qui
voulût se charger de mes intérêts. — Demandé quels
étaient avec lui nos amis communs. R. Particulièrement Barbaroux.

D. Si je n'avais pas connaissance que Roland,
avant son ministère, eût été du comité de correspondance des Jacobins ?

R. Oui.

D. Si ce n'était pas moi qui me chargeais de la rédaction des lettres qu'il avait à faire pour le comité ?

R. Que je n'avais jamais prêté mes pensées à mon
mari ; mais qu'il pouvait avoir quelquefois employé
ma main.

D. Si je ne connaissais point le bureau de formation d'esprit public, établi par Roland, pour cor-
rompre les départements, appeler une force départe-
mentale, déchirer la république, suivant les projets
d'une faction liberticide, etc., et si ce n'était pas moi
qui dirigeais ce bureau.

R. Que Roland n'avait point établi de bureau sous
cette dénomination, et que je n'en dirigeais aucun.
Qu'après le décret de la fin d'août, qui lui ordonnait
de répandre des écrits utiles, il avait affecté à quelque
commis le soin de les expédier ; qu'il mettait du zèle
à l'exécution d'une loi dont l'observation devait
répandre la connaissance et l'amour de la révolu-

tion; qu'il appelait cela la correspondance patriotique, et que ses propres écrits, loin d'exciter à la division, respiraient tous le désir de concourir au maintien de l'ordre et de la paix.

D. Si je savais à quelle époque Roland avait quitté Paris, et où il pouvait être?

R. Que je le sache, ou non, je ne dois ni ne veux vous le dire.

Observé que cette obstination à déguiser toujours la vérité, montrait que je croyais Roland coupable; que je me mettais en rebellion ouverte contre la loi ; que j'oubliais les devoirs d'accusée, qui doit, surtout, la vérité à la justice.

R. Un accusé ne doit compte que de ses faits et non de ceux d'autrui. Si, durant plus de quatre mois, on n'eût pas refusé à Roland la justice qu'il sollicitait si vivement, en demandant l'apurement de ses comptes, il n'aurait pas été dans le cas de s'absenter, et je ne serais pas dans le cas de taire sa résidence, en supposant qu'elle me fût connue. Que je ne connaissais point de loi au nom de laquelle on pût engager à trahir les sentiments les plus chers de la nature.

Ici l'accusateur public, furieux, s'écria qu'avec une telle bavarde, on n'en finirait jamais ; et il fit clore l'interrogatoire.

« Que je vous plains ! lui dis-je avec sérénité. Je vous pardonne même ce que vous me dites de désobligeant : vous croyez tenir un grand coupable, vous êtes impatient de le convaincre ; mais qu'on est malheureux avec de telles préventions ! Vous pouvez m'envoyer à l'échafaud ; vous ne sauriez m'ôter la joie que donne une bonne conscience, et la persuasion que la postérité vengera Roland et moi, en vouant à l'infamie ses persécuteurs. » On me dit de choisir un défenseur ; j'indiquai Chauveau, et je me retirai, en leur disant d'un air riant : « Je vous souhaite, pour le mal que vous me voulez, une paix égale à celle que je conserve, quel que soit le prix qui puisse y être attaché. »

Cet interrogatoire s'est fait dans une salle dite du conseil, où était une table, autour de laquelle étaient rangées plusieurs personnes, qui paraissaient être là pour écrire, et qui ne faisaient que m'écouter. Il y eut beaucoup d'allants et de venants, et rien ne fut moins secret que cet interrogatoire.

L'accusation portée contre moi, repose entièrement sur ma prétendue complicité avec des hommes appelés conspirateurs. Mes liaisons d'amitié avec un petit nombre d'entre eux, sont très antérieures aux circonstances politiques qui les font considérer aujourd'hui comme coupables. Les rapports que j'ai conservés avec eux, par une voie intermédiaire, à l'époque de leur départ de Paris, sont absolument étrangers aux affaires. Je n'ai point eu proprement de correspondance politique, et, à cet égard, je pourrais m'en tenir à une dénégation absolue ; car je ne saurais être interpellée de rendre compte de mes affections particulières.

J'ai reçu la pressante invitation de rompre mes

fers, des offres de service pour m'aider à y réussir suivant les moyens que je jugerais convenables, et pour me rendre où je trouverais bon. Je n'ai voulu me prêter à rien de semblable, par devoir et par honneur; par devoir, pour ne point exposer ceux à la garde de qui j'étais confiée; par honneur, parce que, dans tous les cas, je préférais courir les risques d'un procès injuste, à me couvrir d'une apparence coupable, par une fuite indigne de moi. J'avais bien voulu être arrêtée au 31 mai; ce n'était pas pour m'échapper plus tard. Voilà à quoi se sont bornées mes relations avec mes amis fugitifs. Sans doute, si les communications n'eussent pas été interrompues, ou que je n'eusse pas été contrainte par ma captivité, j'aurais cherché à me procurer de leurs nouvelles; car je ne connais pas de loi qui me l'interdît. Eh! dans quel temps, chez quel peuple du monde vit-on jamais traduire en crime la fidélité aux sentiments d'estime et de fraternité qui lient les hommes entre eux?

Ma défense, j'ose le dire, est plus nécessaire à ceux qui veulent s'éclairer de bonne foi, qu'elle ne l'est à moi-même. Tranquille et satisfaite dans le sentiment d'avoir rempli mes devoirs, j'envisage l'avenir avec sérénité. Mes goûts sérieux, mes habitudes studieuses, m'ont tenu également éloignée des folies de la dissipation et du tracas de l'intrigue. J'ai suivi les progrès de la révolution avec intérêt, je m'entretenais de la chose publique avec chaleur; mais je n'ai point dépassé les bornes qui m'étaient imposées par mon sexe. Quelques talents peut-être, assez de philosophie, un courage plus rare, et qui me permettait de ne point affaiblir, dans les dangers, celui de mon mari ; voilà probablement ce qu'auront indiscrètement vanté ceux qui me connaissent, et ce qui m'a fait des ennemis parmi ceux qui ne me connaissent pas. Roland a pu m'employer quelquefois comme un secrétaire, et la fameuse lettre au roi, par exemple, est copiée toute entière de ma main ; ce serait une assez bonne pièce à joindre à mon procès, si c'était les Autrichiens qui me le fissent, et qu'ils s'avisassent d'étendre la responsabilité d'un ministre jusque sur sa femme. Mais Roland avait depuis longtemps fait connaître ses lumières, les preuves en existent dans de nombreux ouvrages imprimés depuis quinze ans.

Je sais qu'en révolution, la loi, comme la justice, est souvent oubliée ; et la preuve, c'est que je suis ici. Je ne dois mon procès qu'aux préventions, aux haines violentes qui se développent dans les grandes agitations.

Il eût été facile à mon courage de me soustraire au jugement que je prévoyais ; j'ai cru qu'il était plus convenable de le subir ; j'ai cru devoir cet exemple à mon pays ; j'ai cru que, si je devais être condamnée, il fallait laisser à la tyrannie l'odieux d'immoler une femme qui n'eut d'autre crime que quelques talents dont elle ne se prévalut jamais, un grand zèle pour le bien de l'humanité, le courage d'avouer ses amis malheureux et de rendre hommage à la vertu au péril de sa vie. Quand l'innocence marche au supplice où la condamnent l'erreur et la perversité, c'est à la gloire qu'elle arrive. Puissé-je être la dernière victime immolée aux fureurs de l'esprit de parti! Je quitterai avec joie cette terre infortunée qui dévore les gens de bien et s'abreuve du sang des justes.

Vérité! patrie! amitié! objets sacrés, sentiments chers à mon cœur, recevez mon dernier sacrifice. Ma vie vous fut consacrée, vous rendrez ma mort également douce et glorieuse.

FIN